普通高等教育“十三五”应用型人才培养规划教材
普通高等教育校企合作示范教材

U0795825

商务谈判

——理论与实务

主　编　连玲丽　张晓艳
副主编　黄　霞　刘　鑫

北京航空航天大学出版社

内容简介

本教材是以高素质应用型人才培养为导向的教材，旨在培养既有扎实的商务谈判理论基础，又有较强的创新意识和实践能力的新时代商务谈判人才。全书共有9章，在商务谈判理论知识的基础上，通过案例分析和谈判训练等让学生更深刻地理解商务谈判的内涵，提高学生的实践、应用能力。

本书可作为高等院校经济管理类、商务类专业学生的商务谈判类课程教材，也可供企事业单位从事商务谈判工作的人员学习和参考。

图书在版编目(CIP)数据

商务谈判：理论与实务 / 连玲丽，张晓艳主编. --北京：北京航空航天大学出版社，2019.7
ISBN 978-7-5124-3009-9

Ⅰ.①商… Ⅱ.①连…②张… Ⅲ.①商务谈判 Ⅳ.①F715.4

中国版本图书馆CIP数据核字(2019)第103526号

版权所有，侵权必究。

商务谈判——理论与实务
主　编　连玲丽　张晓艳
副主编　黄　霞　陈晓君　张思海
责任编辑　董　瑞　李丽嘉
*
北京航空航天大学出版社出版发行
北京市海淀区学院路37号(邮编：100191)　http://www.buaapress.com.cn
发行部电话：(010)82317024　传真：(010)82328026
读者信箱：goodtextbook@126.com　邮购电话：(010)82316936
北京建筑工业印刷厂印装　各地书店经销
*
开本：787×1092　1/16　印张：13.5　字数：354千字
2019年9月第1版　2019年9月第1次印刷　印数：3000册
ISBN 978-7-5124-3009-9　定价：45.00元

若本书有倒页、脱页、缺页等印装质量问题，请与本社发行部联系调换。联系电话：(010)82317024

前　言

谈判是一门科学，也是一门艺术，在工作与生活中无处不在。谈判是社会需要和经济发展的产物，自从人类社会有了语言，有了相互交往和合作的需要，就有了谈判活动。使用谈判的艺术和技巧，可以帮助谈判双方解决问题、达成一致。小到家庭矛盾，大到国际争端，都可以通过谈判来沟通诉求，努力达成协议。因此，无论是家庭生活、商务活动，还是国际交往，都与谈判密切相关。可以说，谈判技巧是人人必备的一项关键技能。

商务谈判就是商务活动的双方或多方为了实现各自利益而进行的沟通和磋商活动，这并不是一件轻而易举的事情。谈判桌上波澜起伏、变幻莫测，如果缺乏谈判经验，将会在谈判中陷于被动。因此，学习商务谈判的理论知识，掌握商务谈判的方法和技巧，越来越受到商务人员的重视。本书既注重理论基础，又注重实践操作技能，在编写的过程中，遵循理论与实践相结合的原则，根据高等院校的培养目标及学生的认知特点和学习规律，在保证理论学习的基础上，重点突出商务谈判技能的锻炼，设置了大量的实训项目，体现了应用型人才培养的目标。全书共有 9 章，包括商务谈判概述、商务谈判准备、商务谈判过程及策略、商务谈判僵局、商务谈判心理、商务谈判沟通、商务谈判礼仪、国际商务谈判、综合案例与模拟训练。

本书在编写的过程中，主要突出以下几方面特色：

① 注重应用型人才培养。本书紧密结合高等院校应用型人才培养的目标，在全面介绍商务谈判理论知识的基础上，注重培养学生的商务谈判素养，提升学生的商务谈判技能。

② 突出案例教学。紧密结合时代特点和热点问题，选用案例追求新颖、贴近现实，引发读者的共鸣，加深读者的理解。

③ 突出实践教学。本书理论、案例和实践训练各模块内容安排合理，每章后不仅有练习题，巩固全章重点内容，而且还设计了案例分析和实战演练环节，分析案例和模拟训练可激发学生的学习积极性和创造性，更深刻地理解商务谈判的内涵，掌握商务谈判的技巧。

本书由连玲丽、张晓艳共同担任主编，黄霞、刘鑫担任副主编，在编写过程中得到了邢林、张思海、陈晓君、王珊珊、徐艳华、温凤等同志的帮助和支持。同时，我们对国内外相关资料进行了认真的学习和研究，在此对为本书编写提供帮助的人士一并表示感谢！

本书可作为高等院校经济管理类、商务类专业学生的商务谈判类课程专用教材，也可供企事业单位从事商务谈判工作的人员学习和参考。

本书的编写目标是理论系统、强化应用、重视实训、提升技能，努力将商务谈判的知识以新面貌呈现于读者面前。然而，由于编者水平有限加之时间仓促，书中的疏漏之处，敬请各位读者批评指正。

编者

2019 年 4 月

目　　录

第1章　商务谈判概述

学习目标

通过本章的学习，了解商务谈判的概念、特点与基本原理；了解谈判在社会中的作用和意义，养成理论联系实际的习惯，为后续各章的学习打下基础；掌握商务谈判的概念、特点；了解商务谈判的构成要素；掌握商务谈判的原则；了解商务谈判的基本程序。

引导案例

谈判的智慧[①]

1991年的一个夜晚，美国一名谈判大师在家中接到一个电话，对方称自己在科威特石油公司的兄弟被伊拉克总统萨达姆扣为人质，想聘请他为谈判顾问，说花多少钱都愿意，只要能赎回他的兄弟。这位谈判大师告诉对方，他不用花一分钱赎金就能救回他的兄弟。

谈判大师联系了一名CBS(哥伦比亚广播公司)的著名记者，问其是否愿意陪他去巴格达一趟，与萨达姆展开谈判，如果他愿意，就把独家采访权给他。时逢美伊激战正酣，真是天赐良机，记者非常乐意，但CBS总编却不同意记者冒险上战场，于是这位谈判大师又拿出第二套方案：在伊拉克邻国约旦采访萨达姆。结果，萨达姆喋喋不休地对着电视说了两个小时之后释放了人质，而这正是那段时期萨达姆所放出的唯一的人质。

这位谈判大师就是罗杰道森。

"世界是张谈判桌，万事均可谈判。"所以，在工作和生活中很多问题是通过谈判解决的，谈判是人类的一种基本活动。

1.1　商务谈判的概念与特点

1.1.1　谈　判

谈判是人类行为的一个组成部分，在人们社会交往活动中起着越来越重要的作用。社会生活中充满了谈判，人们几乎每天都在为某些事情进行谈判，如和家人商量节假日的旅游度假计划、在商品买卖过程中的讨价还价、为谋求某职位而参加的面试、与同事探讨工作安排等。谈判时时发生、无处不在。

谈判有着悠久的历史，人类有了社会交往活动，就有了谈判。最早的时候，谈判只是作为解决双方争议的手段之一，随着人类社会的发展与文明的进步，谈判更倾向于彼此间的交流、理解、沟通和协商，以及双方需求和利益的满足。

① 资料来源：经典谈判案例分享及解析 http://www.soxsok.com/990/news/132251/.

【案例1-1】

分馅饼[①]

兄妹俩为分一张吃剩的馅饼发生了争吵，两人都坚持自己要一块大的，又都害怕被对方欺骗了。正当男孩准备给自己切一大块时，父亲来了。父亲说道："等一等，我不管你们由谁来切，但是切的人必须把选择权让给对方。"男孩为了保护自己的利益，自然会把馅饼切成同样大小的两块。

在许多情况下，双方的利益不一定都是对立的。如果把斗争的焦点由击败对方转向解决双方共同存在的问题，那么最后双方就都能获得好处。现实世界就是一个巨大的谈判桌，不论愿意与否，每个人都是谈判的参与者，通过谈判想方设法满足自己的需要与欲望，来达到工作或生活的某种目的。成功的谈判应该是双方的需要和欲望通过磋商都有所满足、有所得益。因此，为了美好的生活和事业的成功，每个人都有必要学习和掌握谈判的原理及技巧。

1. 谈判的概念

谈判是两方或两方以上的人或组织为了消除分歧、达成一致而进行磋商协议的社交活动。它主要包含以下四个要素，这四个要素互为一体、不可或缺。

(1) 人和组织是谈判的载体

谈判是由人来进行的，而且是由两方或两方以上的人或组织进行的，任何人或组织都不会也不能同自己进行谈判。只要有谈判，就要有谈判对象，或者说有谈判需要。

(2) 矛盾分歧是谈判的前提

谈判之所以发生，是因为各方之间存在这样或那样的矛盾分歧。如果他们在立场、观点和利益上完全一致，谈判便成为无源之水、无本之木。

(3) 平等磋商是谈判的桥梁

谈判是相互沟通、反复磋商的过程。这要求谈判各方须平等友好、以诚相待，共同构筑合作的桥梁，否则到达各自彼岸的愿望就会落空。

(4) 达成一致是谈判的目的

既然矛盾和分歧是谈判的前提，那么矛盾的化解和分歧的消除就自然成为谈判的目的。通过谈判，各方都满足了自身利益，都是成功者，这是谈判的最佳结局。

2. 谈判的特点

在汉语中，谈判既是一个合成名词，也是一个合成动词，由"谈"和"判"组成。"谈"意味着通过语言的交流和各种技巧及策略的实施，以期达成利益分配上的共识；"判"则意味着对"谈"所引出的结果的判定，并对"谈"的结果做各种量化的约定，包括责任、权力和利益等。综上所述，人们不难从谈判的一般规律上看出谈判的四大特点。

(1) 互动性——"施"与"受"兼而有之

之所以称谈判具有互动性，是因为谈判是在双方或多方之间展开的，通过语言的交流和利益的互换得以完成。单方面的施与或单方面的承受都不能称为谈判。换言之，单方面的施与根据不同情况，可冠之以赠送、授予和援助等名目；而单方面承受则可冠之以笑纳、接受和受援等。

① 资料来源：一学就会谈判速成宝典，http://www.docin.com/p-327097943.html.

(2) 双重性——“冲突”和“合作”并存

之所以说谈判具有双重性，是因为“冲突”和“合作”本是一对“双胞胎”，同时孕育在谈判的母体里。而谈判中，如果双方没有利益上的冲突，就不存在合作，谈判即不成立；如果没有合作，双方利益上的冲突也不会有正面的结果，谈判同样不能成立。正是因为“冲突”和“合作”普遍存在于人际间各种交往活动中，谈判才应运而生。

(3) 不等性——双方获利终有所别

之所以称谈判具有不等性，主要是因为谈判双方各自所拥有的实力、所掌握的谈判资料和谈判技巧不同，因此在利益分配上也不可能做到真正意义上的“二一添作五”。谈判的结果可以是互惠的，但也只是相对的平等而不是绝对的平等，一方获得多些，另一方获得少些。

(4) 公平性——谈判双方自愿接受

之所以称谈判具有公平性，是因为谈判的结果均为双方自愿接受。在谈判桌上，参加谈判的任何一方都拥有对谈判结果的否决权。无论谈判的结果在客观上多么不平等，双方一旦认可、表示同意，即说明双方情愿接受它，公理则判定这样的谈判是公平的。

3. 谈判的基本原理

(1) 谈判行为产生的原动力是需要

欲望的不满足是激起人们行为的普遍原因。追求未满足的欲望即产生某种需要，由需要产生某种动机，从而引发追求需要满足的行动。这些行动促使谈判产生，谈判得以进行的前提就是各方都希望从谈判中得到某些东西，在己方需要得到满足之后，也乐于满足对方的需要。

谈判者处理己方和对方需要的类型有以下几种。

① 谈判者顺从对方的需要。谈判者根据对方的需要，主动为对方着想，针对对方尚未满足的最基本需要，采取相应策略，则谈判成功的可能性最大。

② 谈判者使对方服从其自身的需要。谈判者使用各种策略说服对方满足己方的需要，所有的谈判活动都是从满足自身需要出发，这种方法在谈判中比较常见。

③ 谈判者同时服从对方和自己的需要。谈判者通过研究己方和对方的需要，设法平衡双方的利益需要，互惠互利。由于照顾到双方的需要，谈判相对容易成功，难点是找到平衡双方利益需要的方案。

④ 谈判者违背自己的需要。谈判者违背自己的需要，一定是有其深远目的的。有时候谈判者违背己方一些不重要的需要，意在争取己方的重要需要；有时候谈判者违背己方的重要需要，意在获取长远的利益。

⑤ 谈判者损害对方的需要。谈判者采用损害对方需要的做法是一种强硬的做法，通常处于优势地位的一方才会这样做，风险是很容易导致谈判的破裂。

⑥ 谈判者同时损害对方和自己的需要。这是一种损人不利己的方法，除非有特殊目的，否则一般不会采用。

(2) 谈判是人际关系的一种特殊表现

谈判是由两方以上的人员参与的活动，这就必然表现为一种人与人之间的关系。人与人之间存在着多种多样的关系，如生产关系、血缘关系、师生关系、邻里关系、同乡关系等，但这些人际关系并不等于谈判行为关系。谈判活动所体现的人际关系具有某种特殊性，即参与谈判活动的各方是出于某种利益而结成的相互关系或共同体。这种关系不同于上述具有稳定性和持久性的人际关系，而是短暂的和动态的。即由谈判活动所建立的人际关系，一旦协调过程完成，相互之间的关系便可结束。当然，这种人际关系也有可能转换成为相对稳定、持久的协作或合作关系。

(3) 谈判的核心任务是说服另一方或理解或接受己方的观点

在现实世界生存,就会不断地和周围环境中的人和物发生各种接触,就会形成对周围环境中人和物的认识,产生自己的观点,这些观点需要得到别人的理解或接受。另外,因每个人所处的自然环境和社会环境存在差别,造成了其思维方式、文化素质等的不平衡现象,所以每个人的需要和追求的利益不一致,在这些情况下,就需要用谈判来进行沟通和协商。通过谈判,不仅让一方理解接受另一方的观点,而且可以使双方在需要和利益方面得到协调和适应。

(4) 谈判产生的条件是双方在利益等方面既相互联系又相互冲突

如果双方在观点、基本利益等方面完全一致,就无须进行谈判。往往是双方在观点、基本利益方面既相互联系但同时又有冲突存在,这种情况下,怎样做既能维护本身利益,又能考虑对方需要的满足,求得双方的协调发展呢?只能通过谈判来解决这些有相互联系的冲突。例如,A 企业生产的产品急需推销,B 企业认为销售 A 企业产品可以获利或者可以用 A 企业产品作为本企业再加工的原材料,这就构成了两个企业之间的相互联系。但是,双方关于 A 产品的价格和服务等方面不能达成认同,这就是相互冲突。在这种既相互联系又相互冲突的局面中,通过谈判可以维护双方的利益并取得协调发展。

(5) 谈判的工具是思维—语言链

谈判行为的发生至少要有两个或两个以上不同方面的代表。双方都要对自己的想法和意见进行阐述,与此同时也要听取别人的想法和意见,然后不断地进行磋商,争取使双方的思想和意见趋于一致。这样,他们之间就有一个如何将自己的信息传递给对方,同时又把对方的信息接收过来的问题。

根据一些科学家的研究结果,可以看到这样的过程:甲方首先在思想上产生了一个希望,把自己的观点传递给了乙方,然后需要选择恰当的词语、组成合适的语句或者其他符号,把一定的想法或意见表现出来。当一个人采用语言形式去表现自己的想法或意见时,由于语言形式可以是有声的口头形式,也可以是无声的文字形式,正是这种物理层面的活动,把声波或者光波传达给乙方,刺激了乙方的耳朵或眼睛等生理器官,引起乙方生理层面的活动。生理层面的活动结果是把外界刺激输送到大脑,大脑再把它们转化成一定的语言层面的活动。最后,乙方又进行思维层面的活动,理解一定语言和语句或其他符号所表示的思维内容,从而接收到甲方所发来的内容。这一过程就称之为思维—语言链。

在这一链条中,任何一个环节出现了障碍,都会使传送和交换信息的过程受到影响甚至中断。而这一切又影响了谈判是否能顺利进行。正因为谈判是借助于思维—语言链这个工具来传递和交换信息的,所以如果假定每个谈判者都具有正常的生理器官,那么在这一前提下,谈判者培养自身的思维能力,提高自己的语言能力,就具有重要的意义。

1.1.2 商务谈判

1. 商务谈判的概念

"商务"一词有狭义和广义之分。狭义的商务即商业活动,也就是商品的买卖交易行为;广义的商务泛指各种交换活动,包括在市场主体之间发生的一切有形货物和无形劳务的交换活动,以及商务合作活动。按照国际惯例,商务包括四大部分:直接媒介商品的交易活动,如从事批发零售的"买卖商";为"买卖商"直接服务的商业活动,如运输、仓储、加工整理等"辅助商";间接为商业活动服务的"第三商",如金融、保险、信托、租赁等;具有劳务性质的"第四商",如酒店、餐饮、影剧院以及商品信息、咨询、广告等劳务。

商务谈判主要指经济领域中，具有法人资格的双方或具有利益相关的当事人，为了协调改善彼此的经济关系、满足贸易的需求，围绕涉及双方标的物的交易条件，彼此交流磋商达到交易目的的行为过程。谈判中有政治谈判、经济谈判、军事谈判、文化谈判、科技谈判、体育谈判和民事谈判等。商务谈判属于经济谈判，是指买卖双方为实现某种商品的交易而就交易条件进行磋商的活动——“讨价还价”。谈判双方这种在利益上既相互依存又相互对立的关系反映了商务谈判的实质所在。商务谈判实际上是人们相互调整利益、减少分歧，并最终确立共同利益的行为过程。

2. 商务谈判的作用

(1) 有利于促进商品经济的发展

谈判并不是今天才出现的事物，但是只有在商品经济发展到一定阶段时，谈判才能在社会生活中发挥巨大的作用。这是由于商品经济崇尚等价交换，排斥一切特权干预，只有通过买卖双方的平等协商谈判，才能在互利的基础上达到双赢的结局，进一步促进商品经济发展。可以说，商品经济的发展，使谈判扮演了社会经济生活中的重要角色，而谈判手段广泛而有效地运用，又极大地促进了商品经济的繁荣与发展。

商品经济存在的基础是社会分工。生产资料及产品属于不同的所有者，由此决定了人们之间的交往关系必须是有偿的、等价的，谈判便成为人们实现这种联系的重要形式。实践证明，商品经济越发达、谈判的应用越广泛，谈判的形式就越多样化、复杂化。同时，谈判广泛运用于社会生产、生活的各个领域，又进一步促进了社会的繁荣和经济的发展。它更好地实现了人们在平等互利基础上的联系，改善了相互的关系，提高了交易的成功率。今天，谈判已经成为商品经济社会中不可缺少的组成部分，成为各种组织和公众解决彼此间矛盾、争议和调整人际关系的重要手段。不论是否承认、有没有意识到，人们都曾在现实生活中扮演着并将继续扮演“谈判者”的角色。正如谈判专家所说的，世界就是一张偌大的“谈判桌”。

(2) 有利于加强企业间的经济联系

商务谈判大多是在企业与企业之间、企业与其他部门之间进行的。每个企业只有与其他部门或单位进行协作，才能完成生产经营活动。事实上，经济越发展、分工越细、专业化程度越高，企业间的联系与合作越紧密，越需要各种有效的沟通手段。同时，企业具有独立的法人资格，企业之间的交往与联系也必须在自愿互利的基础上实行等价交换、公平交易。因此，谈判理所当然地成为企业之间经济联系的桥梁和纽带。

(3) 有利于促进我国经济贸易的发展

当今的世界经济是开放的经济，经济活动是在国际范围内拓展的。任何一个国家都不能只依靠本国的资源、生产能力、科学技术来满足国内的需求。随着社会化大生产的不断发展，各国都必须注意学习利用其他国家的长处，借鉴他人的科技成果。纵观世界市场，从 20 世纪 50 年代到 80 年代，世界贸易额增长了 20 多倍，进入 20 世纪 90 年代，贸易增长速度进一步加快，特别是乌拉圭回合谈判协议的达成，促进世界贸易额增加 1 000 亿美元以上。

2001 年我国加入 WTO 后，对外贸易进一步扩大，迫切需要引进国外的先进技术、设备和管理经验，发展商品经济。这就需要通过国际贸易活动扩大对外出口，提高我国的国际竞争力，加快市场经济的发展。

目前，我国发展对外贸易的障碍之一就是随着国内企业大规模向国际市场进军，众多企业在直接同外商打交道的过程中，缺乏高水平、训练有素的谈判人员。这个问题的存在，在一定程度上使一些企业丧失了很多与外商合作的贸易机会，也给企业和国家造成了不应有的损失。

因此，发展对外贸易、参与国际竞争、开拓国际市场，必须精于外贸谈判，了解和掌握国际商贸活动的规律和准则，了解各国的民俗、法律和商业习惯，熟悉不同国家、不同民族商务人员的谈判风格，熟练掌握商务谈判的规律和技巧，并加以灵活运用。只有这样，才能有效地运用谈判手段在国际商贸活动中运筹帷幄、掌握主动、赢得胜利。

3. 商务谈判的构成要素

商务谈判的构成要素包括谈判主体、谈判客体和谈判目标。

（1）谈判主体

谈判主体即当事人，是商务谈判活动的主要因素，其又可分为关系主体和行为主体。二者既有联系又有区别。关系主体是在商务谈判中有权参加谈判并承担谈判后果的自然人、社会组织及其他能够在谈判或履约中享有权利、承担义务的各种实体。行为主体是实际参加谈判的人。

（2）谈判客体

谈判客体是指谈判的议题和各种物质要素结合而成的内容，如属于资金方面的、属于技术合作方面的、属于商品方面的等。谈判活动的内容是由谈判客体决定的。要想取得符合目的的谈判结果，就必须事先深入研究谈判的议题，明确己方和对方的利益，还要明确利益的反面，即己方最担心、最害怕的是什么。除此之外，还必须掌握大量与谈判议题有关的信息。

（3）谈判目标

商务谈判是一种目标很明确的行为。概括地说，商务谈判的直接目标就是最终达成协议。谈判双方各自的具体目标往往是不同的，甚至是对立的，但它们都统一于商务谈判活动的目标。只有商务谈判的直接目标实现了，最终达成了协议，谈判各方的目标才能实现。没有目标的谈判，只能叫作双方有所接触，或叫作无目的的闲谈，而不是真正的谈判。没有目标的商务谈判就像没有目的地的航行，是无法完成的。商务谈判的目标与商务谈判相伴而生，它是谈判活动的有机组成部分，是商务谈判的基本要素之一。

4. 商务谈判的特点

商务谈判作为谈判的一种特定形式，既有谈判的共性，又有自身的特点。

（1）目的经济性

商务谈判以追求和实现交易目标的经济利益为目的，这是与其他谈判不同的。当事人对谈判计划的编制和谈判过程中对策略的调整，都是以追求和实现既定的经济利益为出发点和归宿的。离开了经济利益，谈判也就丧失了继续的可能和意义。在现实的商务活动中，商品的买卖、劳务的进出、技术的转让，甚至投资、兼并等类型的谈判，无一不是如此。因此，恰当地把握商务谈判的利益界限，是谈判成功的保证。

（2）价值转换性

商务谈判源于商品交换。商品交换的实质是价值和使用价值的转换。任何商品都具有价值和使用价值，价值的货币表现就是价格。商品的生产者通过让渡商品的使用价值而获得价值。商品的消费者通过支付一定数量的货币（即按双方认可的价格）获得该商品的使用价值。这种双方之间让渡与获得的行为必须通过商务谈判实现。谈判的核心就是价值的货币表现——价格。对于生产者而言，自然是价格越高越有利；对于消费者而言，自然是价格越低越满足。一旦买卖双方都认可了一个适中的价格，交易就达成了。随着商品由卖方以协商谈判的价格转让给买方，商品价值交换也就实现了。从这个意义上说，商务谈判的过程也就是价值转换的过程。商务谈判的核心是价格的谈判。

(3) 商务谈判主体的多层次性

商务活动与人类的经济生活息息相关。小到个人、企业或其他组织，大到国家甚至国际组织，都可以成为商务谈判的主体。各主体之间还可以相互交叉直接进行商务谈判。如个人与组织、组织与国家、国家与国际组织之间等，这使商务谈判的主体具有明显的多层次性。

(4) 商务谈判的对象具有可选择性

商务谈判归根结底是对买卖双方关系的有效处理。商品买卖的基本法则是自由贸易。在市场上，就卖者而言，其商品可以卖给任何一个人或组织。就买者而言，当然可以货比三家，随意选购(单纯垄断的市场除外)。这种现象就决定了双方在买卖的谈判中拥有可能的选择余地，选谁为谈判对手，权力相对自由。

1.2　商务谈判的分类

商务谈判按照不同的标准可以划分为不同的类型。下面分别从谈判的地区范围、谈判内容、谈判人员数量、谈判地点、谈判透明度等方面对商务谈判类型进行划分。

1.2.1　商务谈判的类型

1. 国内商务谈判与国际商务谈判

根据商务谈判的地区范围不同，可以把商务谈判分为国内商务谈判和国际商务谈判。

(1) 国内商务谈判

国内商务谈判是指国内各种经济组织及个人之间所进行的商务谈判，包括国内的商品购销谈判、商品运输谈判、仓储保管谈判、联营谈判、经营承包谈判、借款谈判和财产保险谈判等。国内商务谈判的双方都处于相同的文化背景之中，这就避免了由于文化背景差异可能导致的对谈判的影响。由于双方语言相同、观念一致，所以谈判的主要问题在于怎样调整双方的不同利益，寻找更多的共同点。这就需要商务谈判人员充分利用商务谈判的策略和技巧，发挥其能力和作用。

(2) 国际商务谈判

国际商务谈判是指不同国家政府之间及各种经济组织之间所进行的商务谈判。国际商务谈判包括国际产品贸易谈判、易货贸易谈判、补偿贸易谈判、各种加工和装配贸易谈判、现汇贸易谈判、技术贸易谈判、合资经营贸易谈判、租赁业务贸易谈判和劳务贸易谈判等。无论从谈判技术还是从谈判内容看，国际商务谈判远比国内商务谈判复杂得多。这是由于谈判人员来自不同的国家，其语言、信仰、生活习惯、价值观念、行为规范、道德标准乃至谈判的心理都有着极大的差别，而这些因素都会对国际商务谈判产生很大的影响。

2. 商品贸易谈判与非商品贸易谈判

根据商务谈判的内容不同，可以把商务谈判分为商品贸易谈判和非商品贸易谈判。

(1) 商品贸易谈判

商品贸易谈判是指商品买卖双方就商品的买卖条件所进行的谈判。它包括农副产品的购销谈判和工矿产品的购销谈判。

农副产品的购销谈判是指以农副产品为谈判客体的明确当事人权利和义务关系的协商。农副产品的范围很广，包括瓜果、蔬菜、粮食、棉花、油料、家禽、水产等。这些产品不仅是人们生活的必需品,而且是某些工业生产过程中不可缺少的原料,所以这方面的谈判非常广泛。

工矿产品的购销谈判是联系产、供、销各个环节,沟通全国各个部门,是活跃经济的最基本形式。

(2) 非商品贸易谈判

非商品贸易谈判是指除商品贸易之外的其他商品谈判,包括工程项目谈判、技术贸易谈判和资金谈判等。

工程项目谈判是指工程的使用单位与工程的承建单位之间的商务谈判。

技术贸易谈判是指为技术有偿转让所进行的谈判。技术贸易谈判一般分为两个部分——技术谈判和商务谈判。

资金谈判是资金供需双方就资金借贷或投资内容所进行的谈判。资金谈判的主要内容有货币、利率、贷款、保证条件、还款、宽限期和违约责任等。

3. 中小型与大型谈判

依据谈判人员数量的多少,可以把商务谈判分为中小型谈判和大型谈判。

(1) 中小型谈判

中小型谈判包括业务很小的一对一的谈判,即谈判双方都是一个人。这样的谈判一般有两种情况:一是谈判的业务内容比较单一,一个人就可以胜任;二是谈判的双方都为私营企业,这种企业的老板可以及时拍板。至于在大型谈判中,也可以穿插双方的首席代表进行一对一的谈判,磋商某些敏感问题或关键问题,但这应当是针对特殊问题的特殊举措。中小型谈判中更多的、更常见的是小组谈判,通常以 3 人为宜,也可以为 5 人。

(2) 大型谈判

大型谈判一般指涉及重大项目的谈判,谈判人员一般不少于 7 人。重大谈判还要组织人数很多的谈判团,还可能有顾问团或咨询团。谈判人员要经过精心挑选,要有相关的各类专家参加。要进行充分的事前准备,计划要周详、程序要严密。一般要经过若干个谈判阶段,持续时间长,还可能多次变换地点,甚至要进行相关的人事调整,但一般不轻易换帅(即主谈人)。

4. 主场谈判、客场谈判和主客场轮流谈判

根据谈判地点的不同,可以把商务谈判分为主场谈判、客场谈判和主客场轮流谈判。

(1) 主场谈判

主场谈判又称主座谈判,是指某一谈判方以东道主身份在自己所在地进行的谈判,如所在的国家、城市、办公地等。其优势是环境熟悉,随时可以增减谈判力量,有主人翁感,便于问题的请求和磋商等,谈判人员在自信心、应变能力及应变手段上均占有天然的优势,往往为谈判带来有利影响。

主场谈判也有不足,如要支付较多的谈判成本,容易被对方了解虚实、攻破防线等。尽管如此,由于主场谈判的优势突出,所以商务谈判参与方往往都会主动争取主场谈判。

(2) 客场谈判

客场谈判又称客座谈判,是指谈判人员到对方所在地进行的谈判。客场谈判对客方来说需要克服不少困难。到客场谈判时,必须注意以下几点:第一,要入境随俗,入国问忌;第二,要审时度势,争取主动;第三,如果是在国外举行的国际商务谈判,要配备好的翻译、代理人,不能随便接受对方推荐的人员,以防泄露机密。

(3) 主客场轮流谈判

主客场轮流谈判是一种在商务交易中谈判地点互易的谈判。谈判可能开始在卖方,继续谈判在买方，结束在卖方也可能在买方。主客座轮流谈判的出现，说明交易是不寻常的，它可能是大宗商品买卖。也可能是成套项目的买卖，这些复杂的谈判拖的时间比较长，应注意以下两个方面的问题：第一，确定阶段利益目标，争取不同阶段最佳谈判效益；第二，坚持主谈人的连贯性，换座不换帅。

5. 公开谈判、半公开谈判和秘密谈判

根据谈判内容的透明度，可以把商务谈判分为公开谈判、半公开谈判和秘密谈判。

(1) 公开谈判

公开谈判是指有关谈判的全部内容和一切安排都不对外保密的谈判类型。在现代社会中，由于市场竞争的加剧，商业机会相对越来越少，所以人们一般都不愿意过度地暴露己方的商业秘密，公开谈判也很少被人们采用。不过在某些情况下，必须采取公开谈判的方式。公开谈判可以吸引多个谈判对手，并使他们之间展开竞争，从而在交易中获取最佳收益。

(2) 半公开谈判

半公开谈判是指有关谈判内容以及谈判安排在某一特定时间，部分地对外进行披露的谈判。在半公开谈判的条件下，谈判当事人一般根据自己的需要来选择对外公布的谈判信息及公布这些信息的时间。在有些情况下，部分地对外公布谈判信息有助于提高企业形象。

(3) 秘密谈判

秘密谈判是指谈判各方对谈判的内容以及有关谈判的一切安排均不对外披露的谈判。秘密谈判对谈判信息的保护比其他两种好，可以减少企业商业机会的流失概率。有时候，秘密谈判和公开谈判也可能在同一问题的谈判过程中交叉出现。谈判各方有可能在前期通过秘密谈判解决某些关键问题，进而转为公开谈判达成某些公开协议。

1.2.2　商品谈判

1. 商品谈判的准备性谈判

合同之外的谈判，是指关于合同内容以外事项的谈判，它是谈判的一个重要组成部分，为谈判直接创造条件，影响着合同本身的谈判效果，因此要加以重视。它主要包括以下几个部分。

(1) 谈判时间的谈判

这是关于谈判举行时间的谈判。谈判时间不同，对双方的影响不同。谈判时间可能是一方决定的结果，也可能是双方协商的结果。因此，谈判者要尽量争取对己方有利的时间。

(2) 谈判地点的谈判

这是关于谈判举行地点的谈判。一般来说，主场谈判比客场谈判对己方更为有利。谈判地点设在哪一方，往往由谈判实力强的一方决定，但也是可以通过谈判策略争取的。

(3) 谈判议程的谈判

这是关于谈判议程安排的谈判。谈判议程对谈判结果的影响是显而易见的。谈判议程是谈判策略的重要组成部分，往往由双方协商确定。

2. 商品谈判的主要内容

商品谈判的内容是以商品为中心的，主要包括商品品质、数量、包装、价格、运输、检验、保险、支付方式，以及索赔、仲裁和不可抗力等条款。

(1) 商品品质

商品品质是指商品的内在质量和外观形态。它往往是交易双方最关心的问题，也是洽谈的主要问题。商品品质取决于商品本身的自然属性，其内在质量具体表现在商品的化学成分、生物学特征及其物理机械性能等方面；其外在形态具体表现为商品的造型、结构、色泽、味道等技术指标或特征，这些特征有多种多样的表示方法，常用的有样品表示法、规格表示法、等级表示法、标准表示法、牌名或商标表示法。

（2）商品数量

商品交易的数量是商务谈判的主要内容。成交数量的多少，不仅关系到卖方的销售计划和买方的采购计划能否完成，而且与商品的价格有关。同一货币支付后所购买的商品数量越多，说明商品越便宜，因此，商品交易的数量直接影响到交易双方的经济利益。

确定买卖商品的数量，首先要根据商品的性质，明确所采用的计量单位。商品的计量单位中，表示质量的单位有吨、长吨（英吨）、短吨（美吨）、千克、磅等；表示个数的单位有件、双、打、套、包等；表示体积的单位有立方米、立方英尺等；表示容积的单位有公升等。在国际贸易中，由于各国所采用的度量衡制度各不相同，因此要掌握各种度量衡之间的换算关系，在谈判中明确规定使用何种度量衡制度，以免造成误会和争议。

（3）商品包装

在商品交易中，除了散装货、裸装货外，绝大多数商品都需要包装。包装具有宣传商品、保护商品、便于储运、方便消费的作用。随着改革开放的深入，市场竞争日趋激烈，各厂商为了提高自己的竞争能力、扩大销路，已改变了过去传统的"一等产品、三级包装"的包装方法。市场上商品包装装潢不仅变化快，而且设计的档次越来越高，由此看来，包装也是商品交易的重要内容。作为谈判者，为了使双方满意，必须精通包装材料、包装形式、装潢设计、运输标志等问题。

（4）商品价格

商品价格是商务谈判中最重要的内容，它的高低直接影响着贸易双方的经济利益。商品价格是否合理是决定商务谈判成败的重要因素。商品价格是根据不同的定价依据、定价目标、定价方法和定价策略来制定的。商品价格的构成一般受商品成本、商品质量、成交数量、供求关系、竞争条件、运输方式和价格政策等多种因素的影响。谈判中只有深入了解市场情况，掌握实情，切实注意上述因素的变动情况，才能取得谈判的成功。

（5）商品运输

在商品交易中，卖方向买方收取货款是以交付货物为条件的，所以运输方式、运输费用以及交货地点依然是商务谈判的重要内容。商品运输主要包括运输方式、运输费用、装运时间地点和交货时间地点等方面。

（6）商品检验

商品检验是对商品的品种、质量、数量、包装等项目按照合同规定的标准进行检查或鉴定。通过检验，由有关检验部门出具证明，作为买卖双方交接货物、支付货款和处理索赔的依据。商品检验主要包括商品检验权、检验机构、检验内容、检验证书、检验时间、检验地点、检验方法和检验标准。

（7）保　险

保险是将投保人缴纳的保险费集中组成保险基金用来补偿因意外事故或自然灾害所造成的经济损失，或对个人因死亡或伤残给予物质保障的一种方法。这里所指的保险主要指货物保险。货物保险的主要内容有贸易双方的保险责任、具体明确办理保险手续和支付保险费用的承担者。

（8）支付方式

在商品贸易中，货款的结算与支付是一个十分重要的问题，直接关系到交易双方的利益，影响双方的生存和发展。在国际贸易谈判中必须注意货款结算的支付方式、期限、地点等。

国内贸易货款结算方式主要是现金结算和转账结算。转账结算是通过银行在双方的账户上划拨的非现金结算。非现金结算的付款有两种方式：一种是先货后款，包括异地托收承付、异地委托收款、同城收款；另一种是先款后货，包括汇款、限额结算、信用证、支票结算等。根据国家规定，各单位之间的商品交易，除按照现金管理办法外，都必须通过银行办理转账结算。这种规定的目的是为了节约现金使用，有利于货币流通，加强经济核算，加速商品流通和加快资金周转。

(9) 索赔、仲裁和不可抗力

在商品交易中，买卖双方常常会因彼此的权利和义务引起争议，并导致索赔、仲裁等情况的发生。为了顺利地处理争议，买卖双方在洽谈交易中，应事先就可能由争议提出的索赔和解决争议的仲裁方式进行充分的协商，并在合同中做出明确的规定。此外，对于不可抗力及其对合同的影响结果等也要做出规定。

① 索赔。它是指一方认为对方未能全部或部分履行合同规定的责任时，向对方提出索取赔偿的要求。引起索赔的原因除了买卖一方违约外，还有由于合同条款规定不明确，一方对合同某些条款的理解与另一方理解不一致而认为对方违约。一般来说，买卖双方在洽谈索赔问题时应洽谈索赔依据、索赔期限、索赔金额的确定等内容。索赔依据是指提出索赔必须具备的证据和出示证据的检测机构。索赔方所提供的违约事实必须与品质、检验等条款相吻合，且出证机关要符合合同的规定，否则对方有理由拒赔。索赔期限是指索赔一方提出索赔的有效期限。索赔期限的长短，应该根据交易商品的特点来合理商定。索赔金额包括违约金和赔偿金。只要确认是违约，违约方就有义务向对方支付违约金。违约金带有惩罚的性质，赔偿金则带有补偿性，当违约金不足以弥补违约给对方造成的损失时，应该用赔偿金补足。

② 仲裁。它是指双方当事人将争议提交给第三人进行裁决并接受裁决结果的一种解决纠纷的方式。仲裁是以当事人的合意为前提的，即当事人双方一致同意将其争议提交给第三方来进行裁决。这种合意从时间上来看有两种：一种是在争议发生之前达成一致，即当事人在订约之初，为防止以后发生纠纷，提前约定如果将来发生争议，将提交给某位第三人进行裁决。一种是在争议发生之后达成一致，即最初友好合作的双方并没有想到将来的某一天会关系恶化，或者虽然在合作之初预料到之后可能发生纠纷，但并没有进一步去考虑解决问题的方式，因此直到争议真的发生了，才去考虑应该如何解决。此时双方如果达成一致，同意进行仲裁，即可据此进行；如果双方达不成一致，如一方不同意，就不能进行仲裁。

③ 不可抗力。它是一种免责条款，是指买卖合同签订后，不是由于合同当事人的过失或疏忽，而是由于发生了合同当事人无法预见、无法预防、无法避免或无法控制的事件，导致不能履行或不能如期履行，发生意外事件的一方可以免除履行合同的责任或推迟履行合同。

1.3　商务谈判的原则与评价

1.3.1　商务谈判的原则

在商务谈判中，谈判双方毕竟不是敌对关系，但也并不是不存在利益冲突和矛盾。在没有任何技巧与原则的谈判中，谈判者往往会陷入难以自拔的境地，要么谈判陷入僵局，要么在达成协议后总觉得双方的目标都没有达到，或者谈判一方总有似乎失掉了一场对局的感觉。

1. 自愿原则

自愿原则是指谈判双方不是屈服于某种外来的压力或受他人的胁迫，而纯粹是出于自身利益的追求和互利互惠的意愿参加谈判，寻求共识谋求合作的。只有自愿，才有能力按各自的意愿就谈判中的权利义务做出决定；只有自愿，才会有诚意互补互助、互谅互让，也才能最终促成谈判的成功。在谈判过程中，强迫性的行为是不可取的，它只会破坏自愿原则，促使被压迫的一方提前退出谈判，导致谈判的破裂。

2. 平等原则

平等是商务谈判得以顺利进行和取得成功的重要前提。在国际经济往来中，企业间的洽谈协商活动不仅反映了企业与企业的关系，还体现了国家与国家的关系，相互间要在尊重各自权利和国格的基础上，平等地进行贸易与经济合作事务。在商务谈判中，平等性要求包括谈判各方地位平等、谈判各方的权利与义务平等、谈判各方签约与践约平等。

3. 互利原则

在商务谈判中，平等是互利的前提，互利是平等的目的。平等与互利是密切联系、有机统一的两个方面。在谈判中有意见上的分歧，甚至发生争议，都是自然的和不可避免的，重要的是，双方应本着互惠互利的精神，协商解决分歧和争议。在商场上不会有不求利之人，对方坐在谈判桌边与你商谈，原因是他相信可以从商务谈判中获得利益。因此，互惠互利是商务谈判必须遵循的原则。有时，对于暂时不能解决的利益问题，允许搁置一旁，不必急于求成、勉强成交。俗话说："追着赶着不是买卖。"这样做的结果，往往事与愿违，让对方占尽便宜。同样，在谈判中只顾及自己的利益，不为对方的利益考虑，即使双方存在十分理想的谈判条件，也永远无法成交。

【案例 1－2】

沙漠与海洋的谈判[①]

有一天，沙漠与海洋谈判。

"我太干，干得连一条小溪都没有，你却水太多，变成汪洋一片，"沙漠建议："我们不如来个交换吧！"

"好啊，"海洋欣然同意："我欢迎沙漠来填补海洋，但是我已经有沙滩了，所以只要土，不要沙。"

"我也欢迎海洋来滋润沙漠，"沙漠说："可是盐太咸了，所以只要水，不要盐。"

4. 守法原则

商务谈判是一种法律行为，它必须遵守国家的有关法律、政策，涉外谈判还应当遵守国际法则并尊重对方国家的有关法规、惯例等。在经济谈判领域，遵循守法的原则是保证商务谈判成果顺利实现的坚固盾牌，是商务谈判协议执行过程中互相制约的标准规矩，是防止协议外非法因素侵害的有力武器。

5. 合作原则

双方正是因为需要合作才可能走到谈判桌前，切不可把谈判对手看成敌手，把谈判看成一场纯粹的竞技或战斗，非要论个输赢。否则，即使成了谈判桌上的赢家，对方作为输者，在合同履行过程中也会寻找理由和机会，拖延合同的履行，以挽回自己的损失，其结果等于是两败俱伤。

---

① 资料来源：http://www.xigushi.com/zlgs/13964.html.

坚持合作的原则，首先，要着眼于谈判是为了满足双方的利益；其次，要坚持以诚相待、信誉为本，努力取得对方的信任是谈判成功的基础；再次，要相互理解、求同存异，彼此适当让步，在维护各自根本利益的前提下，要准备适度牺牲局部利益。

6. 立场服从利益原则

人们习惯上都愿意表现出自己是坚持立场的人，尤其在集体谈判中，特别想在自己的团队中做出特殊的表现，树立特殊的形象。这种心理活动对商务谈判业务的成功是非常不利的。在商务谈判桌上，要得到的是利益而不是立场，立场必须服从利益，构思出多种选择方案，选择最优的可行谈判方案，该让步妥协时，要抓住时机做出姿态，当然也不能忘记合作互惠的大前提、大原则。

7. 人事分开原则

所谓人事分开原则，就是在商务谈判中，区分人与问题。把对谈判对手的态度和所讨论问题的态度区分开来，就事论事，不要因人误事。

在谈判桌上，在处理己方与谈判对手的相互关系时，必须做到将人与事分别而论。当提出方案和建议时，要尝试从对方的立场出发，考虑提议的可能性，理解或谅解对方的观点；尽量多阐述客观情况，避免责怪、抱怨对方，不要受到攻击之后反唇相讥；让双方都参与到方案的起草，协商一个容纳双方利益内容的建议；学会忍耐、倾听，想办法减少对方的敌意，注意交流的方式，保全面子、不伤感情，即“对事不对人”或“对人不对事”，这样才能实现谈判的双赢。要切记：朋友归朋友，谈判归谈判，两者之间的界线不能混淆。

8. 礼敬对手原则

英国学者 Leech 提出了言语交际的礼貌原则。根据 Leech 的礼貌原则中的选择程度等级(The Optional Scale)，如果话语内容使听话人得益，说话人的话说得越直率，强求听话人接受的愿望就越明显，话语就越能显出热情内容；如果话语内容只使说话者得益则说话人的话就要说得间接一些，要给听话人留有较大的自由选择余地，从而表现出话语的礼貌得体。这就是要求谈判者在谈判的整个进程中，排除一切干扰，始终如一地对自己的对手，时时、处处、事事表现出对对方不失真诚的敬意。任何一方都不能仗势欺人、以强欺弱，把自己的意志强加于人。

1.3.2　谈判成败的评价标准

1. 谈判目标

谈判目标的实现是衡量商务谈判成功的首要标准，根据谈判各方的具体情况不同，应重点考虑自身的需要是否通过谈判得到了满足，既定目标是否实现以及实现的程度。

2. 谈判效率

谈判的方式必须有效率，效率高的谈判使双方都有更多的精力拓展商务机会，而立场争辩式谈判往往局限了双方更多的选择方案。有时甚直是无谓地消耗时间，从而给谈判各方带来压力，增加谈判不成功的风险。一场以过多的时间、精力和财力来达到预定目标的谈判，不能被认为是非常成功的谈判，必须考虑商务谈判中的效率问题。目前，理论上和实际工作中对效率的认识都归结为商务谈判中投入和产出之比。

3. 人际关系

谈判应该可以改进或至少不会伤害谈判各方的关系。谈判的结果是要取得利益，而利益的取得却不能以破坏或伤害谈判各方的关系为代价。从发展的眼光看，商务上的合作关系会带来更多的商业机会。但是立场争辩式谈判往往忽视了保持商业关系的重要性，使谈判变成了各方意愿的较量，看谁在谈判中更执着或更容易让步。这样的谈判通常会使谈判者在心理上产生不良反应，从而破坏谈判各方的续存关系。

商务谈判不是一场战争或一场比赛，它的最终目标是使各方达成协议，而不是要将对方置于死地。谈判中的各方在需求、欲望、关切、忧虑等方面会产生冲突，即使其中的一方或多方不得不做出重大牺牲，整个谈判格局也应该是各方都必须感到自己已有所得。评价一场谈判的成功与否不仅要看谈判各方的市场份额的划分、出价高低、资本及风险的分摊、利润的分配等经济指标，还要看谈判后双方的关系是否"友好"，是否得以维持或改善。

综合以上三条评价标准，一场成功的谈判应该是谈判双方的需求都得到满足；双方的互惠合作关系得以稳固并进一步发展；从每一方的角度来讲，谈判实际收益都远远大于谈判的成本，因而谈判是高效率的。谈判各方只有正确地树立谈判意识，客观地制定合理的目标，在谈判中互相理解并积极协商，将整个谈判形成一个有机的统一的过程，才可能获得商务谈判真正意义上的成功。

1.4 商务谈判的基本程序

有些谈判过程很复杂，有些谈判过程很简单。但是，一般正式的商务谈判大体可以分为以下几个阶段。

1. 准备阶段

谈判准备阶段是指谈判正式开始以前的阶段，其主要任务是进行环境调查、搜集相关情报、选择谈判对象、制定谈判方案与计划、组织谈判人员等。准备阶段是商务谈判最重要的阶段之一，良好的谈判准备有助于增强谈判的实力、建立良好的关系、影响对方的期望，为谈判的进行和成功创造良好的条件。

2. 开局阶段

开局阶段是指谈判开始以后到实质性谈判开始之前的阶段，是谈判的前奏和铺垫。虽然这个阶段不长，但它在整个谈判过程中起着非常关键的作用。开局阶段为谈判奠定了一个潜在的氛围和格局，影响和制约着以后谈判的进行，因为这是谈判双方的首次正式亮相和谈判实力的首次较量，直接关系到谈判的主动权。开局阶段的主要任务是建立良好的第一印象、创造合适的谈判气氛、谋求有利的谈判地位等。

3. 报价阶段

报价阶段是谈判开局之后到谈判磋商开始之前的阶段，是商务谈判中不可忽略的阶段，因为只有在报价的基础上才能深度地进行讨价还价。报价的进行标志着谈判进入了实质性阶段，也标志着双方的物质要求在谈判桌上"亮相"，报价方式的选择和报价策略的运用对整个商务谈判有着重要影响。

4. 磋商阶段

磋商阶段是指一方报价以后至成交之前的阶段，是整个谈判的核心阶段，也是谈判中最艰难的阶段，是谈判策略与技巧运用的集中体现，直接决定着谈判的结果。它包括讨价还价、要求、抗争、异议处理、僵局处理、让步等诸多活动和任务。

5. 成交阶段

成交阶段是指双方在主要交易条件基本达成一致以后，到协议签订完毕的阶段。成交阶段的开始并不代表谈判双方的所有问题都已解决，而是指提出成交的时机已经到了。实际上，双方在这个阶段往往需要对价格及主要交易条件进行最后的谈判和确认，但是此时双方的利益分歧已经不大了，可以提出成交。成交阶段的主要任务是对前期谈判进行总结回顾、进行最后的报价和让步、促使成交、拟定合同条款及对合同进行审核与签订等。

【本章小结】

谈判存在于生活的每个角落。每个人都生活在一张巨大的谈判桌上，无论你是否喜欢，都需要与他人进行谈判。随着商品经济的发展，谈判特别是商务谈判越来越占有非常重要的地位。

商务谈判是指经济领域中，具有法人资格的双方或具有利益相关的当事人，为了协调改善彼此的经济关系，满足贸易的需求，围绕涉及双方的标的物的交易条件，彼此交流磋商达到交易目的的行为过程。商务谈判的构成要素包括商务谈判的主体、商务谈判的客体和商务谈判的目标。依据不同的标准，商务谈判可分为不同的类型，不同类型的谈判对谈判者提出了不同的要求，谈判人员在商务谈判的过程中，必须遵循一定的原则、运用相应的策略和技巧，谈判结束后从谈判目标、谈判效率和人际关系三个方面对谈判的成败进行评价。

生活中的谈判其实就是商务谈判的影子，只有细心观察、用心总结，理解和提炼其原理和方法，才能在真正的商务谈判中灵活运用，实现谈判的目标。

【课后习题】

一、单选题

1. 下列不属于谈判的要素是(　　)。

A. 人和组织　　B. 矛盾分歧　　C. 平等磋商　　D. 最大利益

2. 下列不属于商务谈判特征的是(　　)。

A. 谈判对象唯一性　　B. 目的经济性　　C. 价值转换性　　D. 主体多层次性

3. 下列不属于商务谈判要素的是(　　)。

A. 议题　　B. 当事人　　C. 价格　　D. 标的

4. 下列商务谈判方式中，应用最广泛、最普遍、最经常的谈判方式是(　　)。

A. 面对面谈判　　B. 电话谈判　　C. 函电谈判　　D. 网上谈判

5. 买卖合同签订后，不是由于合同当事人的过失或疏忽，而是由于发生了合同当事人无法预见、无法预防、无法避免和无法控制的事件，以致不能履行或不能如期履行，发生意外事件的一方可以免除履行合同的责任或推迟履行合同。以上情况属于(　　)下的责任免除。

A. 不可抗力　　B. 疏忽　　C. 仲裁　　D. 索赔

6. (　　)是一种在商务交易中谈判地点互易的谈判。谈判可能开始在卖方，继续谈判在买方，结束在卖方也可能在买方。

A. 主场谈判　　B. 主客场轮流谈判　　C. 客场谈判　　D. 随机谈判

7. 不同国家政府之间及各种经济组织之间所进行的商务谈判是(　)。

A. 国家谈判　　B. 政府谈判　　C. 国际商务谈判　　D. 经济组织谈判

8. 各谈判主体之间相互交叉直接进行商务谈判。如个人与组织、组织与国家、国家与国际组织之间等，这体现了商务谈判的(　)。

A. 对象可选择性　B. 价值转换性　C. 主体多层次性　D. 目的经济性

二、名词解释

1. 谈判

2. 商务谈判

三、简答题

1. 谈判的特点是什么?

2. 谈判的基本原理有哪些?

3. 商务谈判的特点是什么?

4. 商务谈判的主要类型有哪些?

5. 商务谈判的基本原则有哪些?如何应用?

6. 如何评价商务谈判的成败?

7. 商务谈判的基本程序有哪些?

8. 商品谈判的主要内容有哪些?

【案例分析】

琼文和苏卡是一对年轻的夫妻。他们这一天的生活像往常一样,很早就开始了。

他们所住房间的热水器制热效果差。他们偶然看到一份宣传广告,看字里行间还算正规,就打电话与公司联系,对方答应上门服务。于是苏卡在家等待对方来修理。由于琼文晚上回来较晚,所以第二天一大早琼文向苏卡问起昨天修理热水器的事情。苏卡告知已经修过,换了两个零件,共花去413元,但热水的效果还是不理想。当琼文看过零件后,知道已经上当了,但好在苏卡没有让两个维修人员拿走换下的两个零件。于是琼文便拿着换下来的零件去鉴定。结果零件是正常的。琼文心里明白,要讨回413元钱,可能需要一场艰难的谈判,必要时还可能需要采取一些诸如恐惧唤醒等谈判策略。

在琼文驾车去工作的途中,他仍在考虑修理热水器的谈判。当然他可以寻求法律的保护。但他没有这么多的时间耗费在这上面,也不一定会有结果。因此琼文倾向于私下里谈判解决。要私下里谈判解决,就要好好地筹划一下。琼文认为自己处于主动的地位,对方现在是做贼心虚,只要切中要害,也许会逼迫对方妥协。想到这里,琼文决定先探听虚实,他拿起手机,向这公司打了个电话,落实了公司的地址和负责人。这家公司还是比较正规公司的一个下属企业,那么琼文判断,这两个人的行为一定是个人行为,他们的心理防线比较脆弱。

琼文是一个小型电子马达制造厂的机械设计组的负责人。琼文到达自己的公司,停车步行穿过停车场时,遇到了他们公司的采购部经理艾笛。艾笛提醒琼文,必须解决一个问题:在琼文主管的部门中,工程师们没有通过采购部而直接与供应商进行了联系。琼文知道,采购部希望所有与卖主的接触都通过他们进行,但他也知道他的工程师们为了进行设计非常需要技术信息,而等着从采购部反馈信息将大大延长设计过程。艾笛清楚琼文在这个问题上的看法。琼文也认为如果他们能真正着手解决这个问题的话,还是有解决方案的。琼文和艾笛都意识到了上司希望他们部门经理之间不存在分歧。如果这个问题被提交到总经理那里,那么对他们双方来说都不好。看来,琼文得准备和艾笛进行一次内部谈判,以解决艾笛提出的问题。

到办公室不久，琼文接到了一个汽车销售商打来的电话，琼文正在和这个销售商商谈购买一辆新车的事宜。这位商人向琼文询问他和苏卡对这辆车的感觉，以及苏卡是否想试一试车。琼文想购买一辆好车，但他能够预见到苏卡对此会很不满。琼文对销售商最新的出价很满意，但他认为他能够让销售商在价格上再优惠一些，因此他把苏卡的忧虑告诉销售商，从而给销售商增加压力，压低车价。

琼文刚挂上电话，电话铃又响了，这次是苏卡。苏卡在一个家族企业中担任高层管理人员，她因为一些生意上的挫败而打电话向琼文诉苦。这家企业有着严重的官僚作风，并且对顾客的需求反应缓慢。他们的竞争者只需要3个小时就可以作出服务决定，但这却要花掉苏卡一个星期的时间。虽然这个企业的职员都以客户为中心并且很礼貌地对待客户，但因为一些能提供更高效服务的竞争企业的进入，他们正在失去原有的客户。每星期苏卡都有越来越多的客户被这些竞争者抢走。但每次苏卡试图与企业的高层人员讨论这个问题时，她都遇到很大的敌意，并招致猜疑。苏卡在与上级的谈判方面遇到了困难。

琼文下午的大部分时间被一个年度预算会议所占用。琼文非常厌恶这类会议。在会上，财务部门随意将各部门的预算都削减了30%，接着所有的部门经理都不得不进行无休止的争论，以努力恢复他们在一些新项目上的预算。琼文自认为是一个通情达理的人，懂得怎样和自己不喜欢的人相处，但这些从财务部门来的人太傲慢。因为这些人的处事方式，他不想做哪怕一丁点的让步。他已经确定了所能退让的限度(即谈判的底线)，而且一旦这个限度被超过，他就要进行抗争。

傍晚时，苏卡和琼文去逛商店。某摊贩的货摊上挂着一件新潮大衣，不少人都被它吸引过来，但一看标价590元，无不咋舌而去。苏卡反复看了这件大衣后，对摊主说："能不能便宜点？"摊主说："那你给个价吧。"苏卡想了一下，说："500元怎么样？"摊主二话没说，取下大衣往顾客手里一送："衣服归你了，付钱吧。"苏卡犹豫了，她想走。摊主发火了："你给的价怎能不要，你今天一定得要。"苏卡仗着钱未脱手，执意不要。

问题：根据以上案例，分析谈判在生活和工作中的重要性，并在案例中任选一个问题，谈一谈你的谈判思路。

【实战演练】

学生分成10人小组，对学校所在城市的部分企业从事过商务谈判的人员进行采访，重点了解商务谈判活动的流程、内容、特点，作好访谈记录。

具体要求：

① 确定要访问企业的名称、主营业务及地址，要访问人员的姓名、职务，访问的时间和地点。

② 请企业的商务谈判人员介绍一则成功的商务谈判实例，小组成员详细记录内容。

③ 分析此商务谈判实例的类型和特点。

④ 此次采访对商务谈判课程的学习有何帮助？小组成员交流后，写一篇采访心得体会。

第2章　商务谈判准备

学习目标

通过本章的学习，了解和掌握商务谈判前的各项准备工作，即谈判目标的确定、谈判资料的收集、谈判人员的准备、谈判计划的制定、模拟谈判的进行，能够在商务谈判中争取主动，获得谈判的成功。

引导案例

冶炼组合炉谈判①

我国某冶金公司要从国外购买一套先进的组合炉，派一高级工程师与外商谈判，为了不负使命，这位高级工程师做了充分的准备工作，他查找了大量有关冶炼组合炉的资料，花了很大的精力对国际市场上组合炉的行情及这家公司的历史和现状、经营等情况进行了详细了解。谈判开始，外商一开口要价150万美元，中方工程师列举各国成交价格，使外商目瞪口呆，终于以80万美元达成协议。当谈判购买冶炼自动设备时，外商报价230万美元，经过讨价还价压到130万美元，中方仍然不同意，坚持出价100万美元。外商表示不愿继续谈下去了，把合同往中方工程师面前一扔，说："我们已经作了这么大的让步，贵公司仍不能合作，看来你们没有诚意，这笔生意就算了，明天我们回国了！"中方工程师闻言轻轻一笑，把手一伸，做了一个优雅的请的动作。外商真的走了，冶金公司的其他谈判人员有些着急，甚至埋怨工程师不该抠得这么紧。工程师说："放心吧，他们会回来的。同样的设备，去年他们卖给法国只有95万美元，国际市场上这种设备的价格100万美元是正常的。"果然不出所料，一个星期后这家公司的谈判人员又回来继续谈判了。工程师向其点明了他们与法国的成交价格，外商又愣住了，没有想到眼前这位中国人如此精明，于是不敢再报虚价，只得说："现在物价上涨的利害，比不了去年。"工程师说："每年物价上涨指数没有超过6%，一年时间，你们算算，该涨多少？"外商被问得哑口无言，在事实面前，不得不让步，最终以101万美元达成了这笔交易。

一次商务谈判取得成功的原因，固然与高素质、具有丰富实践经验的谈判人员的高水平临场作战以及谈判过程中各种策略技巧的完美组合运用有关，但同样离不开充分完善的商务谈判前期准备工作。

2.1　谈判目标的确定

谈判目标是指谈判要达到的具体目标，它指明谈判的方向和要达到的目的，以及谈判方对本次谈判的期望水平。商务谈判的目标主要是以满意的条件达成一笔交易，确定正确的谈判目标是保证谈判成功的基础。没有一个明确的谈判目标，谈判很难取得成功。商务谈判所要达到的谈判目标是谈判双方就本次谈判所涉及的谈判内容在各种交易条件或协议条款上要达

① 资料来源：商务谈判案例分析，http://www.doc88.com/p-2082444547829.html.

到的有关标准。在谈判目标的制定上要坚持以下四个原则。

1. 合理性

谈判目标的制定要依据收集的各种信息，结合双方的实际情况，合理地、客观地确定，切不能脱离实际、主观臆测。

2. 层次性

谈判目标有基本目标与期望目标、短期目标与长期目标之分。基本目标是指必须达到的、不能妥协的目标，在某种意义上可以理解为“底线”。期望目标则是要尽力去追求的、理想的目标。比如，我方作为采购方所能接受的卖方最高价即基本目标，而我方希望卖方所能提供的最低价则是要尽力争取的期望目标。至于短期目标与长期目标，则主要从时间上来定。

3. 具体性

谈判目标的制定不能太笼统、太空泛，要尽量用详细清楚的数字量化表示。这样可以使我方谈判人员胸中有数，更能把握好谈判的“度”，从而增大谈判成功的可能性。

4. 合法性

商务谈判目标必须符合一定的法律规则和道德规范。在商务谈判中，有的企业为实现自身的利益追求目标，采取行贿当事人的方式使对方顺从，或损害集体利益使个人得利，或采用经济压力强迫经济能力不强者妥协，或提供伪劣产品、过时技术和虚假信息等。这些均属不合法的行为。

2.1.1　谈判目标的层次

根据谈判期望和谈判需求的满足程度，可以将谈判目标分为四个层次。

1. 最高目标

最高目标，也叫最优期望目标，是指对谈判某方最有利的理想目标，即在满足某方实际需求利益之外，还有一个增加值。这个目标可以最大化地满足自己的利益，当然也是对方所能忍受的最高程度。最优期望目标是一个点，超过这个点，则往往要冒着谈判破裂的风险。在实践中，最高目标一般是可望而不可即的理想目标，往往难以实现。因为商务谈判是各方进行利益分割的过程，没有哪一方心甘情愿地把利益全部让给他人。同样，任何一个谈判者也不可能指望在每次谈判中都大获全胜。尽管如此，确立最优期望目标还是很有必要的，一则可以激励谈判人员尽最大努力争取尽可能多的利益，清楚谈判结果与最终目标存在的差距；二则在谈判开始时，以最优期望目标为报价起点，有利于在讨价还价中处于主动地位。

2. 实际需求目标

实际需求目标是谈判各方根据主客观因素，综合考虑各方面情况，经过科学论证、预测和核算后，纳入谈判计划的谈判目标。这是谈判者调动各方面的积极性，使用各种谈判手段努力要达到的目标。这个层次目标具有如下特点：

① 它是秘而不宣的内部机密，一般只在进入谈判过程中的某个微妙阶段后才提出；

② 它是谈判者坚守的防线，如果达不到这一目标，谈判可能陷入僵局或暂停，以便重新酝酿对策；

③ 这一目标一般由谈判对手挑明，而我方则“见好就收”；

④ 该目标关系着谈判一方的主要或全部经济利益。

3. 可接受目标

可接受目标是能满足谈判某方部分需求、实现部分经济利益的目标。一般地，可接受目标在实际需求目标和最低目标之间选择，是一个随机值，谈判中可随机应变。在实际谈判中，一方提供的条件不能满足另一方的全部实际需求是经常发生的，谈判者要充分考虑到这种情况并制定相应的措施。谈判者一开始往往要价很高，提出自己的最高目标，其目的完全是为了保护最低目标或可接受目标。这是一种谈判策略，因为通过双方讨价还价，双方会最终选择一个最低与最高之间的中间值，即可接受目标。可接受目标的实现，往往意味着谈判的胜利。在谈判桌上，为了达到各自的可接受目标，双方会各自施展技巧，运用各种谈判策略。

4. 最低目标

最低目标是商务谈判必须实现的目标，是做出让步后必须保证实现的最基本的目标。最低目标是一个点，是谈判的界点，如果不能实现，宁愿谈判破裂也不降低这一标准。因此，最低目标是一个限度目标，是谈判者必须坚守的最后一道防线，也是谈判者最不愿接受的目标。最低目标与最高目标有着内在的必然联系，最高目标保护着最低目标、可接受目标和实际需求目标，双方通过讨价还价，会最终达成一个超过最低目标的目标。如果没有最低目标作为心理安慰，一味追求最高目标，往往会带来僵化的谈判策略，不利于谈判的推进。

事实证明，谈判者越能分清谈判目标的层次关系、掌握各目标层次之间出现冲突时的解决办法，在谈判过程中获得的最终利益就会越大。因此，在开展商务谈判活动之前，谈判者一定要把目标写下来，并根据优先等级来做相应的排序。另外，谈判时都希望自己的所有目标全部实现，但事实往往不会那样完美，谈判者要平衡并解决这些目标之间的冲突。

2.1.2 谈判目标的保密

谈判目标的实现依赖于各方谈判实力的强弱和谈判策略的有效性，谈判实力在短期内难以改变，而谈判策略的有效性取决于对对方信息掌握的完备程度，特别是对对方谈判目标的准确掌握。因此，谈判目标的保密显得格外重要。否则，在谈判前或谈判中由于谈判人员的言行不当而向对方泄露了谈判目标，就会对己方谈判造成不利的影响。

【案例 2－1】

松下幸之助的教训[①]

日本松下电器公司创始人松下幸之助先生刚“出道“时，曾被对手探测了自己的底细，因而使自己产品的销售大受损失。

当他第一次到东京找批发商谈判时，刚一见面，批发商就友善地对他寒暄说：“我们是第一次打交道吧？以前我好像没见过你。”批发商想用寒暄托词，来探测对手究竟是生意场上的老手还是新手。松下先生缺乏经验，恭敬地回答：“我是第一次来东京，什么都不懂，请多关照。”正是这番极为平常的答复却使批发商获得了重要的信息：对方原来只是个新手。批发商问：“你打算以什么价格卖出你的产品？”松下又如实地告知对方：“我的产品每件成本是 20 元，我准备卖 25 元。”

批发商了解到松下在东京人地两生，又急于要为产品打开销路，因此趁机杀价：“你首次来东京做生意，刚开张应该卖的更便宜些。每件 20 元，如何？”结果没有经验的松下先生在这次交易中吃了亏。

---

① 资料来源：国际商务谈判案例，http://www.doc88.com/p-691154147875.html.

作为讨价还价的负责人，应责令其成员严守秘密，需要透露的重要信息只能由负责人传递给对方。当涉及人员太多、负责人无法监督其成员贯彻保密制度时，保密工作就更为重要了，利益攸关的关键信息只能由几个关键人员掌握。

做好谈判目标的保密工作，可以从以下三个方面入手：

① 尽量缩小谈判目标的知晓范围，知晓的人越多，有意或无意泄密的可能性就越大，就越容易被对方获悉；

② 有关目标的文件资料要收藏好，废弃无用的文件资料应尽可能销毁，不要让其成为泄密的根源；

③ 提高谈判人员的保密意识，减少无意识泄密的可能性。

2.2　谈判资料的收集

从交易的角度来讲，每次商务谈判的最终目的均是为了就某项交易达成双方一致认可的协议。在开展每项具体交易之前，企业必须寻找意向中的交易对象(此时还不能称为谈判对象)。比如，为了采购原材料需要寻找原材料供应商，为了销售产品需要寻找销售商等。有时交易对象可能只有一个，因为这家企业在同行业中处于绝对垄断的地位，如某项专利技术的拥有者。这时，企业的交易对象就是未来的谈判对象。有时交易对象可能有多个，此时要确定未来的谈判对象就要有一个比较和筛选的过程。在对交易对象的考察过程中，不论其数目多少，都不可避免地涉及信息的收集、整理工作。信息的收集、整理工作的主要目的，简单来说，一是确定谈判对象，二是重点收集与谈判对象有关的信息。这些工作对谈判的重要意义是不言而喻的。

2.2.1　收集与商务活动有关的资料

与商务活动有关的资料是影响商务活动效果的直接因素，是制定谈判策略的依据，甚至构成谈判议题。与商务活动有关的资料主要包括市场信息、技术信息、金融信息、政策法规信息等。

1. 市场信息

市场信息是反映市场经济活动特征及其发展变化的各种消息、资料、数据、情报的统称。

① 市场细分信息。它主要是指市场的分布情况、地理位置、运输条件、政治经济条件、市场潜力和容量、某一市场与其他市场的经济联系等。掌握市场细分情况，有助于谈判目标的确立。

② 市场需求信息。它主要包括消费者的数量及构成、消费者家庭收入及购买力、潜在需求量及其消费趋势、消费者对产品的态度、本企业产品的市场覆盖率以及市场竞争形势等。掌握市场需求情况，有助于在谈判中运用竞争性的谈判策略。

【案例 2-2】

谈判信息的搜集[①]

1959 年 9 月 26 日，我国在黑龙江松嫩平原打出第一口油井，取名大庆油田。然而，由于当时国际环境复杂多变，中国并没有向外界公布大庆油田的地理位置和产量。到了 20 世纪 70 年代，随着中日关系正常化，日本商家深知中国开发石油需要大量石油设备，

① 资料来源：郭秀君. 商务谈判[M]. 北京：北京大学出版社，2011.

极想与中国达成有关石油设备的贸易协议，但苦于信息不足，善于收集资料的日本人就广泛收集中国的有关报纸杂志来分析中国的石油生产状况。他们从刊登在《人民画报》封面上的“大庆创业者王铁人”的照片分析，依据王铁人身穿的大棉袄和漫天大雪的背景，判断大庆油田必定在中国东北地区；又从《王进喜进了马家窑》的报道中推断出大庆油田所在的大体位置；又从《创业》电影分析出大庆油田附近有铁路且道路泥泞；又根据《人民日报》刊登的一幅钻井机的照片推算出油井直径的大小，再根据中国政府工作报告计算出油田的大致产量；又将王进喜的照片放大至与本人1:1的比例(通过王进喜与毛泽东、周恩来等国家领导人的合影)判断身高，然后对照片中王进喜身后的井架进行分析，推断出井架的高度、井架间的密度，据此进一步推测中国对石油设备的需求。日本人把这些陆续收集到的资料信息进行综合整理分析之后，勾勒出中国石油开采的发展势头及其对设备、技术的必然需求，并着手进行各种必要的设计和生产准备工作。后来在中日石油设备交易谈判中，只有日本的设备符合大庆油田质量、日产量等要求，日方因此取得较大主动权，获得了丰厚的利润。

③ 产品销售信息。它主要包括市场销售量、产品销售价格、产品的发展趋势及市场周期、拥有该产品的家庭比率、消费者对该类产品的需求状况、购买该产品频率等。通过对产品销售方面的调查，可以使谈判者大体掌握市场容量、销售量，有助于确定未来的谈判对象及产品的销售或购买数量、价格等。

④ 市场竞争信息。它主要包括：竞争对手的数量；竞争对手的经济实力和营销实力；竞争对手的产品种类、数量、质量、价格；竞争对手的品牌知名度、信誉度；消费者偏爱的品牌与价格水平；竞争产品的性能与设计；各主要竞争对手提供的售后服务内容及方式等。通过对市场竞争情况的调查，谈判者能够掌握己方同类产品竞争者的相关情况，寻找他们的弱点，有利于在谈判中争取主动。

⑤ 分销渠道信息。它主要包括：主要竞争对手的销售渠道设计；各类型经销商情况；各主要批发商与零售商的数量；分销渠道的各种功能在制造商和经销商之间如何分配等。

2. 技术信息

在技术方面，主要收集的资料包括：该产品生命周期的竞争能力以及该产品与其他产品相比在性能、质地、标准、规格等方面的资料；同类产品在专利转让或应用方面的资料；该产品生产单位的工人素质、技术力量及其设备状态方面的资料；该产品的配套设备和零部件的生产与供给状况及售后服务方面的资料；该产品开发前景和开发费用方面的资料；该产品的品质或性能鉴定的重要数据或指标及其各种鉴定方法的资料；导致该产品发生技术问题的各种潜在因素的资料。

3. 金融信息

国内商务谈判主要收集的金融信息有政府货币政策、银行利率、支付方式的规定及其费用等资料。具体包括：各种主要货币的汇率及其浮动现状和发展趋势，进出口银行的运营情况，进出口地主要银行对开证、议付、承兑赎单或托收等方面的规定，进出口地外汇管制措施等方面的资料。

【案例 2-3】

金融知识准备决定谈判成败①

内地某厂与香港一家公司谈判签订了一项合同,合同规定使用香港汇丰银行最优惠的贷款利率计算,厂方提出月利率按 8.7%计算,这个项目才能上。对方虽表示同意,但却提出在合同上写明按香港汇丰银行的最优惠贷款利率计算。由于厂方有关谈判者对专业知识不了解,又缺乏对香港银行利率变化的分析,也就答应了。后来,港方公司拿来了汇丰银行的最优惠贷款利率,一连七八个月都在 20%以上。按照这个标准,我方企业很难办下去。为此,厂方要求修改合同,按月利率 8.7%计算,但对方以合同已生效为由拒绝修改。几经交涉没有结果,该企业终因负债累累而倒闭。

4. 政策法规信息

如果是国内商务谈判,要按照国家法律法规和政策办事。商务谈判人员不但要掌握有关现行税制,还要熟知经济法规,以便在进行各项经济交往时做到有法可依。如果是国际商务谈判,除了要了解本国和对方所在的国家或地区的法律法规外,还要了解相关国际条约、国际惯例。

2.2.2 收集与谈判对手有关的资料

1. 分析谈判对手的需要及其个性

谈判的最终目的是满足双方的需要,谈判对手的需要又与他的个性紧密相连,因此,准确掌握谈判对手的实际需要及个性成为收集谈判对手资料的重要内容。

(1) 谈判主体的需要和谈判者个人的需要

谈判主体的需要即谈判人员所依托机构的实际需要。对谈判主体需要的分析,主要是分析谈判对手所在的企业情况,如企业产品的研发、生产、销售、财务、营销等情况。

谈判个人的需要即谈判者个人在商务谈判过程中的需要。谈判者个人需要的灵活性较大,甚至有时候表现得可有可无,但它关系到谈判能否顺利进行。对谈判者个人需要的分析,主要从谈判人员的一些基本情况入手,如对方的性格、年龄、兴趣爱好、文化背景等。

(2) 谈判对手的个性

一般情况下,谈判主体在谈判目标的制定上都会赋予谈判人员一定的灵活性。因此,利用谈判者的个性特点,有效影响对方谈判人员使其降低原来的目标,就显得非常重要。了解谈判者的个性特点,可以从其基本情况入手,包括其年龄、家庭情况、个人简历、知识层次、收入水平、业余爱好和兴趣等。通过对这些基本情况的分析,可以大体了解谈判人员的个性特点,然后制定相应的对策。

【案例 2-4】

尼克松访华②

1972 年 2 月,美国总统尼克松访华,中美双方展开了一场具有重大历史意义的国际谈判。为欢迎尼克松及夫人一行举办的盛大国宴在灯火通明的人民大会堂宴会厅拉开了帷幕。宴会现场的热烈气氛通过国际通信卫星直接传到了美国的千家万户。在宴会中,

① 资料来源:商务谈判的准备工作,http://www.docin.com/p-678694658.html

② 资料来源:商务谈判战略案例,http://www.doc88.com/p-806989299989.html.

中国人民解放军军乐团现场演奏的《美丽的亚美利加》和《牧场上的家》两首美国乐曲，将宴会的气氛推向了高潮。这两首曲子是周恩来事先安排好的，周恩来对军乐团的同志们说："《美丽的亚美丽加》这首曲子是尼克松总统就职时选的曲子，他是个音乐内行，我们选这首曲子就是让他像回到自己家乡一样亲切。我们选择这些曲子是为表达中国人民的友谊。"尼克松在国宴结束后，特意在周恩来的陪同下来到军乐团面前，对他们表示衷心感谢，并对中方周到的安排赞不绝口。

尼克松在晚年撰写回忆录时，曾这样描述当时的情景："当我听到这首我熟悉的美国民歌时，心头不禁涌起一股暖流。因为这首曲子正是我在就职仪式上选择演奏的乐曲。"

中国方面除了在宴会流程上做了细致、周到的安排之外，为招待好来自大洋彼岸的贵宾，此次国宴排菜更多达几十道，从规格上讲，也是少有的。其中包括：冷盘9道、热菜6道、点心7道及甜品、水果、酒水饮料等。美国方面也为这次宴会做了全面充分的准备，尼克松尤其费了一番心思，席间，他轻松自如地使用着中国筷子，不紧不慢地夹取美味佳肴品尝。此时，或许只有尼克松自己明白，为了这次访问成功，他在出访前埋头苦练了一个多月用筷子的技巧。

就在这次宴会结束7天之后，中美双方共同签署了举世瞩目的《中美联合公报》，封存在中美之间22年之久的坚冰就此打破。

2. 分析谈判对手的资信状况

对谈判对手资信情况的审查是谈判前准备工作的重要环节，是决定谈判结果的前提条件。所谓资信审查，就是指对谈判对手的资信状况进行审核，确认其资信是否符合我方要求。对洽谈对手资信情况的审查包括两个方面的内容：一是对手的合法资格；二是客商的资本、信用和履约能力。对谈判对手资产状况的分析，主要是审查分析对方的财产规模和财务状况，识别其资产的真实性和资产的属性。

3. 分析谈判对手的时限

谈判时限是指谈判者完成特定的谈判任务所拥有的时间。谈判时限与谈判任务量、谈判策略、谈判结果有重要关系。时间越短，对谈判者而言，用于完成谈判任务的选择机会就越少；时间越长，则选择机会就越多。了解对方谈判时限，就可以了解对方在谈判中采取何种态度、何种策略，我方就可以制定相应的策略。在大多数谈判中，绝大部分的进展和让步都会在接近最后期限的时候发生。因为只有到接近期限的时候，才有足够的压力逼迫谈判者做出让步。

【案例2-5】

如何对付醉汉①

有个醉汉在一家酒店里借着酒劲干扰顾客用餐，还居然朝饭桌摔酒瓶子，严重扰乱了酒店的秩序。正当大家一筹莫展之际，酒店老板，一个瘦弱而温和的人，突然一步步地逼近那个家伙，命令他道："我给你两分钟时间，限你在两分钟之内离开此地。"而出乎意料的是，这家伙真的乖乖收起衣服，握着酒瓶，迈着醉步扬长而去了。惊魂未定，有人问老板："那流氓如果不肯走，你该怎么办？"老板回答："很简单，再延长期限，多给他一些时间不就好了。"

---

① 资料来源：商务谈判策略，https://wenku.baidu.com/view/bd6be51ba300a6c30c229f0e.html.

谈判若没有期限，那么谈判者是不会感觉到什么压力的。很多谈判，尤其是复杂的谈判，都是在谈判期限即将截止前达成协议的。谈判的期限越接近，双方的不安与焦虑越会日益增加，而这种不安与焦虑，在谈判终止的那一刻，将会达到顶点，而这正是运用谈判技巧的最佳时机。在谈判中了解谈判对手的时限，有时能产生意想不到的效果。

4. 分析谈判对手的权限

谈判权限即谈判主体和谈判者在谈判中拥有决策权的大小。谈判权限分为谈判主体的谈判权限和谈判代表的谈判权限。分析谈判对手的权限，主要是看其是否具有谈判主体的资格。谈判主体的资格是指能够进行谈判、享有谈判的权利和履行谈判义务的能力。如果谈判对手具有谈判主体的资格，其就可以承担谈判的后果，有完成谈判的能力；如果谈判主体不具有该资格，将直接导致谈判无法进行，或者使已经完成的谈判归于无效。

谈判的目的是为了解决一系列问题，达成一系列交易。因此，商务谈判遵循的一个重要原则是不与没有谈判决策权的人进行谈判。从法律角度而言，公司或企业中不是任何人都可以代表该公司或企业对外进行谈判和签约的，只有董事长和总经理才能代表其公司对外签约。这就要求在谈判中要严格审查，了解对方的组织结构，弄清对方决策权限的分配状况和权利范围，看谈判者或签约代表是否有足够的权限。

2.2.3　收集与谈判环境有关的资料

1. 政治状况

一个国家和地区与谈判有关的政治状况主要有以下几点。

(1) 谈判国家的政治背景

政治背景是指对方国家对该谈判项目是否具有政治目的。如果有，程度如何，哪些领导人对此项目感兴趣，他们的权力如何。

(2) 谈判国家的经济体制

需要了解谈判国实行的是计划经济体制还是市场经济体制，经济体制不同，企业的决策机制就会随之不同。

计划经济体制的国家，企业间的交易要看是否列入国家计划，有计划指标的项目才能进行谈判。市场经济体制的国家，企业就有较大的自主权，可以自主决定交易项目。

(3) 国家对企业的管制程度

需要了解国家对企业的管制是如何操作的，是中央集权还是地方分治，谈判会涉及哪些权力机构等。这主要涉及企业自主权的问题。

国家对企业管理的程度较高，政府部门就会干预谈判的内容及进程，谈判的一些关键问题要由政府部门做出决定；谈判的成效取决于政府部门。

政府对企业的管理程度较低，企业就有较大的自主权，谈判的效果就由企业来控制。

(4) 政府政局的稳定程度

谈判国政局的稳定程度对谈判有着重大影响，政局不稳定可能使已达成的协议变成废纸，合同不能履行，造成重大损失。

政府政局的稳定程度调查包括：谈判项目上马期间政局是否有可能变动；总统大选是否与所谈项目有关；谈判国与邻国的关系如何，是否处于紧张的敌对状态，有无战争爆发的可能性等。

2. 宗教信仰

宗教信仰包括该国占主导地位的宗教信仰是什么，该宗教信仰是否对政治、法律制度，国别政策，社会交往与个人行为，不同国籍、信仰、党派人员出入境，节假日与工作时间等产生重大影响。

3. 法律制度

法律制度包括：该国的法律制度是什么，是根据哪个法律体系制定的；是否限定合同必须受购货人本国的法律约束；在现实生活中，法律的执行程度如何；法院受理案件的时间长短；执行法院判决的措施是什么；当地是否有脱离于谈判对手的可靠律师等。

【案例 2－6】

不同的法律①

中国某工程承包公司在某国承包了一项工程任务。当工程的主体建筑完工之后，中方由于不再需要大量的劳动力，便将从当地雇用的大批临时工解雇，谁知此举导致了被解雇工人持续40天的大罢工。中方不得不同当地工人进行了艰苦的谈判，被解雇的工人代表提出让中方按照当地的法律赔偿被解雇工人一大笔损失费，此时中方人员才意识到他们对该国的法律太无知了。根据该国的劳动法，一个临时工如果持续工作一周以上而未被解雇则自动转成长期工，作为一个长期工，他有权获得足够维持两个妻子和三个孩子生活的工资，此外，还有交通费和失业补贴等费用。一个非熟练工人如果连续工作一个月以上则自动转成熟练工人，如果连续工作三个月以上则提升为技术工人。工人的工资也应随着他们的提升而提高。而我国公司的管理人员按照国内形成的对临时工、长期工、非熟练工、熟练工以及技工的理解来处理该国的情况，结果为自己招来了如此大的麻烦。谈判结果是可想而知的，公司不得不向被解雇的工人支付了一大笔失业补贴，总数相当于已向工人支付的工资数额，而且这笔费用由于属于意外支出，并未包括在工程预算中，全部损失都得由公司自行承担。

4. 商业习惯

商务习惯包括：该国的商业通常是如何经营的，是主要由各公司负责人经营，还是公司各级人员均可参与；是否任何协议必须见诸文字，合同具有何等重要的意义；在业务活动中是否有贿赂现象；一个项目是否可以同时与几家谈判；可以保证交易成功的关键因素是什么；业务谈判的常用语种是什么；合同文件是否可用两种语言来表示，它们能否有同等的法律效力等。

5. 社会习俗

社会习俗包括：合乎社会规范和标准的衣着、称呼；是不是只能在工作时间谈业务；社交场合中是否应该携带妻子；娱乐活动是否在饭店、俱乐部举行；送礼的方式、礼品的内容有什么习俗；人们如何看待荣誉、名声等问题；当地人民是否可公开谈论政治、宗教等话题；妇女是否参与经营业务，若参与，是否与男子具有同等的权力等。

2.3 谈判人员的准备

2.3.1 谈判团队的规模

组建谈判团队首先碰到的就是规模问题，即谈判团队的规模多大才是最合适的。根据谈

① 资料来源：白远. 国际商务谈判：理论案例分析与实践[M]. 北京：中国人民大学出版社，2012.

判的规模，谈判可分为一对一的个体谈判和多人参加的集体谈判。

个体谈判即参加谈判的双方各派出一名谈判人员完成谈判的过程。美国人常常采取此种方式进行谈判，他们喜欢单独或在谈判桌上只有极少数人的情况下谈判，并风趣地称为“孤独的守林人”。个体谈判的好处在于：在授权范围内，谈判者可以随时根据谈判桌上的风云变幻做出自己的判断，不失时机地做出决策以捕获转瞬即逝的机会，而不必像集体谈判时那样，对某一问题的处理要首先在内部取得一致意见，然后再做出反应，也不必担心对方向自己一方谈判成员中较弱的一人发动攻势以求个别突破，或利用计谋在我方谈判人员间制造意见分歧，从中获利。一个人参加谈判独担责任，无所依赖和推诿，全力以赴，因此会产生较高的谈判效率。

谈判团队由一个人组成也有其缺点，它只能适用于谈判内容比较简单的情况。在现代社会里，谈判往往是比较复杂的，涉及面很广。从涉及的知识领域来讲，包括商业、贸易、金融、运输、保险、海关、法律等多方面的知识，谈判中所要运用收集的资料也非常之多，这些绝非个人的精力、知识、能力所能胜任的，何况还有“智者千虑，必有一失”之说。

在通常情况下，谈判的人数不止一个，也就是要组建谈判团队。首先，谈判团队可以满足谈判多学科、多专业的知识需要，谈判人员之间可以取得知识结构上的互补，发挥综合的整体优势。其次，谈判人员分工合作、集思广益、群策群力，形成集体的进取与抵抗的力量。因此，成功的谈判有赖于谈判人员集体智慧的发挥。

谈判团队人数的多少没有统一的标准，谈判的具体内容、性质、规模以及谈判人员的知识、经验、能力不同，谈判班子和规模也不同。实践表明，直接上谈判桌的人不宜过多，否则会造成沟通协调困难，互相依赖推诿，谈判中易被对方抓住漏洞。如果谈判涉及的内容较广泛、较复杂，需要由各方面的专家参加，则可以把谈判人员分为两部分，一部分主要从事背景材料的准备，人数可适当多一些；另一部分直接上谈判桌，人数与对方相当为宜。在谈判中应注意避免对方出场人数很少而我方人数很多的情况。

国内外谈判专家普遍认为，一个谈判团队的理想规模以四人左右为宜。其优点为：谈判团队的工作效率高、易管理；谈判所需的知识范围得到满足；谈判团队成员之间便于调换。

2.3.2　谈判人员应该具备的素质

谈判人员的素质是事关谈判成败的关键。人是谈判的行为主体，谈判人员的素质是筹备和策划谈判谋略的决定性因素，它直接影响整个谈判过程的发展，影响谈判的成功与失败，最终影响谈判双方的利益分割。

一个优秀的谈判人员应该具备什么素质呢？弗雷斯·查尔斯·艾克尔在《国家如何进行谈判》一书中曾提出：“一个完美无缺的谈判家，应该心智机敏，有无限的耐心。能巧言掩饰，但不欺诈行骗；能取信于人，但不轻信于人；能谦恭节制，但又刚毅果敢；能施展魅力，但不为他人所惑；能拥有巨富，藏娇妻，但不为钱财和女色所动。”一般来讲，商务谈判人员必须具备以下素质条件。

1. 基本素质

谈判人员的基本素质泛指谈判者个人的综合素质，它是由谈判者的政治素质、业务素质、心理素质、文化素质、身体素质等构成的，是谈判者所具有的内在特质。

(1) 坚强的政治素质

坚强的政治素质是谈判人员必须具备的首要条件，也是谈判成功的必要条件。作为谈判人员必须遵纪守法，廉洁奉公，忠于国家和组织，具有强烈的事业心、进取心和责任感。在商务谈判中，谈判人员决不能为了个人私欲损公肥私，通过向对手透露情报资料甚至与外商合伙谋划等方式，使我方丧失有利的谈判地位，使国家、企业蒙受巨大的经济损失。谈判人员必须思想过硬，在谈判中应以国家、企业的利益为重，始终把握“失去集团利益就是失职，赢得集团利益就是尽职、就是成功”的原则，发扬献身精神，有一种超越私利之上的使命感，使外在的压力变成内在的动力。

（2）全面的业务素质

业务素质包括基础知识、专业知识、语言表达、判断分析、谈判策略运用等能力。基础知识方面，谈判人员应该具备较高的文化素质和较广泛的阅历，有较强的求知欲和获取新知识的能力；专业知识方面，谈判人员应具备相关的专业知识，熟悉本专业领域的科学、技术及经营管理的知识，能够担当专业性较强的谈判任务；语言表达方面，谈判者应能够熟练运用口头、书面、动作等语言和非语言表达方式，准确地向对手表明自己的意图，达到说服和感染对方的目的；判断分析能力方面，谈判者应善于观察对手，及时捕捉对方信息，发掘其价值，冷静预见其谈判前景；谈判策略运用方面，谈判者应该能够灵活运用并适时调整我方的谈判策略，促使谈判成功。

（3）健全的心理素质

谈判过程，特别是讨价还价阶段是一个非常困难的过程，其中充满了困难和曲折；有时谈判会变成一场马拉松式的较量，这不仅对谈判人员的知识技能、体力等方面是一个考验，而且也能反映出谈判人员心理素质的高低。所以，健全的心理素质是谈判者主体素养的重要内容之一，它要求谈判者主体具备坚忍顽强的意志力和良好的心理调适能力。

谈判的艰巨性不亚于任何其他事业，它不仅是一种智力、技能和势力的比试，更是一场意志、耐心和毅力的较量。如果谈判者没有坚韧不拔、忍耐持久的恒心和泰然自若的精神，是难以适应的。有一位著名的谈判能手曾这样说过：永远不轻易放弃，直到对方至少说了七次“不”。谈判者只有具备这样的素质，才能应付各种艰巨复杂的谈判。这种意志力、忍耐力还表现在一个谈判人员无论在谈判的高潮阶段还是低潮阶段，都能心平如镜，特别是当胜利在望或陷入僵局时，更要能够控制自己的情感，喜形于色或愤愤不平不仅有失风度，而且会让对方抓住弱点与疏漏，给对方可乘之机。

【案例 2－7】

范蠡错派使者害子[①]

范蠡是战国时期越王勾践的著名谋士。一次，他的次子因杀人被囚禁在楚国的监狱里，他决定派自己最小的儿子携带一千两金子到楚国去通融一下，以便把儿子给救回来。范蠡的大儿子因父亲派小弟而没派他没面子，竟然要自杀，范蠡见此，不得不改变主意，只好派长子前去楚国。并写了一封书信带给自己的好友庄生，同时告诫长子，到了楚国一定要把这一千两金子送到庄生家，由他处理，万万不能与庄生因为任何事情发生争执，否则会坏事。范蠡的长子来到楚国后，把一千两金子送到庄生家。庄生看了书信后明白了他的意思于是让他马上离开楚国，一刻都不要耽搁，而且保证他弟弟会立即被放出来。范蠡的长子听了之后，假装离去，然后自作主张偷偷地留了下来，藏在一个朋友家里。原来，庄生家境贫寒，平时以清廉耿直而受到人们的尊敬。范蠡送给庄生的一千两金子，庄生并不

① 资料来源：商务谈判经典案例，https://www.docin.com/p－691149890.html.

想接受，但又怕范蠡的长子以为自己拒绝帮忙而心生猜忌，就先收了下来，准备以后找机会再还给范蠡。

这天，庄生趁晋见楚王的机会，对楚王说自己夜观天象，发现楚国将有一场大灾难，只有实施仁政才能够消除掉这场大灾难，庄生建议楚王大赦天下，把监狱里的囚犯全部释放，这样就可以避免这场灾祸。楚王听了庄生的话，下令赦免囚徒。范蠡的长子听说以后，认为既然楚王要大赦天下，自己的弟弟也应该被释放，而自己带来的一千两金子就白费了。于是他又来到庄生家里。庄生问他为什么没有回国，他说听说弟弟马上就被释放，特地前来辞行，庄生立即明白了他的来意，就让他把那一千两金子带回去。等范蠡的长子离开后，庄生非常愤怒，既然我把你弟弟给救出来了，为什么还要把金子要回去？即便不来，我也会把金子给你还回去的。既然你这样，我就不客气了。于是庄生又一次去见楚王，他对楚王说："大王本来是想实施仁政以消除灾祸，但现在人们却传说范蠡的儿子因为杀人被囚禁在楚国，他家拿了好多金子贿赂大王手下，所以大王的赦免不是为楚国的百姓，而是范蠡使用了金子的原因，一旦传开，大王您的威望可就大大降低了。"楚王听了以后，心想，范蠡竟敢在我国如此放肆，这还得了，于是立即令先根据罪行把范蠡的二儿子杀掉，然后再赦免监狱里的犯人。

范蠡的大儿子万万没想到楚王会在大赦天下之前先把自己的弟弟杀死，他想来想去没想明白到底是什么原因。只好哭哭啼啼地带着弟弟的尸体回国去了。回到家里，他把事情经过一说，家里人都非常悲痛，只有范蠡自己心心理最清楚，他告诉大家说，是大儿子把老二害死的。

家里人不明白其中的原因，范蠡对大家说："我早就料定了他会害死老二的。这并不是他故意要害死自己的弟弟，而是其他原因。老大从小就和我一起，经历了太多的艰难困苦，知道钱财得来不易，对钱财非常看重。当他把金子送给庄生后，知道自己的兄弟将要被放出来，他觉得自己的钱白花了，就想方设法把金子要了回来。这样做必然会激怒庄生，老二能不被杀吗？而小儿子则不同，他从小没吃过苦，从懂事开始，吃穿住行应有尽有，他不知钱财来之不易，也不会吝惜钱财。我当初派他前去楚国，就是考虑到这方面的原因。"

（4）健康的身体素质

商务谈判往往是很复杂、任务很艰巨的工作，牵涉面广、经历时间长、节奏紧张、压力大、很耗费谈判人员的体力和精力，所有这些都要求谈判人员必须具备良好的身体素质。只有精力充沛、体魄健康的商务人员才能适应现代商务谈判超负荷的工作需要。

2. 合理的学识结构

谈判是人与人之间利益关系的协调磋商过程。在这个过程中，合理的学识结构是讨价还价、赢得谈判的重要条件。合理的学识结构是指谈判者必须具备丰富的知识，不仅要有广博的知识面，而且要有较扎实的专业知识，两者构成一个"T"字形的知识结构。

（1）谈判人员的横向知识结构

一名优秀的谈判人员，必须具备完善的相关学科的基础知识，要把自然科学和社会科学统一起来，把普通知识和专业知识统一起来，不仅要具备贸易、金融、营销等经济知识，还要对文学、历史、心理、法律、控制论、系统论等一些学科的知识广泛摄取，掌握社交礼仪知识，为我所用，这是谈判人员综合素质的体现。在现实的经贸往来中，谈判人员的知识技能单一化已成为一个现实问题，技术人员不懂商务、商务人员不懂技术的现象大量存在，给谈判工作带来了很多困难。因此，谈判人员必须具备多方面的知识，即知识必须有一定的宽度，才能适应复杂的谈判活动的要求。

(2) 谈判人员的纵向知识结构

优秀的谈判人员，除了必须具备广博的知识面，还必须具有足够深度的专业知识。专业知识是谈判人员在谈判活动中必须具备的知识，没有系统而精深的专业知识功底，就无法进行成功的谈判。改革开放以来，在我国的对外经济交往中，出现了许多因缺乏高深而系统的专业知识、因不通专业技术造成的进口设备重大失误的案例，也出现了一些因财务预算错误造成经济损失、因不懂法律造成损失的事情，令人痛心。因此，谈判者专业知识的学习和积累是必不可少的。

总之，扩大知识视野，深化专业知识，不断猎取有助于谈判成功的广博而丰富的知识，能使谈判者在谈判的具体操作中运用自如，最终取得谈判的成功。

3. 谈判人员的能力素养

谈判人员的能力素养是指谈判人员驾驭商务谈判这个复杂多变的“竞技场”的能力，是谈判者在谈判桌上充分发挥作用所应具备的主观条件，具体包括以下内容。

① 认识能力。善于思考是一个优秀的谈判人员所应具备的基本素质。谈判的准备阶段和洽谈阶段充满了多种多样、始料未及的问题和假象，谈判者为了达到自己的目的，往往以各种手段掩饰真实意图，其传达的信息真真假假、虚虚实实，优秀的谈判者能够通过观察、思考、判断、综合分析，从对方的言行和行动迹象中判断真伪，了解对方的真实意图。

② 运筹帷幄能力。谈判的进度如何把握，谈判在什么时候、什么情况下可以由准备阶段进入接触阶段、实质阶段，进而到达协议阶段，在谈判的不同阶段使用怎样的策略等，这些都需要谈判人员在了解谈判对手的基础上，制定详细的谈判计划和策略，能够根据谈判进程调整和修正计划。

③ 语言表达能力。谈判是人类利用语言工具进行交往的一种活动。一个优秀的谈判者，应该非常精通语言，懂得通过语言的感染力来强化谈判的艺术效果。谈判中的语言包括口头语言和书面语言两类。无论是哪类语言，都要求谈判人员准确无误地表达自己的思想和感情，使对手能够正确领悟其中的意思，这点是最基本的要求。另外，还要突出谈判语言的艺术性。谈判中的语言不仅应当准确、严密，而且应生动形象、富有感染力，能巧妙地用语言表达自己的意图，将谈判升华为一门艺术。

④ 应变能力。任何细致的谈判准备都不可能预料到谈判中可能发生的所有情况，千变万化的谈判形势要求谈判人员必须具备沉着、机智、灵活的应变能力，以控制谈判的局势。应变能力主要包括处理突发事件的能力、化解谈判僵局的能力和巧妙袭击的能力等。

⑤ 创造性思维能力。随着社会的发展和科学的进步，以综合性、动态性、创造性、信息性为特征的人类现代思维方式已经取代了落后的传统思维方式。创造性思维是以创新为唯一目的并能产生新的见解、新的发现或新的突破的思维活动，谈判者应该在实践中拓展商务谈判的新思路和新模式，不断提高分析问题和解决问题的能力，提高谈判的效率。

⑥ 社交能力。谈判实质上是人与人之间观念、思想和情感的交流过程，是重要的社会交往活动。谈判人员应该擅长与不同的人打交道，以礼仪礼节作为交际规范，掌握各种社交技巧，从而塑造良好的个人形象和组织形象。

2.3.3　谈判人员的配备

谈判者不但要有良好的政治、心理、业务等方面的素质，还要恰如其分地发挥各自的优势，互相配合，以整体的力量征服谈判对手。谈判人员的配备直接关系着谈判的成功，是谈判谋略中技术性很强的学问。

一般的商务谈判中所需的知识大体上可以概括为：谈判方面的知识，有关技术方面的知识，有关价格、交货、支付条件等商务方面的知识，有关合同法律方面的知识，语言翻译方面的知识。

如图 2－1 所示，根据谈判对知识方面的要求，谈判团队应配备如下谈判人员：谈判专家或首席代表，专业的谈判人员，业务熟练的经济人员，精通经济法、合同法等的法律人员，熟悉本企业业务的翻译人员，记录人员。如果是技术引进谈判，还要有熟悉生产技术和水平的技术人员。

这样，由不同类型和不同专业的人员组成了一个分工协作、各负其责的谈判团队，在这个团队内部，每位成员都有明确的分工和职责，如表 2－1 所列。

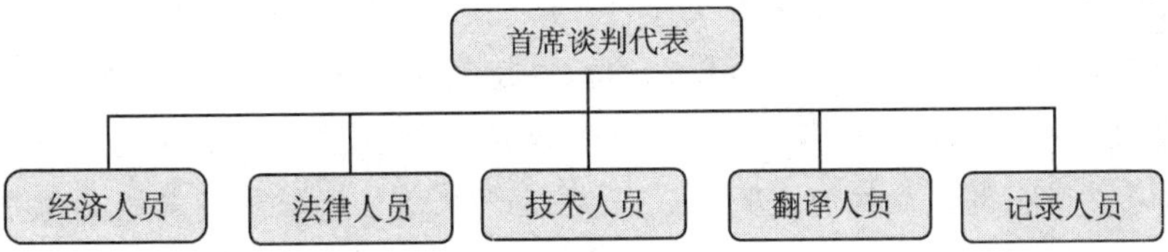

图 2－1　谈判团队结构图

表 2－1　谈判团队成员职责

团队成员	素质要求	成员职责
首席代表	①具备一般谈判人员的素养 ②阅历丰富、目光远大 ③能审时度势、随机应变、当机立断 ④善于控制与协调谈判小组成员的能力 ⑤一般由富有经验的谈判高手担任	①监督谈判程序 ②掌握谈判进程 ③听取专业人员的建议、说明 ④协调谈判团队成员的意见 ⑤决定谈判过程中的重要事项 ⑥代表单位签约 ⑦汇报谈判工作
专业谈判人员	①熟悉经济理论和知识 ②掌握谈判心理知识，熟悉谈判理论、策略和技巧 ③善于表达和沟通，具有敏锐的洞察能力 ④了解和掌握科学决策过程，能为科学决策提供合理化建议 ⑤熟悉财务知识	①阐明己方参加谈判的愿望、条件 ②弄清对方的意图、条件 ③找出双方的分歧或差距 ④同对方进行专业细节方面的磋商 ⑤草拟修改谈判文书的有关条款 ⑥向首席代表提出解决专业问题的建议 ⑦做好财务分析工作
法律人员	①精通法律知识，良好的职业素养，社会经验丰富 ②熟悉经济法、合同法等相关法律	①确认对方经济组织的法人地位 ②监督谈判在法律许可范围内进行 ③检查法律文件的准确性和完整性

续表 2-1

团队成员	素质要求	成员职责
技术人员	①精通生产技术和工艺设备 ②熟悉产品生产标准和科技发展动态	①负责谈判中商品质量、技术性能的谈判 ②负责产品验收办法、技术服务和保证条件的谈判
翻译人员	①掌握多种语言，能正确翻译和沟通 ②能通过语言洞察他人心理	①准确传递谈判双方的意见、立场和态度 ②缓解谈判气氛
记录人员	①具有娴熟的文字记录能力 ②具备一定的专业基础知识 ③有较好的总结归纳能力和超强的记忆力	准确、完整、及时地记录谈判内容

2.3.4 谈判团队成员的配合

谈判者个体的良好素质固然重要，然而单凭个别人高超的谈判技巧并不能保证谈判获得预期的结果，还须谈判团队人员的功能互补与合作。就好像一场高水准的交响音乐会，之所以最终赢得观众雷鸣般的掌声，与每位演奏家的精湛技艺与和谐配合是分不开的。

如何才能使谈判团队成员分工合理、配合默契呢？首先，要确定不同情况下的主谈人与辅谈人、他们的位置与职责以及他们之间的配合关系。主谈人是指在谈判的某一阶段或针对某一个或几个方面的议题，由谁为主进行发言，阐述己方的立场和观点。这时其他人就处于辅助的位置，称为辅谈人。一般来讲，谈判团队中应有一名技术主谈、一名商务主谈。主谈人作为谈判团队的灵魂，应具有上下沟通的能力，以及较强的判断、归纳和决断能力，能够把握谈判方向和进程，设计规避风险的方法，能领导下属齐心合作、群策群力、突破僵局，达到既定的目标。

1. 主谈人与辅谈人的配合

在谈判团队中要确定不同情况下的主谈人和辅谈人的位置、责任与配合关系。主谈人的责任是将己方确定的谈判目标和谈判策略在谈判中得以实现。辅谈人的责任是配合主谈起到参谋和支持的作用。辅谈人在谈判过程中一定要与主谈人的意见和观点保持一致，在言谈举止方面表现出支持和配合。例如，在主谈人发言时，辅谈人自始至终都要从口头语气或身体语言上做出赞同的样子，并随时为主谈人提供有利的说明；当谈判对方设局，使主谈人陷入困境时，辅谈人应设法使主谈人摆脱困境，以加强主谈人的谈判实力；当主谈人需要修改已表述的观点而无法开口时，辅谈人可以作为过错的承担者，维护主谈人的声誉。谈判中切忌主谈人在讲话时，其他成员东张西望、心不在焉，或者坐立不安、交头接耳，这些都会削弱主谈人在对方心目中的分量，从而影响谈判的结果。

2. 台上台下人员的配合

在比较重要的谈判中，为了提高谈判效果，需要组织台下配合的团队。台下团队虽然不直接参加谈判，但可为台上的谈判人员出谋划策或准备各种必需的资料和证据。台下人员有时是主管领导，可以指导和监督台上人员按既定目标和准则行事，以维护己方利益；有时是具有专业水平的各种参谋或智囊团。台下人员不宜过多，不能干扰台上人员的工作，要协助台上人员实现己方目标。

3. 谈判团队中不同性格人员的配合

在配备不同类型谈判成员时，应充分考虑不同类型性格人员的特点。例如，稳重型的人一般做负责人较合适，活泼型的人做调和者比较合适，暴躁型的人充当“黑脸”比较合适，忧郁型的人做记录者比较合适。在配备各种类型性格的谈判成员时，还要看对方人员的性格。例如，若对方谈判人员多属暴躁型性格，我方则应适当增加稳重型的人，以收到“以柔克刚”之效；若对方多属活泼型的人，我方则应增加暴躁型和稳重型的人，做到双管齐下；若对方忧郁型占主导，我方则需要增加暴躁型和活泼型的人，使对方在压力面前自动让步。

2.3.5 谈判团队成员的分工

有配合就有分工，谈判分工是在不同的谈判情况下，由不同身份、不同背景的谈判者做主谈人，其他人员作为辅谈人展开谈判。一般分为以下几种情况。

1. 洽谈技术条款的分工

在洽谈合同技术条款时，专业技术人员处于主谈人的地位，相应的经济人员、法律人员则处于辅谈人的地位。技术主谈人要对合同技术条款的完整性、准确性负责，在谈判时除了要把主要的注意力和精力放在有关技术方面的问题上，还必须放眼谈判的全局，从全局的角度来考虑技术问题，要尽可能地为后面的商务条款和法律条款的谈判创造条件。对商务人员和法律人员来讲，其主要任务是从商务和法律的角度向技术主谈人提供咨询意见，并适时地回答对方涉及商务和法律方面的问题，支持技术主谈人的意见和观点。

2. 洽谈商务条款时的分工

很显然，在洽谈合同商务条款时，商务人员、经济人员应处于主谈人的地位，而技术人员与法律人员则处于辅谈人的地位。

合同的商务条款在许多方面是以技术条款为基础的，或者是与之紧密联系的。因此，在谈判时需要技术人员给予密切的配合，从技术角度给予商务人员以有力的支持。比如，在设备买卖谈判中，商务人员提出了某个报价，这个报价是否能够站得住脚，首先取决于该设备的技术水平。对卖方来讲，如果卖方的技术人员能以充分的证据证明该设备在技术上是先进的、一流的，即使报价比较高，也是顺理成章、理所应当的。而对买方来讲，如果买方的技术人员能提出该设备与其他厂商的设备相比在技术方面存在的不足，就动摇了卖方报价的基础，而为买方谈判人员的还价提供了依据。

3. 洽谈合同法律条款时的分工

事实上，合同中的任何一项条款都是具有法律意义的，只不过在某些条款上法律的规定性更强一些。在涉及合同中某些专业性的法律条款的谈判时，法律人员也以主谈人的身份出现，法律人员对合同条款的合法性和完整性负主要责任。由于合同条款法律意义的普遍性，因而法律人员应参加谈判的全部过程。只有这样，才能比较清楚地了解各项问题的发展过程，从而为谈判法律问题提供充分的依据。

2.4 谈判计划的制订

谈判计划是指在开始谈判前对谈判目标、议程、地点、策略等预先所做的安排，是在对谈判信息进行全面分析、研究的基础上，根据双方的实力对比为本次谈判制定的总体设想和具体实施步骤，它是指导谈判人员的行动纲领。谈判计划要简明扼要、具体、灵活。

2.4.1 谈判议程

谈判议程是指在谈判过程中，谈判双方针对谈判内容提出的，以及谈判在时间和时机上所规定的程序安排。谈判议程可以由一方提出或双方同时提出，经双方审议通过后正式启用。

在拟定议程时，首先应把谈判时间、谈判议题、地点、人员作一个总体规划，使其尽可能地保持合理性、系统性，甚至对己方的有利性。相反，如果是己方接受对方提出的谈判议程，则必须看议程的安排是否合理，若对己方极为不利，应该提出异议，要求修改。

1. 谈判议题的确定

谈判议题就是谈判双方提出和讨论的各种问题。

确定谈判议题首先要明确己方要提出的问题与要讨论的问题。要把所有问题进行全盘比较和分析后确定：哪些问题是主要议题，列入重点讨论范围；哪些是非重点问题，作为次要讨论问题；哪些问题可以忽略；这些问题之间是什么关系，在逻辑上有什么联系。

其次要预测对方会提出哪些问题，哪些问题是需要己方必须认真对待、全力以赴去解决的，哪些问题是可以根据情况做出让步的，哪些问题是不予以讨论的。

2. 谈判议题的顺序安排

有经验的谈判者在谈判前就能估计到哪些问题双方不会产生分歧意见，较容易达成协议，哪些问题可能有争议，不容易达成协议。议题对各方来讲，其重要程度并不完全相同，对己方不重要的对对方未必不重要。因此，在安排这些议题之前，要对议题的轻重、大小、难易程度进行辨析，分析出哪些议题对方比较容易接受，哪些议题对方不易接受，在此基础上，按照一定的原则进行顺序编排。

（1）逻辑原则

一项交易谈判会涉及许多个议题，但这些议题之间必然存在一定的关系，如果各议题之间存在逻辑关系，即可按照逻辑顺序把需要为谈判创造条件的议题安排在前，把其他议题安排在后。

（2）先易后难原则

为了使双方尽快进入状态，加速相互之间的信任，增强谈判信心，在安排谈判议题时可以把谈判中容易解决的议题放在前面，把比较难达成一致的议题放在后面。

（3）相关联原则

谈判议题之间有时存在相互交叉和关联关系，需要把几个议题放在一起来讨论，只有先解决了这几个议题，方可进行其他议题的讨论，那就不妨将这几个议题捆绑在一起讨论，以便每个议题在让步时可以“相互交换”。待这几个议题解决之后再按逻辑顺序讨论其他议题。

对于有争议的问题，在谈判时要谨慎决定顺序的安排。有争议的问题最好放在谈判的中间阶段解决比较好，即在谈成几个问题之后或在谈最后一两个问题之前。如果把有争议的问题放在开头，既有可能要占用较多的时间，又有可能影响双方的情绪；如果把有争议的问题放在最后，时间上不够充分，也会给双方留下一个不好的印象。谈判结束之前最好谈一两个双方都满意的问题，以便在谈判结束时创造良好的气氛，给双方留下美好的回忆。

3. 谈判时间的安排

时间的安排即确定在什么时间举行谈判、谈判多长时间、各个阶段时间如何分配、议题出现的时间顺序等。谈判时间的安排是议程中的重要环节。如果时间安排得很仓促，准备不充分，匆忙上阵，心浮气躁，就很难沉着冷静地在谈判中实施各种策略；如果时间安排得很拖延，不仅会耗费大量的时间和精力，而且随着时间的推移，各种环境因素都会发生变化，还可能会错过一些重要的机遇。

（1）谈判议程中的时间策略

① 合理安排好己方各谈判人员发言的顺序和时间，尤其是关键人物重要问题的提出，应选择最佳时机，使己方掌握主动权。当然，要给对方人员留出足够的时间来表达意向和提出问题。

② 对于主要议题或争执较大的议题，最好安排在谈判期限的 3/5 时提出来，这样双方可以充分协商、交换意见，有利于问题的解决。

③ 在时间的安排上，要留有机动余地，以防意外情况发生。同时，要适当安排一些文艺活动，以活跃气氛。

（2）确定谈判时间应注意的问题

时间观念是“快节奏”的现代人非常重视的观念。对于谈判活动，时间的掌握和控制是很重要的。如外交谈判开始之前应准时到达，以示对谈判另一方的尊重。无故失约、拖延时间、姗姗来迟等产生的都是负效应，只有“准时”，才能体现出交往的诚意。

谈判时间选择的适当与否，对谈判效果影响很大。一般来说，确定谈判时间应注意以下几种情况。

① 避免在身心处于低潮时进行谈判。例如，夏天的午饭后、人们需要休息的时候不宜进行谈判；去外乡异地谈判，或去国外谈判，经过长途跋涉后应避免立即开始谈判，要在充分休整后再进行谈判。

② 避免在周末休息日后的第一天早上进行谈判，因为这个时候人们在心理上可能仍未进入工作状态。

③ 避免在连续的紧张工作后进行谈判，这时人们的思绪比较零乱。

④ 避免在身体不适时（特别是牙痛时）进行谈判，因为身体不适很难使自己专心致力于谈判之中。

⑤ 避免在一天中最疲劳的时间进行谈判。现代心理学、生理学研究认为，在一天之中，傍晚 4 时至 6 时是人的心理疲劳和肉体疲劳都已达顶峰的时候，容易焦躁不安，思考力减弱，工作最没有效率，因此在这个时候进行谈判是不适宜的。

2.4.2 谈判地点的选择与现场布置

谈判地点，即谈判进行的地方、场所。谈判地点对谈判的结果有着不可忽视的影响。

1. 谈判地点的重要性

① 谈判地点影响谈判者的心理。舒适的布置、优雅的环境、称心如意的服务等都会使谈判者感到愉悦轻松，从而在轻松合作的心理状态下展开谈判，有利于谈判目标的实现。有时，通过谈判地点的选择，还能迷惑或误导对方的心理，从而达成对己方有利的谈判结果。

② 谈判地点决定谈判氛围。一个令人感到亲切、熟悉甚至流连忘返的地点是调节谈判气氛最好的调料，它会使紧张的谈判氛围变得自然和融洽，会缓和双方争论、对立场面。反之，不合适的谈判地点会使双方更加紧张和拘谨，使彼此高度警惕甚至敌视对方。

③ 谈判地点影响双方利益。谈判地点通过影响心理从而影响双方的利益。如果谈判地点是己方选择，那么就可以选择对己方最有利的地点来达到地利，充分占有主场优势，这在一定程度上能影响对方心理，从而取得利益先机。

【案例 2－8】

谈判地点的奥秘①

一家日本公司想与另一家公司共同承担风险经营，但困难的是，那家公司对这家日本公司的信誉总不太信任。为了解决这个问题，有关人员请两家公司的决策人在一个特别的地点会面商谈。这是个小火车站，车站站口有一座狗的雕塑，在雕塑的周围站满了人，但几乎没有人看这件雕塑，只是在等人。原来关于这只狗有个传说故事，它叫“八公”，对主人非常忠诚。有一次主人出门未回，这只狗不吃不喝，一直等到死。后来人们把它称为“忠犬八公”，把它当成了“忠诚和信用”的象征，并在这传说的地方为它塑了像。许多人为了表示自己的忠诚和信用，就把这里当成了约会地点。当两个公司的决策人来到这里时，彼此都心领神会，不需要太多的言语交流，就顺利地签了合同。

2. 谈判地点的选择

谈判地点的选择一般有三种情况：一是在己方国家或公司所在地，俗称“主场”；二是在谈判对方所在国或公司所在地谈判，俗称“客场”；三是谈判双方之外的国家或地点谈判，俗称“第三地”。不同地点均有其各自优点和缺点，需要谈判者充分利用地点优势，克服地点劣势，促使谈判成功。

【案例 2－9】

日本人与澳大利亚人的谈判②

日本的钢铁和煤炭资源短缺，渴望购买煤和铁。澳大利亚生产煤和铁，并且在国际贸易中不愁找不到买主。按理来说，日本的谈判者应该到澳大利亚去谈生意。但日本谈判者总是想尽办法把澳大利亚谈判者请到日本去谈生意。

澳大利亚谈判者一般都比较谨慎，讲究礼仪，而不会过分侵犯东道主的权益。澳大利亚谈判者到了日本，日本方面和澳大利亚方面在谈判桌上的相互地位就发生了显著的变化。澳大利亚谈判者过惯了富裕的舒适生活，他们的谈判代表到了日本之后不几天，就急于想回到故乡别墅的游泳池、海滨和妻儿身旁去，在谈判桌上常常表现出急躁的情绪；而作为东道主的日本谈判代表则不慌不忙的讨价还价，他们掌握了谈判桌上的主动权。结果日本方面仅仅花费了少量的款待费，就取得了大量一般在谈判桌上难以获得的东西。

3. 谈判环境的布置

谈判环境的布置也很重要。选择谈判环境，一般看自己是否感到有压力，如果有，说明环境是不利的。不利的谈判环境会影响谈判者的注意力，从而导致谈判的失误。嘈杂的声音、极不舒适的座位、谈判房间的温度过高或过低、不时地有外人搅扰、环境陌生而引起的心力交瘁感，以及没有与同事私下交谈的机会等，都是不利的谈判环境。

① 资料来源：王政挺．中外谈判谋略[M]．北京：东方出版社，2002.

② 资料来源：尤凤翔，祝拥军．商务谈判[M]．北京：北京大学出版社，2012.

【案例 2-10】

田中角荣访华①

20 世纪 70 年代，日本首相田中角荣为恢复中日邦交正常化到达北京，他怀着等待中日间最高首脑会谈的紧张心情，在迎宾馆休息。迎宾馆内气温舒适，田中角荣的心情也十分舒畅，与随行的陪同人员谈笑风生。他的秘书仔细看了一下房间的温度计，是“17.8 度”。这一田中角荣习惯的“17.8 度”使得他心情舒畅，也为谈判顺利进行创造了条件。

从礼仪角度讲，为合作或谈判者布置好谈判环境，使之有利于双方谈判的顺利进行，应考虑到以下几个因素。

① 光线。可利用自然光源，也可使用人造光源。利用自然光源即阳光，应备有窗纱，以防强光刺目；使用人造光源时，要合理配置灯具，使光线尽量柔和一些。

② 声响。室内应保持宁静，使谈判能顺利进行。房间不应临街，不在施工场地附近，门窗应能隔音，周围没有电话铃声、脚步声等噪声干扰。

③ 温度。室内最好能使用空调机和加湿器，以使空气的温度与湿度保持在适宜的水平上。温度在 20 ℃，相对湿度在 40%～60%之间最合适。一般情况下，至少要保证空气的清新和流通。

④ 色彩。室内的家具、门窗、墙壁的色彩要力求和谐一致，陈设安排应实用美观，留有较大的空间，以利于人的活动。

⑤ 装饰。用于谈判活动的场所应洁净、典雅、庄重、大方。宽大整洁的桌子，简单舒适的座椅（沙发），墙上可挂几幅风格协调的书画，室内也可装饰适当的工艺品、花卉、标志物，但不宜过多过杂，以求简洁实用。

知识链接

在谈判中要想获得对方的合作以获取某种效果，座位的安排有学问。谈判双方应该是面对面坐着，还是采取某种随意的座次安排，反映着不同的意义。

在商务谈判中，双方的主谈者应该居中坐在平等而相对的位子上，谈判桌应该是长而宽绰、考究的；其他谈判人员一般分列两侧而坐。这种座位的安排通常显示出正式、礼貌、尊重、平等。

如果是多边谈判，则各方的主谈者应该围坐于圆桌。圆桌通常较大，也可分段而置。翻译人员及其他谈判工作人员一般围绕各自的主谈者分列两侧而坐，也可坐于主谈者的身后。

无论是双边谈判还是多边谈判，桌子和椅子的大小应该与环境和谈判级别相适应：会议厅越大，或谈判级别越高，桌子和椅子通常也应相应较大、较宽绰；反之，就会给谈判者心理带来压抑感或不适。

与长方形谈判桌不同，圆形谈判桌通常给人以轻松自在感。所以在一些轻松友好的会见场所，一般采用圆桌。

① 资料来源：商务谈判前要做好哪些准备工作，http://www.docin.com/p-1710284087.html.

不论是方桌还是圆桌，都应该注意座位的朝向。一般习惯认为面对门口的座位最具影响力，西方人往往习惯认为这个座位具有权力感，中国人习惯称此座位为“上座”；而背朝门口的座位最不具影响力，西方人一般认为这个座位具有从属感，中国人习惯称此座位为“下座”。

如果在谈判中想通过座位的安排暗示权力的高下，较好的办法是在座位上摆名牌，指明某人应当就座于某处，这样就可对每个人形成某种影响力。按照双方各自团体中地位高低的顺序来排座，也是比较符合社交礼仪规范的。

2.5 模拟谈判

模拟谈判是指谈判小组成员一分为二，或者在所谓谈判小组之外，再建立一个实力相当的谈判小组，由一方实施己方谈判方案，另一方以对手的立场、观点和谈判作风为依据，进行实战操练。模拟谈判对一些重要的或难度比较大的谈判尤为重要。

模拟谈判相当于一次“军事演习”。通过模拟谈判可以看出谈判目标的制定是否合理、客观，谈判人员的选择是否合适，谈判小组的组成是否为最佳搭配，谈判地点、时间的选择是否最好，谈判方式的选择是否可行等。在模拟谈判中可以根据收集到的有关对方谈判人员的个人信息，预想一下对方谈判人员大概会采用的谈判策略技巧，以便己方能够制定出更有针对性的策略技巧。通过模拟谈判，还能了解到未来谈判过程中己方谈判人员可能会出现的遗漏或不足，从而大大降低其在实际谈判中犯错误的概率，提高谈判成功率。

2.5.1 模拟谈判的任务

① 检验己方谈判准备工作是否到位，各项安排是否妥当，谈判计划方案是否合理。

② 寻找己方忽视的环节，发现己方的优势和劣势，从而提出如何加强和发挥优势、弥补或掩盖劣势的策略。

③ 准备各种应对策略。在模拟谈判中，须对各种可能发生的变化进行预测，并在此基础上制定谈判小组合作的最佳组合及其策略等。

2.5.2 模拟谈判的形式

1. 会议式模拟

会议式模拟是把参与谈判的相关人员聚在一起，以会议的形式充分讨论，自由发表意见，共同想象谈判全过程。这种方式的优点是利用人们的竞争心理，使谈判人员充分发表意见，互相启发，人人开动脑筋，积极进行创造性思维，在集体思考的强大刺激及压力下，产生高水平的策略、方法和谈判技巧。

2. 戏剧式模拟

戏剧式模拟是在谈判前进行实战演习，根据拟定的不同假设，安排各种谈判场景，以丰富每个谈判者的实战经验。每个谈判人员都在模拟谈判中扮演特定的角色，随着“剧情”的发展，谈判全过程会一一展现在每个谈判人员面前。这种方式的优点是能使谈判人员的准备更充分、更准确，使每个谈判人员找到自己在谈判中的最佳位置，为分析对方谈判动机和谈判策略技巧等提供一次机会。

3. 分组辩论式模拟

分组辩论式模拟即其中一方运用己方的谈判计划和方案，另一方则以真实对手的立场、观念和谈判策略为依据与之对抗，以此寻找己方的薄弱环节和相应对策。

2.5.3 模拟谈判的步骤

1. 拟定模拟假设

进行科学的模拟谈判，首先要撰写正确的假设或臆测。模拟谈判实际就是提出各种假设情况，然后针对这些假设制定出一系列对策、采取一定措施的过程。因而，假设既是模拟谈判的前提，又是模拟谈判的基础。假设可以分为对客观环境的假设、对对方的假设和对己方的假设。

2. 实施模拟谈判

实施模拟谈判就是按照谈判计划的要求，在拟定的各项假设的基础上演习谈判的过程。无论采用哪种方式的模拟，一定要注意这种模拟应该从始至终按照谈判的流程进行，演习自己与对手面对面谈判的一切情形，包括谈判时的现场气氛、对方的面部表情、谈判中可能涉及的各种问题、对方会提出的各种反对意见、己方的各种答复、双方谈判技巧的运用等。只有这样，才能真正做到集思广益，使模拟谈判更具有针对性和实战性，确保谈判计划的贯彻实施。

3. 总结模拟谈判

模拟谈判的目的是为了及早发现谈判计划中的问题，提出解决问题的对策，掌握谈判的主动权。所以，在实施了模拟谈判之后，就必须及时地总结、分析，找出谈判各项内容中存在的问题，有针对性地予以改进和完善，从而在正式谈判前尽可能地制定出一套完善的谈判方案，为正式的谈判奠定良好的基础。

2.5.4 模拟谈判的作用

① 模拟谈判能够使谈判人员获得一次临场实践，经过操练达到磨合队伍、锻炼和提高己方协同作战能力的目的。

② 在模拟谈判中，通过相互扮演角色会暴露己方的弱点和一些可能被忽视的问题，以便及时找到出现失误的环节和原因，使谈判准备工作更有针对性。

③ 在找到问题基础上，及时修改和完善原订的方案，使其更具实用性和有效性。

④ 通过模拟谈判，使谈判人员在相互扮演中，找到自己所充当角色的比较真实的感觉，可以训练和提高谈判人员的应变能力，为临场发挥做好准备。

【本章小结】

商务谈判的准备工作在一定意义上决定了商务谈判的成败。

在正式谈判开始前，应结合谈判的实际业务情况和自身期望，确定适合的谈判目标，谈判目标应以最低目标为底线，以最高目标为追求，谈判目标确定后要做好保密工作。

谈判资料的收集既包括对商务活动有关的资料的收集，又包括对谈判对手有关的资料的收集，还要对谈判环境有关的资料进行收集。

谈判人员决定了谈判的主观能动力，谈判人员的准备包括谈判团队的规模、谈判人员应该具备的素质、谈判人员的配备和谈判团队成员的分工与配合等内容。优秀的谈判人员应具有坚定的政治素质、全面的业务素质、健全的心理素质、过硬的文化素质和健康的身体素质。根据谈判对知识的要求，谈判团队应该配备首席代表、经济人员、专业谈判人员、法律人员、翻译人员和记录人员等。在商务谈判的过程中，谈判团队成员应合理分工、充分配合，共同实现谈判目标，完成谈判任务。

谈判计划的制定是指导谈判的行动纲领，在谈判计划中应明确谈判议程、谈判时间、谈判地点及现场布置等事项。在各项准备工作完成后，如果有必要还可以进行模拟谈判。通过模拟谈判可以检验谈判目标的制定是否合理、客观，谈判人员的选择是否合适，谈判小组的组成是否为最佳搭配，谈判地点、时间的选择是否最好，谈判方式的选择是否可行等。

【课后习题】

一、单选题

1. 谈判目标的判订要坚持的原则不包括(　　)。

A. 合理性　B. 层次性　C. 平均性　D. 具体性

2. (　　)不是以谈判人员的数量来分类的商务谈判。

A. "一对一"谈判　B. 小组谈判　C. 中型谈判　D. 网上谈判

3. 谈判人员必须具备的首要条件是(　　)。

A. 遵纪守法，廉洁奉公，忠于国家和组织　B. 平等互惠的观念

C. 团队精神　D. 专业知识扎实

4. 在涉及合同中某些专业性法律条款的谈判时，主谈人应该(　　)。

A. 由懂行的专家或专业人员担任　B. 由商务人员担任

C. 由谈判领导人员担任　D. 由法律人员担任

5. (　　)是商务谈判必须实现的目标，是作出让步后必须保证实现的最基本的目标。

A. 最低目标　B. 最高目标　C. 可接受目标　D. 实际需求目标

6. 在配备不同类型谈判成员时，应充分考虑不同类型的人的性格特点，例如(　　)的人一般做负责人较合适。

A. 活泼型　B. 稳重型　C. 忧郁型　D. 胆汁型

7. 国内外谈判专家普遍认为，一个谈判团队的理想规模以(　　)左右为宜。

A. 3人　B. 4人　C. 5人　D. 6人

8. 对谈判者最有利的目标是(　　)。

A. 最低目标　B. 最高目标　C. 可接受目标　D. 实际需求目标

二、名词解释

1. 谈判目标
2. 最高目标
3. 可接受目标
4. 实际需求目标
5. 主谈人
6. 谈判计划

三、简答题

1. 谈判准备工作的内容有哪些？

2. 确定谈判时间应该注意哪些问题？
3. 对谈判对手资信情况的审查主要包括哪些内容？
4. 模拟谈判的作用和形式有哪些？
5. 为什么要谨慎选择谈判地点？
6. 如何做好谈判目标的保密工作？
7. 谈判目标的制定原则有哪些？
8. 谈判人员应该具备什么素质？

【案例分析】

战国时期各国之间战争不断。公元前265年，赵太后刚刚统治赵国不久，就遭到了秦国的猛烈进攻。被逼无奈，赵国只有向齐国求救。齐国国王尽管答应出兵相救，但是要求必须以赵太后的小儿子长安君做人质。赵太后非常疼爱自己的小儿子，所以严词拒绝，并且发出命令，不准任何人再去劝谏。一天，左师触詟求见太后，太后知道他又是来劝说她用长安君做人质的，所以非常不高兴。触詟步履艰难地进入宫内，走到太后跟前，对太后说："老臣的脚有些毛病，行动不便，因此好久没能够来见您。我担心太后的身体不舒适，今天特地来看望。怎么样？您的饭量还行吧？"太后回答说："我每天只能吃粥过活。"触詟又说："我近来食欲也不太好，但我每天坚持散步，饭量才有所增加，身体也渐好。"听到触詟闭口不提人质的事情，赵太后的怒气和戒备心也就渐渐地消失了，两位老人便亲切地攀谈起来。

聊了一会儿，触詟又对太后说："我有个小儿子，最不成才，可是我偏偏最疼爱这个小儿子，恳求太后允许他到宫里当一名卫士。"太后赶紧问道："他几岁了？"触詟回答说："今年15岁。年纪虽然不大，可我想趁我还活着时托付给您。"太后听到触詟这些爱怜小儿子的话，似乎找到了感情上的慰藉，对触詟说："真想不到，你们男人也爱怜小儿子呀！"触詟说："恐怕比你们女人还要更胜一筹呢！"太后不服气地说："不会吧，还是女人更爱孩子。"

君臣二人谈到这里，触詟见时机已到，于是将话题慢慢地转到劝太后以小儿子做人质，以挽救赵国的命运这个主要话题上去。他对太后说："老臣以为您爱小儿子爱得还不够啊，远不如您爱女儿那样深。"太后并没有同意触詟的看法。触詟又继续解释说："父母爱孩子，必须为孩子作长远的打算。想当初，您将女儿嫁到燕国去的时候，虽然为她的远离而伤心，您抱着她痛哭，但是又祷祝她不要返回来，希望她的子子孙孙相继在燕国当王。您为她想得这么长远，这才是真正的爱啊。"然后触詟又接着往下说："您如今尽管赐给长安君好多土地、珠宝，如果不使他有功于赵国，您百年之后，长安君又将依靠谁呢？所以说，您对长安君并不是真正的爱护啊。"

触詟的一席话，至情至理，说得太后心服口服。太后心想，我现在可以给小儿子很多的土地和财富，但是这些并不是他自己挣来的，等我以后不在了，他对赵国没有任何功劳，那时可就真的会有麻烦了。想到这里，赵太后立即吩咐给长安君准备车马礼物、送他到齐国作人质，催促齐国马上出兵帮助赵国解围。齐国看到长安君果然作为人质来到自己这里，于是马上派兵援赵，两国共同联手击退了秦国的兵马，赵国的危难终于得以解救。

问题：分析赵太后被触詟说服的主要原因是什么？

【实战演练】

学生分成10人小组，成立各自的虚拟公司，设计公司名称、公司理念，设置合理的组织机构及岗位，明确主营业务和竞争现状等。

具体要求：

① 根据老师要求，每组根据安排（买方或卖方）利用业务时间搜集商务谈判所需信息。搜集的内容有：宏观方面，包括国家政策、法律法规、经济或行业发展趋势等，根据实际情况有选择地进行调研；微观方面，包括谈判对手及产品（或项目）的相关资料，己方的相关资料，市场竞争的情况等。

② 明确谈判目标及公司的优劣势。

③ 组建商务谈判团队。

④ 拟定谈判议程。

⑤ 完成谈判的准备工作，并制作商务谈判方案。

第 3 章　商务谈判过程与策略

学习目标

通过本章的学习，明确商务谈判过程四个阶段的主要任务；掌握开局阶段创造良好氛围和交换意见的方式；掌握报价阶段的报价形式、报价原则和方法；掌握磋商阶段的准则及讨价还价的方法和技巧；了解谈判结束的方式、成交协议或合同的拟定和履行等；掌握商务谈判各阶段的策略的技巧。

引导案例

11 个农夫和 1 个农夫[①]

在美国的一个边远小镇上，由于法官和法律人员有限，因此组成了一个由 12 名农夫组成的陪审团。按照当地的法律规定，只有当这 12 名陪审团成员都同意时，某项判决才能成立，才具有法律效力。有一次，陪审团在审理一起案件时，其中 11 名陪审团成员已达成一致看法，认定被告有罪，但另一名认为应该宣告被告无罪。由于陪审团内意见不一致审判陷入了僵局。其中 11 名企图说服另一名，但是这位代表是个年纪很大、头脑很顽固的人，就是不肯改变自己的看法。从早上到下午审判不能结束，11 个农夫有些心神疲倦，但另一个还没有丝毫让步的意思。

就在 11 个农夫一筹莫展时，突然天空布满了阴云，一场大雨即将来临。此时正值秋收过后，各家各户的粮食都晒在场院里。眼看一场大雨即将来临，11 名代表都在为自家的粮食着急，他们都希望赶快结束这次判决，尽快回去收粮食。于是都对另一个农夫说："老兄，你就别再坚持了，眼看就要下雨了，我们的粮食还在外面晒着，赶快结束判决回家收粮食吧。"可那个农夫丝毫不为所动，坚持说："不成，我们是陪审团的成员，我们要坚持公正，这是国家赋予我们的责任，岂能轻易做出决定，在我们没有达成一致意见之前，谁也不能擅自做出判决！"这令那几个农夫更加着急，哪有心思讨论判决的事情。为了尽快结束这令人难受的讨论，11 个农夫开始动摇了，考虑开始改变自己的立场。这时一声惊雷震破了 11 个农夫的心，他们再也忍受不住了，纷纷表示愿意改变自己的态度，转而投票赞成那一位农夫的意见，宣告被告无罪。

按理说，11 个人的力量要比一个人的力量大。可是由于那 1 个坚持己见，更由于大雨的即将来临，使那 11 个人在不轻易中为自己定了一个最后期限：下雨之前。最终被迫改变了看法，转而投向另一方。在这个故事中，并不是那 1 个农夫主动运用了最后的期限法，而是那 11 个农夫为自己设计了一个最后的期限，并掉进了自设的陷阱里。

在众多谈判中，有意识地使用最后期限法以加快谈判的进程，并最终达到自己的目的的高明的谈判者往往利用最后期限的谈判技巧，巧妙地设定一个最后期限，使谈判过程中纠缠不清、难以达成的协议在期限的压力下，得以尽快解决。

---

① 资料来源：http://www.doc88.com/p-5025845332332.html.

3.1 商务谈判的开局

开局气氛十分重要，中国有句俗语："良好的开端是成功的一半。"开局气氛将对谈判的全过程产生影响。开局阶段是指谈判双方见面后，在进入具体的实质性交易内容讨论之前，相互介绍、寒暄以及就谈判内容以外的话题进行交谈的那段时间和过程。双方正式见面到正式洽谈之前的交谈阶段，是谈判双方进入具体交易内容的洽谈之前彼此见面、互相介绍、互相熟悉，以及就谈判内容和事项进行初步接触的过程。

商务谈判的开局是整个商务谈判的起点和基础，它往往关系到双方谈判的诚意和积极性，关系到谈判的格调和发展趋势，它的好坏在很大限度上决定着整个谈判的走向和发展趋势，因此应该重视开局阶段。但是"万事开头难"，谈判者要认真对待开局的每一个细节，以保证整个谈判工作的顺利进行。

现代心理学研究表明，人通常会对那些与其想法一致的人产生好感，并愿意将自己的想法按照那些人的观点进行调整。这一研究结论正是开局策略的心理学基础。

3.1.1 开局阶段的关键任务

1. 谈判气氛的确定

(1) 影响谈判气氛的因素

不同的谈判气氛影响着谈判的发展变化，谈判气氛受到一定的因素影响，具体如下。

1) 谈判双方企业之间的关系

① 双方企业有很好的业务关系，长期合作得很好。开局可以创造热烈的、友好的、轻松愉快的气氛。

② 双方企业曾经有过业务往来，但关系一般。开局可以创造一个友好、合作、随和的气氛。

③ 双方企业过去有过业务往来，但合作不佳、印象不好。开局可以采取亲切而不亲密、有距离而不疏远的态度。

④ 双方初次接触，以前没有打过交道。开局可以创造一个友好、真诚、合作的气氛。

2) 双方谈判人员个人之间的关系

谈判在两个场合进行：场内交易，在谈判桌上你来我往、据理力争；场外交易，在谈判桌下双方谈判人员个人之间的沟通、交流与对话。有时场外交易在谈判中的作用远远大于正式谈判桌上的作用。场外交易的关键取决于双方谈判人员个人之间关系的好坏与熟悉、亲密程度。

3) 双方的谈判实力

① 双方实力旗鼓相当，要以合作、互利为中心，创造一个友好和谐的合作气氛。

② 我方实力具有明显优势，此时与弱方谈判最忌"霸气"，不能有任何轻敌意识，开局时仍要表现友好和诚意。

③ 我方实力弱于对方，此时对强于我方的对手谈判最忌"怕"。开局要表现出友好与合作，充满自信、潇洒、沉着、大方。

(2) 谈判气氛的类型

谈判开局需要创造一个相互信赖、诚挚合作的谈判氛围，谈判气氛的营造应该服务于谈判的方针和策略，服务于谈判各阶段的任务，应该有利于谈判目标的实现。一些西方谈判专家把谈判气氛分为四种类型。

1）热烈、积极、友好的谈判气氛

这种谈判气氛主要表现为：谈判双方态度热情、诚恳、主动积极、精诚合作。双方谈判人员都能理解对方的需要，对谈判的成功充满信心，谈判语气轻松自然，把谈判成功看成友谊的象征。这种谈判气氛多见于己方处于劣势条件时的谈判。

2）平静、严肃、严谨的谈判气氛

这种谈判气氛主要表现为：谈判双方均不是谈判新手，态度极其认真严肃、自信而平静。每一方讲话、表态都思考再三，决不盲从。这种气氛多适用于意义重大、内容重要的商务谈判或者双方不太了解且实力相当的商务谈判。

3）松弛、缓慢、旷日持久的谈判气氛

这种谈判气氛主要表现为：谈判人员在谈判中表现出漫不经心、东张西望、私下交谈、打瞌睡、表情麻木等，处于一种疲劳作战的状态之中。谈判在这种谈判气氛下进展缓慢，效率低下，谈判也常常因故中断。这种气氛多见于持续性、阶段性的商务谈判。

4）冷淡、对立、紧张的谈判气氛

这种谈判气氛表现为：谈判双方人员的关系并不融洽，见面缺乏热情、漠不关心，目光不对视、相见不抬头、相近不握手，话不投机、互不信任，双方带有明显的防备。这种气氛多见于贸易纠纷谈判。

营造什么样的谈判气氛，在不同特点的谈判中需求是不一样的，即使在同一个谈判中，不同阶段的谈判气氛也会有微妙的变化。商务谈判追求互惠互利，所以大多选择在谈判开始营造一种热烈、积极、友好的谈判气氛，便于双方沟通、协商。

(3) 营造开局气氛的技巧

1）营造高调气氛

高调气氛是指谈判开局气氛比较热烈，谈判双方情绪积极、态度主动，愉快因素成为谈判情势主导因素。

高调气氛通常会对谈判的开局及谈判的顺利进展发挥积极的促进作用。在这种谈判气氛中，谈判对手往往只注意到己方的有利方面，而且对谈判前景的看法也倾向于乐观，因此，高调气氛易于促进协议的达成。

① 感情攻击法。通过某一特殊事件来引发普遍存在于人们心中的感情因素，使这种感情迸发出来，从而达到营造气氛的目的。运用此方法的前提是了解对方参加谈判人员的个人情况，尽可能掌握谈判对手的性格、爱好、兴趣、专长，他们的职业、经历以及处理问题的风格、方式等，然后投其所好，这样会取得意想不到的效果。

② 称赞法。通过称赞对方来削弱对方的心理防线，从而焕发出对方的谈判热情，调动对方的情绪，营造热烈的气氛。发自肺腑的赞美总能产生意想不到的奇效。人一旦被认可其价值，总是喜不自胜。采用称赞法时应注意以下几点：一要选择恰当的称赞目标，选择称赞目标的基本原则是择其所好，即选择那些对方最引以为自豪的，并希望己方注意的目标；二要选择恰当的称赞时机，如果时机选择得不好，称赞法往往会适得其反；三要选择恰当的称赞方式，称赞方式一定要自然，不要让对方认为你是在刻意奉承他，这样会引起对方的反感。

【案例3-1】

赞美的魅力[①]

美国华克公司在费城承包建筑一座庞大的办公大厦。工程启动后，计划进行得很顺利，不料在接近完工阶段，负责供应内部装修的铜器承包商突然宣布他们无法如期交货。这样一来，不仅整个工程要延期，华克公司还得支付巨额罚金。为了避免遭受重大的损失，公司与该承包商进行了多次电话交涉，但因双方分歧较大，均无结果。公司只好派高先生前往纽约与承包商面议。

高先生一走进那位承包商的办公室便微笑着说："您不知道，在纽约您这个姓氏只有一个，一下火车，我在电话簿里很快就找到了您的地址。"

"这我一向不知道。"承包商说着也兴致勃勃地查阅起电话簿来，一边查找，一边不无骄傲地谈论起他的家族和祖先："我的家庭是从荷兰移居纽约的，几乎有200年了。"高先生听了他的谈论，先是称赞他的祖先，然后称赞他居然创建了这么大的一家工厂。承包商听后很自豪地说："这是我花了一生的心血建立起来的一项事业，我为它感到骄傲，您愿不愿意到车间里去参观一下呀?"高先生欣然前往。

参观时，高先生一再称赞他的工厂组织制度健全，机器设备精良。承包商听了高兴极了。他称其中有一些机器还是他亲自发明的。高先生马上又问他，那些机器操作起来如何？工作效率怎样？到了中午，承包商坚持要请高先生吃饭。他说："到处都需要铜器，但是很少有人像你这样对这一行感兴趣。"

至此，高先生尚只字未提来访的真正目的。

用完午餐，承包商说："现在，我们谈谈正事吧。我知道您这次来的目的。但我没有想到我们竟是如此愉快。您可以带着我的保证回到费城去，我保证你们要的材料如期运到。尽管我这样做会给另一笔生意带来损失，不过我认了。"

高先生轻而易举地获得了他所急需的东西。那些器材及时运到，使大厦在契约期限届满的那一天完工了。

③ 幽默法。用幽默的方式来消除谈判对手的戒备心理，使其积极地参与到谈判中来，从而营造高调的谈判开局气氛。采用幽默法时应注意以下几点：一要选择恰当的时机；二要采取适当的方式；三要收发有度。

【案例3-2】

周恩来外交金句，让对手哑口无言[②]

1971年，基辛格博士为恢复中美外交秘密访华。在一次正式谈判尚未开始之前，基辛格突然向周恩来总理提出一个要求："尊敬的总理阁下，贵国马王堆一号汉墓的发掘成果震惊世界，那具女尸确是世界上少有的珍宝啊！本人受我国科学界知名人士的委托，想用一种地球上没有的物质来换取一些女尸周围的木炭，不知贵国愿意否?"

周恩来总理听后，随口问道："国务卿阁下，不知贵国将用什么来交换?"基辛格说："月土，就是我国宇宙飞船从月球上带回的泥土，这应算是地球上没有的东西吧!"周总理哈哈

---

① 资料来源：陈文汉．商务谈判实务[M]．北京：清华大学出版社，2014.

② 资料来源：https://www.sohu.com/a/215713116_675855.

一笑："我道是什么，原来是我们祖宗脚下的东西。"基辛格一惊，疑惑地问道："怎么？你们早有人上了月球，什么时候？为什么不公布？"周恩来总理笑了笑，用手指着茶几上的一尊嫦娥奔月的牙雕，认真地对基辛格说："我们怎么没公布？早在5000多年前，我们就有一位嫦娥飞上了月亮，在月亮上建起了广寒宫，我们还要派人去看她呢！怎么你这个中国通还不知道？"周恩来总理机智而又幽默的回答，让博学多识的基辛格博士笑了。

2）营造低调气氛

低调气氛是指谈判气氛十分严肃、低落，谈判的一方情绪消极、态度冷淡、不快因素构成谈判情势的主导因素的谈判开局气氛。低调气氛会给谈判双方都造成较大的心理压力，在这种情况下，哪一方心理承受力弱，哪一方往往会妥协让步。营造低调气氛通常有感情攻击法、沉默法、疲劳战术和指责法等方面。

【案例 3-3】

谈判中的低调气氛[①]

日本一家著名汽车公司刚刚在美国"登陆"，急需找一个美国代理商来为其推销产品，以弥补他们不了解美国市场的缺陷。当日本公司准备同一家美国公司谈判时，谈判代表因为堵车迟到了，美国谈判代表抓住这件事紧紧不放，想以此为手段获取更多的优惠条件，日本代表发现无路可退，于是站起来说："我们十分抱歉耽误了您的时间，但是这绝非我们的本意，我们对美国的交通状况了解不足，导致了这个不愉快的结果，我希望我们不要再因为这个无所谓的问题耽误宝贵的时间了，如果因为这件事怀疑我们合作的诚意，那么我们只好结束这次谈判，我认为，我们所提出的优惠条件是不会在美国找不到合作伙伴的。"日本代表一席话让美国代表哑口无言，美国人也不想失去一次赚钱的机会，于是谈判顺利进行下去了。

3）营造自然气氛

自然气氛是指谈判双方情绪平稳，谈判气氛既不热烈，也不消沉。自然开局气氛便于向谈判对手进行摸底，因为谈判双方在自然气氛中传达的信息比在高调气氛和低调气氛中传送的信息要准确、真实。

自然气氛无须刻意营造，许多谈判都是在这种气氛中开始的。营造自然气氛要做到以下几点：注意自己的行为、礼仪；要多听、多记，不要与谈判对手就某一问题过早发生争议；要准备几个问题，询问方式要自然；对于对方的提问，能做正面回答的一定要正面回答；不能回答的要采用恰当方式进行回避。

（4）创造和谐气氛的注意事项

1）开场白的节奏要得当

开场白阶段又称"破冰"阶段，是指谈判双方进入具体交易内容谈判讨论前见面、寒暄及就谈判内容以外的话题进行交流的那段时间和过程。这一阶段虽然与谈判主题关系不大，但非常重要，可以为以后的谈判定下一个基调。

① 资料来源：http://www.wendangku.net/doc/9344e2145f0e7cd18425365d.html.

2）动作要自然得体，表情语言要恰当

① 动作要自然得体。由于各国、各民族文化习俗的不同，对各种动作的反应也不尽相同。比如，初次见面时的握手就颇有讲究，有的外宾认为这是一种友好的表示，给人以亲近感；而有的外宾则会觉得对方是在故弄玄虚、有意谄媚，会产生一种厌恶感。因此，谈判者应事先了解对方的背景、性格特点，区别不同的情况，采用不同的形体语言。

② 表情语言要恰当。表情语言是无声的信息，是内心情感的表露，主要是指形象、表情、眼神等。洽谈人员是信心十足还是满腹狐疑，是轻松愉快还是紧张呆滞，都可以通过表情体现出来。洽谈人员是诚实还是狡猾，是活泼还是凝重，都可以通过眼神表示出来。洽谈人员应该时刻注意自己的表情，通过表情和眼神表示出友好、合作的愿望。

3）破题引人入胜

如果说开局是谈判气氛形成的关键阶段，那么破题则是关键中的关键，就好比围棋中的“天王山”，既是对方之要点，也是我方之要点。因为双方都要通过破题来表明自己的观点、立场，也都要通过破题来了解对方。谈判即将开始时，难免会心情紧张，因此容易出现张口结舌、言不由衷或盲目迎合对方的现象，这对下面的正式谈判将会产生不良的影响。为了防止这种现象的发生，应该事先做好充分准备，做到有备而来。比如，可以把预计谈判时间的5%作为“入题”阶段。如果谈判准备进行1小时，就用3分钟时间入题；如果谈判要持续几天，最好在谈生意前的某个晚上，找机会请对方一起吃顿饭。

4）树立良好的第一印象

一般给对方第一印象的时间只有7秒钟。从接触一开始，7秒钟的时间就已经给对方留下了一个印象，是不是专业、能干就能判断出来。因此，谈判人员必须加强自身的专业行为，要衣着整洁、讲究仪表，仪态得体、虚心求教，守时守信、待人真诚等。

5）了解就座礼仪

商务谈判多为双边谈判。双边谈判时，宾主分列长桌或椭圆形桌的两侧。如果横放，则面对正门的一方为上，应属于客方；背对正门的一方为下，应属于主方；如果竖放（顺着门的方面），应以进门方向为准，右侧为上，属于客方；左侧为下，属于主方。主谈人员应在自己一方居中而坐。其他人员按照右高左低的原则，自近而远分坐。如果双方各带翻译，应坐于主谈人员之右。

2. 交换意见

双方谈判人员入座后，谈判开始。双方应互相介绍谈判小组成员的情况，包括姓名、职务，以及在谈判中的地位和作用。

（1）讨论议程

在进行实质性谈判之前，双方最好就谈判计划先取得一致意见。

1）目　标

目标即双方为什么坐在一起谈判，要解决什么问题。例如，探讨双方利益之所在、寻找共同获利的可能性、提出或解决一些过去悬而未决的问题、达成原则性的协议、检查合同及执行进度、解决有争议的问题等。

2）议　程

为了保证谈判的顺利进行，双方要共同制定一个切实可行的谈判日程表，确定每天讨论的内容，初步确定谈判的进度，制定双方必须遵守的规则。在谈判的日程中，可适当列入参观、游览等项目，以活跃气氛、增加感情。

在此期间需要注意以下5个问题：

① 在进入正式谈判之前，短暂的停顿是必要的；

② 如果双方已坐稳，在片刻停顿后，需要有人先发言，不要出现冷场的情况；

③ 在双方还没有就谈判的目标等问题达成一致前，不要过早涉及具体问题；

④ 尽力做到双方享有均等的发言机会，谈话时间与倾听时间基本相等，陈述要简短；

⑤ 在商谈谈判目标、制定谈判议程的过程中，双方要互相尊重、共同协商，并施展技巧，迅速取得一致的意见，要多用商量的口气。

（2）开场陈述

开场陈述是指在开局阶段，双方就本次洽谈的内容陈述各自的观点、立场及建议。其任务就是让双方把本次谈判所涉及的内容全部提出来，同时，使对方彼此了解对方对本次谈判的立场与观点，并在此基础上就一些原则性分歧发表建设性意见或建议。

1）开场陈述的基本内容

开场陈述的内容主要包括谈判双方在开始阶段理应表明的观点、立场、计划和建议。主要包括以下几个方面。

① 己方的立场：即己方希望通过谈判取得的利益，准备采取何种方式为双方共同获得利益做出贡献；今后双方合作中可能会出现的成效或障碍；己方希望这次谈判应遵循的方针等。

② 己方对问题的理解：即己方认为本次会谈应涉及的主要问题，以及对这些问题的看法、建议或想法等。

③ 对对方各项建议的反应：如果对方开始陈述或者对方对己方的陈述提出了某些建议，那么己方就必须对其建议或陈述作出应有的反应。

2）开场陈述的基本原则

在开场陈述中要给对方充分搞清己方意图的机会，然后听取对方的全面陈述并搞清对方的意图。为此，在陈述中可遵循的原则如下。

① 开场的陈述要双方分别进行，并且在此阶段各方只阐述自己的立场、观点，而不必阐述双方的共同利益。

② 双方的注意力应放在自己的利益上，不要试图猜测对方的立场。

③ 开场陈述是原则性的而不是具体的。一般来说，开始阶段的谈判任务是向着横向而不是纵向发展，也就是说，只洽谈当次谈判中的原则性问题和陈述己方的基本立场、观点和建议，而不是就某一个具体问题作深入谈判。

④ 开场陈述应简明扼要、通俗易懂。这样既可避免对方误会，又可使双方有机会立即交谈下去，还可避免被冗长繁琐的发言搅昏头脑而影响谈判气氛。

⑤ 对方陈述时不要插言，待其陈述完毕后，再进行提问，只有在问清对方的意图后，方可陈述己方的建议和立场。

3）开场陈述的方式

开场陈述的方式一般有书面陈述、口头陈述和书面结合口头陈述三种。无论哪种方式，其基本内容和所遵循的原则都是相同的。

① 口头方式。其优点是便于双方相互深入了解、维持关系、增进感情，建立长期的伙伴关系，便于讨价还价，防止上当受骗。其缺点是在面对面地接触交往中，双方都难以保持谈判立场的不可动摇性，可能由于难以拒绝而不得已做出让步。

② 书面方式。其优点是在阐明我方立场时，更为坚定有力，向对方表示拒绝时，更为方便

易行，在费用上节省得多。其缺点是不便于谈判双方的相互了解、妥协让步，成功率较低，并且信函等所能传递的信息量有限。

4）开场陈述的策略

商务谈判中，开场陈述的基本策略有协调式开局策略、坦诚式开局策略、保留式开局策略、慎重式开局策略、挑剔式开局策略和进攻式开局策略六种。双方分别陈述后，谈判进入实质性报价阶段。

3.1.2 开局策略

谈判双方首次见面后，在进入正式交易内容讨论前，一般都要相互介绍、寒暄以及对谈判内容以外的话题进行交谈，一般称为谈判的开局阶段。开局阶段主要就谈判的目标、计划、进度和参加人员进行讨论，是双方相互熟悉和了解的过程，为正式谈判做铺垫。“好的开始是成功的一半”，商务谈判的开局对整个商务谈判起着重要的作用，往往关系着谈判双方的态度、诚意，奠定了谈判的基调，引导着谈判的走向。一般来说，在谈判的开局阶段应该注意建立适宜的谈判气氛，掌握正确的开局方式，同时根据具体情况选择开局策略。

1. 建立适宜的谈判气氛

谈判气氛是双方表现出来的态度，以及营造的谈判环境等。谈判气氛影响着双方谈判者的态度、情绪，也影响着整个谈判进程。一般情况下，谈判双方都需要和谐、轻松、合作、真诚的谈判气氛。良好的气氛是洽谈的基础，是平等互利、友好合作的前提。建立良好的谈判气氛，首先要做好准备工作，事前掌握相关信息，制定详细的计划，以平等互利的原则找出双方利益的结合点；其次要注意个人形象，包括仪表、言谈、语言、行为等，要尊重对方，行为合理，态度诚恳；再次要注意沟通，通过轻松愉悦的话题展开商谈，加深双方的了解和友谊；最后要研究对方的行为，分析对方的态度和意图，引导其与我方合作。

但是，并非所有谈判都在轻松和谐的气氛下进行，有时候严肃、紧张、冷淡的谈判气氛也是存在的，并且在某些特殊情况下也是有益的。比如，谈判对方很强势，我方需要给对方施加压力时，可以在一开始就采取冷漠的态度，让对方感到我方并非一定要与其合作，使其感到压力而不得不做出妥协。或者，当一方明显有理、要向另一方兴师问罪时，可以一开始就咄咄逼人、寸步不让，使对方因理亏而退步。但是这样的情况比较少见，毕竟商务谈判更多是为了长久的合作，如果谈判气氛过分紧张就可能陷入僵局或使双方撕破脸而两败俱伤。

【案例 3-4】

中美破冰[①]

美国总统尼克松 1972 年第一次访问中国时，为了在一开始就表达诚意，他让警卫人员把守机舱门，不让随同人员一起下来，以突出他一下飞机就主动和周总理握手的场面。事后看，其实两人握手的时间不过几秒，但尼克松的举动却一下拉近了两国领导人的距离，促使双方最终打破了多年之间的坚冰。

2. 选择正确的开局方式和策略

（1）正确的开局方式

开局阶段一般要建立在轻松、愉悦的气氛的基础上，占用时间比较短。但是一定要在实际谈

① 资料来源：商务谈判的开局，https://www.docin.com/p-589348891.html.

判前就谈判意图、态度、基调等达成一致意见，建立与巩固和谐的气氛。除了相互介绍和寒暄外，开局阶段主要进行交换意见和开场陈述。交换意见是在双方入座以后，就谈判目标、计划、进度和人员等情况取得一致意见，主要是探索双方的共同利益、提出一些问题、达成原则协议等。

开场陈述是双方分别阐述己方对一些问题的意见和看法，陈述的内容一般包括己方对问题的理解、己方利益、己方首要利益、己方要向对方做出的让步和商谈事项、己方的立场等。开场陈述要以轻松、真诚的方式表达，加强和建立和谐的洽谈气氛，其目的主要是为了让对方明白己方的原则和意图，而不能向对方挑衅和施加压力。己方要注意倾听对方的陈述，理解对方陈述内容，通过倾听和分析摸清对方的原则和态度。

开局阶段，双方通过寒暄、介绍、商谈等达成一致，但需要注意三个问题：首先，开局时间不能过长；其次，尽管开局阶段商谈大多数与主题无关，但是也不要离题太远，切忌过分闲聊；再次，开局议题应该采取先易后难的策略，也就是说，首先谈些轻松愉快的话题，谈论双方容易达成一致意见的问题，如“我们先确定一下今天的议题如何？”“我们先互相介绍一下基本情况怎样？”“今天我们先讨论一下时间安排好吗？”等。

(2) 开局策略的选择依据

1) 谈判的目标和基调

不同的谈判目标需要采取不同的策略，如果是为了长期合作，就要尽量建立和维持友好、和谐的气氛，在平等互利的基础上提出问题和条件，在一些问题上做些让步也是可以考虑的；如果是为了要给对方警告、施压、对对方进行打击，就要态度坚决，甚至吹毛求疵，建立紧张、严肃或冷淡的气氛。

2) 谈判双方的实力

当双方实力相当时，为了达成协议、建立长期的合作关系、避免双方对立，就要尽力创造友好、和谐、轻松、愉悦的环境，避免两败俱伤；当己方处于强势时，为了威慑对方，就要在基本的礼貌友好的同时，展现出己方的自信和气势，使对方清醒认识双方差距而不得不做些妥协；当己方明显弱于对方时，为了弱化对方的优势，就要一方面礼貌友好，表现出积极合作的态度，另一方面要充满自信、自尊自爱，尽量弱化己方不足、强化己方优势。

3) 双方谈判者的个人关系

商务谈判是由谈判人员来实现的，双方谈判者的个人关系对谈判也会产生重要的影响。如果双方是比较熟悉的朋友关系，谈判开局可以畅谈双方的感情，谈判气氛必定是友好、热烈的，双方商谈也是本着友好合作的目的；如果双方是有过交往的一般关系，那么可以通过谈判开局的寒暄加深了解，尽量在友好、真诚、和谐的基础上完成交易，并发展双方友谊；如果双方是陌生人，那么开局前应该尽量了解对方，开局时也应该尽量寻找一些共同话题；如果双方是有过一些恩怨的所谓“仇人”，那么尽量保持清醒和冷静，避免把个人感情带入商业交易中。

3. 开局的一般策略

在谈判双方的首次交涉中，主要有以下几种开局策略。

(1) 协商式开局策略

协商式开局策略是指以协商、肯定的语言进行陈述，使对方对己方产生好感，创造双方对谈判的理解充满“一致性”的感觉，从而使谈判双方在友好、愉快的气氛中展开谈判工作。

从交际心理学的角度看，商务谈判人员虽然有着不同的身份地位、社会经历、受教育程度、个性和心理情绪，但在谈判过程中，都有一种出于上述特定境况的心理上的亲和需求。因此，开局时应该从当时的背景环境、客观情势，以及谈判对手的性别、年龄、个性、爱好、社会地位、心理等情况出发,力求使自己的表达从方式到内容都符合客观情势和对方心理上的主观需要,以相互商量、商谈的口吻,婉转、友好地表达己方的目标和意图。通常这一方法容易为对方接受,可以促使对方忘掉彼此间曾经有过的争执,在友好、愉快、轻松的气氛中将商务谈判引向深入。

协商式开局比较适用于谈判双方实力接近且以往没有商务往来的经历。由于是第一次接触,双方都希望有个良好的开端,给对方留下好的印象,以建立长期的关系,因此,协商式开局多用礼节性、中性的话题,使双方在平等、合作的气氛中开局。

(2) 坦诚式开局策略

坦诚式开局,也称开门见山式开局。如果商务谈判双方已有多次交易往来,双方谈判人员彼此很熟悉,过去合作愉快,可以采取开门见山的办法,以坦诚、直率的交谈方式直截了当地陈述己方的开局目标,和盘托出己方的判断及意图,力争赢得对方的信赖和支持。同时,还可以站在对方的立场上设想并提出己方的看法,推动对方回应己方的提议,争取双方形成共同的开局目标。

一般情况下,坦诚、直率的表达方式可以更好地获得对方的理解和信赖,还能满足听者的自我意识和充分的权威感,缩短与对方的心理距离。坦诚式开局也适用于己方实力弱,或者对方对己方的身份及能力表示怀疑、有强烈的戒备心理时,这时使用坦诚式开局可以诚恳地表明己方弱点,让对方加以考虑,并表明己方的信心和能力,以真诚打动对方。

【案例 3-5】

洋先生和土朋友①

某区一位党委书记在同外商谈判时,发现对方对自己的身份持有强烈的戒备心理。这种状态妨碍了谈判的进行。于是,这位党委书记当机立断,站起来对对方说道:"我是党委书记,但也懂经济、搞经济,并且拥有决策权。我们摊子小,并且实力不强,但愿意真诚地与贵方合作。咱们谈得成也好,谈不成也好,至少你这个外来的'洋'先生可以交一个我这样的'土'朋友。"

寥寥几句肺腑之言,打消了对方的疑惑,使谈判顺利地向纵深发展。

(3) 保留式开局策略

保留式开局是指在谈判开始时,对谈判对手提出的关键性问题不做彻底、确切的回答,而是有所保留,从而给对手造成神秘感,以吸引对手步入谈判。

保留式开局不能违反商务谈判的道德原则,要以诚信为本,向对方传递的信息可以是模糊信息,但不能是虚假信息,否则会将自己陷入非常难堪的局面之中。这种策略适用于低调气氛和自然气氛,不适用于高调气氛。

【案例 3-6】

江西省某工艺雕刻厂的谈判②

江西省某工艺雕刻厂原是一家濒临倒闭的小厂,经过几年的努力,发展为产值 2 000 多万元的大厂,产品打入日本市场,并战胜了在日本经营多年的厂家,被誉为"天下第一雕

① 资料来源:商务谈判的经验案例解析,https://www.douban.com/note/221894966/.

② 资料来源:商务谈判的经验案例解析,https://www.douban.com/note/221894966/.

刻”。有一年,日本三家株式会社的老板同一天到该厂订货。其中一家资本雄厚的大商社,要求原价包销该厂的佛坛产品。这应该说是好消息。但该厂想到,这几家原来都是经销韩国、台湾地区产品的商社,为什么争先恐后、不约而同到本厂来订货?他们查阅了日本市场的资料,得出的结论是本厂的木材质量上乘、技艺高超是吸引外商订货的主要原因。

于是该厂采用了“待价而沽”“欲擒故纵”的谈判策略。先不理那家大商社,而是积极抓住两家小商社求货心切的心理,把佛坛的梁、榴、柱,分别与其他国家的产品做比较。在此基础上,该厂争价钱、论成色,使其价格达到理想的高度。首先与小商社拍板成交,造成那家大客商产生失落货源的危机感。那家大客商不但更急于订货,而且想垄断货源,于是大批订货。

(4) 慎重式开局策略

慎重式开局策略是指以严谨、凝重的语言进行陈述,表达出对谈判的高度重视和鲜明态度,目的在于使对方放弃某些不适当的意图,以达到把握谈判方向及进程的目的。

慎重式开局策略适用于谈判双方过去有过商务往来,但对方曾有过不太令人满意的表现,己方要通过严谨、慎重的态度,引起对方对某些问题的重视。例如,可以对过去双方业务关系中对方的不妥之处表示遗憾,并希望通过本次合作能够改变这种状况;可以用一些礼貌性的提问来考察对方的态度、想法,不急于拉近关系,注意与对方保持一定的距离。这种策略也适用于己方对谈判对手的某些情况存在疑问,需要经过简短的接触摸底的情况。当然慎重并不等于没有谈判诚意,也不等于冷漠和猜疑,这种策略正是为了寻求更有效的谈判成果而使用的。

(5) 挑剔式开局策略

尽管多数谈判的开局都是在热烈友好的气氛下进行的,但有时挑剔式开局也能达到意想不到的效果。挑剔式开局就是指开局时,抓住对方的一时失误或不足,以此为基础进行攻击,使对方因愧疚或自卑而妥协。

挑剔式开局适用于谈判双方过去有过商务往来,但对方曾有过不太令人满意的表现,或者为了在谈判中争取主动,占据有利地位,己方要通过严谨、挑剔的态度,引起对方对某些问题的重视。例如,可以对过去双方业务关系中对方的不妥之处表示遗憾,或者抓住对方的失误不放。但应用这种策略时要注意掌握尺度,挑剔时要有理有据,依据客观事实,不能夸大事实甚至捏造事实。

【案例3-7】

迟到的代价①

一家公司到美国去采购成套设备,其谈判小组成员因为上街购物耽误了时间。当他们到达谈判地点时,比预订时间晚了45分钟。美方代表对此极为不满,花了很长时间来指责该公司代表不遵守时间、没有信用,如果老这样下去的话,以后很多工作很难合作,浪费时间就是浪费资源、浪费金钱。对此该公司代表感到理亏,只好不停地向美方代表道歉。谈判开始以后美方代表似乎还对该公司代表来迟一事耿耿于怀,一时间弄得该公司代表手足无措,说话处处被动,无心与美方代表讨价还价,对美方提出的许多要求也没有静下心来认真考虑,匆匆忙忙就签订了合同。等到合同签订以后,该公司代表平静下来,头脑不再发热时才发现自己吃了大亏,但已经晚了。

① 资料来源:商务谈判案例,http://www.doc88.com/p-540546626840.html.

(6) 进攻式开局策略

进攻式开局策略指通过语言或行为来表达己方强硬的姿态，从而获得对方必要的尊重，并借以制造心理优势，使得谈判顺利地进行下去。

采用进攻式开局策略一定要谨慎，在谈判开局就显示自己实力，使开局处于剑拔弩张的气氛中，对谈判进一步发展极为不利。

3.2 商务谈判的报价

谈判双方在结束非实质性交谈之后，要将话题转向有关交易内容的正题，即开始报价。报价以及随之而来的磋商是整个谈判过程的核心。

这里所说的报价，不仅指产品在价格方面的报价，而且泛指谈判的一方对另一方提出自己的所有要求，包括商品的数量、质量、包装、价格、装运、保险、支付、商检、索赔、仲裁等交易条件，其中价格条件是谈判的中心。商务谈判业务虽然多种多样，但一般情况下，谈判都是围绕价格进行的。报价阶段的策略主要体现在三个方面，即报价的先后、如何报价和怎样对待对方的报价。

3.2.1 决定价格的各种因素

商务谈判中的价格是货币价格、交货期、付款方式、数量质量、保证条件等的总称，它的影响因素很多，主要有以下几方面。

1. 技术要求的确定

谈判者要注意，有时同样的产品由于对某项指标提出了过高的要求，价格就可能增加很多。有些技术人员为了加大保险系数或为以后的技术发展打基础，常常会盲目追求一个过高的技术指标，结果却导致价格上涨。其实在实际经济活动中，并不是所有的高技术指标都是必需的，有不少是可以通过己方的努力解决的，可是一旦要求对方提供就必须承担额外的费用，结果必然造成价格上涨。

2. 交货期的长短

在价格谈判时，交货期长短会影响价格的高低。举个生活中最简单的例子：到邮政局去寄邮件，普通邮件最便宜，特快专递价格就要贵些。因为特快专递有排他性，其他业务都要让路以服从它，这样势必引起费用的增加，对此大家都能理解和接受。同样，在国际商务活动中也是如此，要货越急，对方要的价也就越高，因为生产厂商根据订单已安排了生产计划，要中间插入新的订单，就要调整生产作业计划、改变生产流程，这必然会增加对方的额外成本。

有时己方一味追求到货越快越好，以为对方交的货越早，自己的工程就越有保证，工程按期完成的保险系数就越高。然而整个工程中尚有其他部分尚未就绪，仅有其中一部分提前交货是没有意义的，还可能带来经费的上升，对于整个工程来说非但没有增加保险系数，反而会由于一味追求交货期，导致对方趁机抬价，使己方吃亏。另外，有些企业只注意价格上的高低，而不考虑交货期的长短，这样做也不经济。

【案例 3-8】

价格谈判里的陷阱[①]

某远洋运输公司向外商购买一条旧船，外商开价 1 000 万美元，该公司要求降低到 800 万美元，外商十分干脆地同意了这个价格，但提出交船期要推迟三个月。远洋公司以为在价格上占了便宜，就很高兴地答应了对方的要求。哪知外商利用这三个月的时间跑运输，所赚的营运收入大大超过了 200 万美元。显然，该公司并没有在这场谈判中获得价格优势。所以在价格谈判时要注意交货期的长短，不要追求不必要的提前。同时在发现对方用延长交货期战术间接提高价格时，也要予以警惕。

3. 融资成本的高低

国际商务活动中的资金来源多种多样。在国际交往中，大宗货物买卖尤其是大型建设项目，完全用自己的钱来购买是很少见的。常见的资金来源是向银行申请贷款、国家拨款、利用外国政府的贷款或赠款、利用国际金融组织的贷款等。这里面除了国家拨给与国际赠款以外，其他形式都有一个融资成本问题。一般来说，国际金融组织与外国政府贷款的融资成本要低于商业贷款，达到 AAA 级资信程度的金融机构出面筹资比其他金融机构的融资成本要低。良好的担保条件也会使融资成本降低，所以在价格谈判中要考虑资金来源的问题。从严格意义上说，外国政府贷款及赠款，只是体现了两国政府之间的关系，与外商是无关的。但是在实际谈判过程中，要完全排除外商的影响是很难的。因为这些贷款或赠款往往都附有必须购买该国商品或技术等条款。于是不同的资金来源就可能会带来不同外商的介入，进而会对价格谈判带来不可忽视的影响。因此，在进行价格谈判时，必须把价格的高低与资金来源联系起来进行综合考虑。在资金来源可选择的情况下，可以选择资金成本较低的资金来源，来抵冲价格谈判中的不利因素，选择综合平衡后的优化方案。

4. 采购渠道的选择

许多谈判者都认为，直接向制造商采购是最经济、最实惠的，因为这样做可以减少中间环节的费用，而通过中间商购买，则要支付额外的费用，是不划算的。其实这种想法是失之偏颇的。一位著名船王就从来不向制造商直接买船，而是通过中间商来购买。难道这个船王不比企业精明，甘愿受中间商盘剥，白白多支出一笔费用吗？要不要通过中间商采购是很有学问的。如果直接找制造商采购，自然有许多好处。例如，对商品的性能、技术的功能有直接明白的了解；有的制造商出于长期经营的需要，有时会主动让价；向制造商购买在技术服务方面更为方便一些等。然而，通过中间商购买也有许多意想不到的好处：第一，中间商信息来源畅通，可以提供最优化的选择；第二，谈判本身是有成本的，有时直接向制造商购买可能成本很高，然而向中间商购买，成本就会较低；第三，谈判是要花费时间的，在一定情况下，时间本身就是金钱，而通过中间商购买可以尽快成交，在某种情况下，宁可多花些钱以赢得时间；第四，中间商往往与卖方、买方都有良好的合作关系，在需求和供给的结合上可以寻找最佳方案。尤其是大型的贸易机构，它们的触角遍布全球，拥有高水平的技术、谈判、融资等方面的专家，并有广泛的与各行业的合作关系，通过它们的综合研究，往往可提出有关交易的最佳方案，而且相对来说，所花成本也较低。特别是在一些复杂的贸易方面，其优势更显突出。这就是日本大多数企

① 资料来源：价格谈判. http://www.docin.com/p-585646768.html.

业一般通过综合商社来进行进出口贸易的重要原因。所以,在谈判中对采购渠道也要进行比较和选择,有时通过中间商购买要比直接向制造商购买在价格上便宜、手续上简便、时间上快捷。

3.2.2 报价的形式

1. 书面报价

书面报价,通常是谈判一方事先为谈判提供了较详尽的文字材料、数据图表等,表明谈判者愿意承担的义务。其优点为:使对方有时间针对报价做充分准备,进而加快谈判进程。其缺点为:书面报价属于文字的东西,写在纸上缺少热情,在翻译成另一国文字时,往往会掩盖掉一些精细之处;白纸黑字不易变动,客观上成为谈判者承担责任的记录,这不利于谈判后期的变更。

实力强大的谈判者或至少双方实力相当时可使用书面报价;对于实力不强的谈判者就不要采用书面报价的方法,而应尽量选择一些非正式的报价形式。

2. 口头报价

口头报价,通常是谈判双方在谈判过程中把各自的报价即所有的交易条件口头表达出来。其优点为:口头报价具有很大的灵活性,它可以充分利用谈判者的个人谈判技巧,如利用情感心理因素,可以察言观色、见机行事。其缺点为:谈判者容易对对方所述因没有真正理解而产生误会,对一些复杂的东西,如统计数字、计划图表、规格型号等难以阐述清楚,且口头谈判容易影响谈判进度。

为了避免口头谈判的不利之处,在谈判之前,可以准备一份印有报价一方所在公司的交易要点、某些特殊要求以及各种具体数据的简表。

3.2.3 报价的原则

报价是很有艺术性的,报价的好坏直接影响商务谈判的成败。商务谈判的报价不仅要考虑报价所能带来的利益,还要考虑该报价被对方接受的可能性。

① 报价要高。对卖方来讲,开盘价必须是"最高的",相应地,对买方而言,开盘价必须是"最低的",这是报价的首要原则。

② 报价必须合乎情理。卖方报价要高,但绝不是漫天要价,毫无根据,以免被对方认为己方缺少谈判的诚意;对于买方来说,也不能"漫天杀价",这样容易让对方失去信心。

③ 报价必须果断坚定、明确完整。开盘价要果断地提出,既可以采取口头报价形式,也可以采取书面报价形式或者二者结合起来使用,这样才能给对方留下诚实的印象,也显示出自信心,并且报价应该是一套完整的报价而不仅仅是一个金额,这其中包括一系列有关交易的相关内容。如果报价不完整,就会引起歧义甚至误解,为后面的谈判带来障碍。

④ 报价应该无须主动解释和说明。报价要非常清楚,并不加过多的解释和说明。因为对方听完报价,肯定会对他感兴趣的问题提出疑问,这样可以根据对方的兴趣有针对性地进行解释和说明,否则会让对方找出破绽、抓住把柄。

3.2.4 报价的顺序

谈判者一般都希望谈判尽可能按己方意图进行,因此要以努力树立己方在谈判中的影响。己方如果首先报价,就为以后的讨价还价树立了一个界碑,实际上等于为谈判划定了一个框架或基准线，最终谈判将在这个范围内达成。另一方面，先报价如果超出对方的预料和期望值，会使对方失去信心。先报价在整个谈判中会持续地发挥作用，因此先报价比后报价影响要大得多。

1. 先报价的利弊

① 有利之处：先报价比后报价（还价）更具有影响力。因为先报价不仅为谈判结果确定了一个无法超越的上限（卖方的报价）或下限（买方的报价），而且在整个谈判过程中将或多或少地支配对方的期望水平。

② 不利之处：对方听了报价后，因对报价方的价格起点有了了解，可以修改调整他们原先的想法（或报价），从而获得本来得不到的好处；对方听了报价后并不还价，却对报价方的报价发起进攻，百般挑剔，迫使其进一步降价，而不泄露他们究竟打算出多高的价。

2. 针对不同情况采取不同策略

① 如果预期谈判将会出现激烈竞争和冲突，你争我斗、各不相让，采取先报价即"先下手为强"就比较适用。

② 如果己方的谈判实力强于对方，或者说己方在谈判中处于相对有利的地位，那么己方先报价是有利的。尤其是在对方对本次交易的市场行情不太熟悉的情况下，先报价的好处就更明显。

③ 如果谈判对方是老客户，同己方有较长的业务往来，而且双方合作一向较愉快，在这种情况下，谁先报价对双方来说都无足轻重。

④ 就一般惯例而言，发起谈判的人应带头先报价。

⑤ 如谈判双方都是谈判行家，则谁先报价均可。如谈判对方是谈判行家，自己不是谈判行家，则让对方先报价可能较为有利。

⑥ 如对方是外行，暂且不论自己是不是外行，自己先报价可能较为有利，因为这样做可以对对方起一定的引导或支配作用。

⑦ 按照惯例，由卖方先报价。卖方报价是一种义务，买方还价也是一种义务。

3.2.5　对对方报价的应对

在商务谈判过程中，当对方报价时，若想使己方在后面的谈判中处于更为有利的位置，应注意以下几点。

① 不要打断对方的报价。在对方报价时，不应该随便插话使报价中断，而应认真听取对方报价的内容，打断对方一方面不礼貌，另一方面可能听不到对方的让步条件或优惠条件。

② 明确对方报价的内容。对于对方报价不太清楚的地方可以提问并要求对方给予解释，然后最好复述对方的报价以得到对方的确认。

③ 不贸然否决对方的报价或还价。即使对方的报价极不合理，也不要马上给予否决，或者马上给出己方的还价，而是应该在对对方的价格构成、报价依据和计算办法等了解之后，再提出己方的要求或还价。

3.2.6　正确处理价格谈判的各种关系

在价格谈判的过程中，还要注意处理价格谈判的几个主要关系。

1. 积极价格与消极价格

不少谈判者在参加谈判时，常常会感到对方的价格太高了，自己无法接受；或认为对方的价格正中下怀，欣然签约。其实价格的高与低是极难予以科学界定的，它常带有浓厚的主观色彩。对于这两个概念，不同的人在不同的情况下会有不同的看法。你的条件越能满足对方的要求或愿望，对方就越会觉得你的价格便宜，就会欣然接受。反之，如果对方认为你所提供的条件与自己的要求相距甚远，那么你的价格在他的眼中就一定是太高了。这种情况不仅在日常生活中存在，在商务谈判中也同样如此，因为这是积极价格与消极价格的关系问题。

知识链接

人们常常可以发现，有人不愿花20万元买一辆新汽车，却宁愿花10万元修复一辆汽车；一个教授花50元买一件衬衫可能就觉得很贵，而他买两本书花上80元却不在乎；有的人很舍不得出20元去乘一次出租车，可是他拿200元请客吃饭却很慷慨。在上述的三个例子中，前面的感觉是"消极价格"，后面的行动是"积极价格"的反映。商务谈判时也应注意，对方所迫切需要的东西，其价格大多数属于"积极价格"；而其不喜欢的东西，其价格往往属于"消极价格"。如果汽车经销商能够向顾客证明新车比维修后的汽车会更有价值，并且能够为对方节省大量费用，那么，顾客就会消除疑虑，欣然成交。如果百货商店的营业员对顾客宣传穿上一件挺括的衬衫会改善你的形象，可以扩大社交范围，获得书本上学不到的东西，顾客受其感染，或许会买下原来不想买的那件衬衫。如果一位出门从不坐出租车的人要赶去参加一个重要的会议，在朋友的劝说下，或许会破天荒挥手拦下出租车以解燃眉之急。在这些例子中，经销商的介绍、营业员的宣传、友人的劝说都是使消极价格向积极价格转化的重要因素。

这种使消极价格向积极价格转化的情况，在商务谈判中也同样存在。使用积极价格因素进行商务谈判，是一种十分高明的谈判技术。对于同一产品，有些客户认为太贵，而另一些客户则可能认为很便宜。

在谈判中常常会有这种情况，如果对方迫切需要某种产品，就会把价格因素放在次要的位置上，其着重考虑的往往是交货期的长短、数量的多少、质量的优劣，而不是价格的高低。这种情况在生活中也常常发生。

2. 实际价格与相对价格

价格有实际价格与相对价格之分。由商品生产、流通和服务成本为基础确定的价格是实际价格，而与商品或服务的有用性相关联的价格是相对价格。由于相对价格与双方所获得的利益联系最密切，因此，相对价格是价格谈判中不可忽视的组成部分。谈判者应努力做到不让对方的精力集中在实际价格上，而要将对方的注意力吸引到相对价格上来，也就是说，不应该与对方单纯地讨论价格，而应该强调对方所购买的是会满足其愿望的某种价值。

如果谈判者难以将对方的注意力从实际价格上引开，那么就应该把价格连同价值一并提出。谈判者当然应该十分重视价格，否则就不叫商务谈判了。但是谈判者在表面上不应该显露出对价格的过分敏感，而应该表现出对价格问题的超脱态度，避免有意无意地提及价格，否则会自找麻烦。有时候，谈判者抱怨对方过分关心价格的细节问题，而实际上问题的症结恰恰出在谈判者自己身上。正是因为谈判者对价格的敏感引起了对方的注意，从而使对方对价格也敏感起来，而且会抓住不放。所以，为了引导对方正确地看待价格问题，必须强调产品将给谈判者带来的益处和经济上的好处，这容易使整个谈判取得成功。

运用相对价格进行谈判，不仅对输出方有意义，对接受方来说同样有意义。在商务谈判中，作为接受方把产品的有用性与对应的价格相联系，有时就可在对方提出的价格基础上做出一种姿态，向对方表示可以接受这个价格，但希望增加一系列的附加条款，如帮助安装、调试、维修，进行技术培训、技术服务等，应尽力在提高相对价格上提出具体要求。不与对方单纯地讨价还价，而是利用相对价格的原理，增加己方的利益。总之，运用相对价格进行谈判，对卖方和买方来说都是十分重要的，成功的关键在于掌握全部情况，熟练运用区分实际价格与相对价格的谈判技巧。

3. 硬件价格与软件价格

硬件价格的谈判通常构成了价格谈判的主体，是关系到价格谈判能否成功的主要方面。软件价格虽然不是价格的主体，但如果不注意的话，一旦失手，也会造成很大的损失，使硬件价格得到的好处在软件价格方面损失掉。

人们常常十分擅长对硬件实际价格的分析。谈判者会把对方的报价与供应商品的品质、数量、技术性能、交货时间等逐项分析，分清哪些是合理的，哪些是不合理的，然后在谈判桌上与对手进行一场轮番式的谈判，使价格变得合理精确。但人们常常会忽视软件价格的谈判。其实，软件价格在谈判中与硬件价格同样重要，作为谈判者万万不可掉以轻心。通常，软件价格是指与产品、工程、设备等有关的专利、专有技术、商标品牌、服务标记、版权等的价格。软件投资对于发展中国家来说很重要，也很必要。

决定软件价格的因素很多，因而软件价格往往有很大的弹性，谈判时一方面要注意软件价格本身的要求，另一方面可以通过世界工业所有权组织（WIPO）或专利事务所等机构来查询有关资料，对价格予以公正的确认。曾经有一家比较有名的外国公司来中国投资，建立合资企业，在谈判中提出要将其专利折成部分股份，我方谈判代表认真一查，发现那项专利的保护期限已过，从而避免了我方可能的损失。所以既要重视硬件价格，在谈判中把硬件价格作为一个重要的方面来对待，同时要善于进行软件价格的谈判，要注意影响软件价格的各种因素，在自己经验不足的情况下，要虚心请教专家或国际著名的咨询公司，力求正确地进行软件价格的谈判。

4. 固定价格与浮动价格

在国际商务活动中，人们进行的价格谈判多数是按固定价格来计算的。固定价格明确、简便、直观，便于谈判，但并不是所有的价格谈判都是围绕固定价格进行的，尤其是大型项目价格的确定，采用固定价格与浮动价格相结合的方式进行谈判就很有必要。对于大型项目而言，由于项目延续时间很长，有些设备要很晚才能供货，因此在项目开始时就确定这些设备的价格不太合适。因为经过一段时间后，各种原材料价格、工资、利率、汇率等因素都难以预料，要求即刻定下这些数据势必风险很大。大型项目工程的工期短则一二年，长则六七年，有不少设备到工程结束时才要用，如果单纯用固定价格就显得不太合理。而谈判者如果正确地选择固定价格与浮动价格相结合的计价方式，对中外双方来说，可以避免工期过长所带来的不确定因素和与此同时带来的风险。因此，在项目投资额比较大、建设周期比较长的情况下，要分清哪些设备可以用固定价格来计算，哪些设备要用浮动价格计算。如果为了图方便，一味要求对方用固定价格报价，就会使外商片面扩大那些不确定因素带来的风险，并把它们全部转移到固定价格中去，使整体价格上扬。

5. 综合价格与单项价格

在进行商务谈判时，还有一个问题需要引起注意，即进行引进项目谈判时，由于较多地注意引进的技术是否先进，以及较多地从我方承受能力的角度去分析价格能不能接受，并据此与对方进行整体的价格谈判，因此常常会出现双方互不让步的相持局面，甚至使谈判破裂。其实，引进技术的先进程度有个相对性的问题。有时从整体上看，技术并不是很先进，但其局部的技术很先进，并且是迫切需要的，这就需要把整个项目进行分解，进行逐一分析，不在总体上讨价还价，而与对方进行逐项的分析，指出哪些价格是合理的，哪些是不合理的，从而达到综合价格的合理化。这种灵活的谈判策略常常很有用。

【案例 3-9】

综合价格与单项价格①

1983 年，日本某电机公司出口其高压硅堆的全套生产线，其中技术转让费报价 2.4 亿日元，设备费 12.5 亿日元，包括备件、技术服务(培训与技术指导)费 0.09 亿日元。谈判开始后，营业部长松本先生解释：技术费是按获得技术后产生的获利提成计算出的。取数是生产 3 000 万支产品，10 年生产提成 10%，平均每支产品销价 4 日元。设备费按工序报价，清洗工序 1.9 亿日元；烧结工序 3.5 亿日元；切割分选工序 3.7 亿日元；封装工序 2.1 亿日元；打印包装工序 0.8 亿日元；技术服务费助和培训费，培训 12 人/月，250 万日元；技术指导人员费用 10 人/月，650 万元日元。

3.2.7 报价策略

在商品交易过程中，双方报价及以后的讨价还价(磋商)是商务谈判中最核心也是最关键的环节。报价和磋商中所涉及的交易条件直接关系到企业利益，所以双方采用什么样的价格策略进行磋商，直接影响着最后是否能够成交以及最后成交给企业带来的利益大小。

报价一般都是从己方最大利益出发的，主要有以下几种策略。

1. 先发制人

谈判进入报价阶段后，谈判人员面临的第一个问题就是由哪方首先提出报价。孰先孰后的问题，不仅仅是形式上的次序问题，也会对谈判过程的发展产生巨大影响。

如果己方谈判实力明显强于对方，或者处于有利地位，可以采取先发制人策略，先下手为强，首先提出报价，划定谈判基准，免得对方在价格上过分争论，拖延谈判时间。如果双方有着长期友好的合作关系，对产品价格状况相当了解，或者双方都是谈判的行家，此时报价的先后对谈判影响不大，也可以采取先发制人的策略。

2. 后发制人

优先报价的一方总会暴露出自己的意图和底线，使对方能够做出相应调整，或者使对方在磋商中迫使己方按照对方的思路走。尤其是己方处于劣势或不了解行情时，先报价是很不利的，后发制人也是一种有效策略。采取后报价的策略，通过听取对方的报价来了解行情，扩大己方的思路和视野。

3. 吊筑高台

罗杰·道森曾指出："优势谈判最主要的法则之一就是，在开始和对手谈判时，你所开出的条件一定要高出你的期望。"亨利·基辛格甚至说："谈判桌前的结果完全取决于你能在多大程度上抬高自己的要求。"吊筑高台策略也就是高报价，又叫欧式报价，指卖方提出一个高于己方实际要求的谈判起点，是含有较大虚头的高价，然后根据买卖双方的实力对比和具体的外部竞争状况进行讨价还价，给予各种优惠，在此基础上做出一定的让步，使买方感觉占了便宜。

① 资料来源：实用商务谈判案例分析及策略，http://www.xuexila.com/koucai/tanpan/583612.html.

一般情况下，卖方的起始报价应该是防御性的最高报价，在此基础上逐步降低价格。运作这种策略时，喊价要狠，让步要慢。凭借这种方法，谈判者一开始便可削弱对方的信心，同时还能趁机考验对方的实力并确定对方的立场。

【案例 3-10】

23 条谈判要求[①]

一位来自得克萨斯州阿马里洛的律师约翰·布罗德富代表自己的客户谈判购买一处不动产，虽然一切都很顺利，可是他想："我试试看我的这个方法是否有效。"于是他拟出了一份文件，向卖方提出了 23 条要求，其中的一些要求显然十分荒唐。他相信，只要卖方一看到这份文件，立刻就会拒绝其中至少一半的条件。可是让他大为吃惊的是，他发现对方居然只对其中的一条表示出了强烈反对。即便如此，约翰还是没有欣然答应，他坚持了几天时间，直到最后才不情愿地答应了。虽然约翰只是放弃了这 23 个条件中的一个，卖方还是觉得自己赢得了这场谈判。有时候我们不知道对手对报价的接受程度，高报价一方面可以试探对手的底线，为我们争取更多的利益，另一方面可以在一定程度上影响对手心理，使其降低要求。

4. 抛放低球

抛放低球是一种低报价的策略，又叫日式报价，是事先提出一个低于己方实际要求的谈判起点，以让利来吸引对方，通过低价击败同类竞争对手，引诱对方与己方谈判。

卖方使用此策略时，会先给出最低报价，将最低价格列在价格表上，引起买方的兴趣。由于这种价格一般以卖方最有利的结算条件为前提，往往不能满足买方的需要，如果买方要求改变有关条件，卖方就会相应地提高价格。低报价一方面可以排斥竞争对手，吸引买方，另一方面当其他卖方败下阵时，这时买方原有的优势不复存在，想要达到一定的需求，只好任卖方一点点把价格抬高才能实现。

这种低报价策略有时候由买方给出，买方提出自己所能接受的价格底线，或者通过给出较高的价格率先得到谈判的机会，避免竞争对手的加入。但一般情况下最后的成交价格往往高于买方的最低价格。

较低的价格并不意味着卖方放弃对高利润的追求，而是诱惑对方、引起对方注意和兴趣的手段。抛放低球实际上与吊筑高台殊途同归，两者只有形式上的不同，而没有实质性的区别。一般而言，抛放低球有利于竞争，吊筑高台则比较符合人们的价格心理，多数人习惯于价格由高到低、逐步下降，而不是相反的变动趋势。

5. 化整为零

化整为零是把一个整体分成许多零散部分。商务谈判中化整为零报价法是指谈判的一方在整体项目不好谈的情况下，将其项目分成若干块，分块议价的方法。

化整为零有时候采取加法报价法，在报价的时候有时怕报高价会吓跑客户，于是不一次性提出所有要求或说出总的价格，而是把要求分几次提出，或者把产品进行分解，说出每件产品的价格。经分解的要求往往被认为容易接受。有时采取减法报价法，在提出总的价格后把总体进行分解，一一说明。有时也可以采取除法报价，也就是报出自己的总要求，然后根据某种

---

① 资料来源：http://www.doc88.com/p-093910061499.html.

参数(时间、用途等)将价格分解成最小单价的价格,使买方觉得报价不高,可以接受。例如,保险公司为动员液化石油气用户参加保险,宣传说,参加液化气保险,每天只交保险费1元,若遇到事故,则可得到高达1万元的保险赔偿金。

【案例3-11】

化整为零法的运用①

韩国A公司出国订购商品,他们找到该国最大的厂商B公司询价。B公司开价350美元/台,这一报价基本挨近A公司所把握的世界市场价钱。A公司提出再优惠一点,对方赞同345美元/台,但说这已是最低价了。A公司讨价340美元/台,通过一段时间的商量,对方同意了。随后,A公司又表明,期望添加数量再进一步降价。又通过一番的洽谈,对方赞同了A公司的需求。在本来1 000台添加到1 500台的基础上,以338美元/台的价钱成交。在谈判中A公司发现,对方倾向于用日元买卖。所以,A公司表明最好用美元成交,若是用日元成交,只能按其时汇率以335美元/台的价钱折算成日元,由于其时美元有跌落趋势。对方对此表明了解和赞同。接着A公司又提出期望能把本来的CIF条款改为FOB,即由A公司担任租船订舱和处理投保事务,运费另算。对此,对方没有表明贰言。最终A公司表明要见票后120天付款的远期信用证付款。在经过双方洽谈后,对方赞同以见票后60天付款的远期信用证付款。成交后,A公司核算下来实际的价格不到330美元/台。

在这个事例中,韩国A公司采用了化整为零的办法,分次提出令对方难以回绝的小需求,在数量、币种、交易术语、付款方法上做文章,降低谈判难度,逐渐完成了谈判。

知识链接

化整为零的方法在生活中也十分常见。例如,有些玩具生产商生产的儿童系列玩具,包含了不同主题或不同类型的产品,引导儿童去收集,每一件玩具的价格看上去并不高,但如果计算下来,集齐所有系列的全套产品,需要花费不菲的价格。如时下流行的超级飞侠系列小玩偶,由一系列不同造型不同名字的超级飞侠组成,每一个的价格是30元左右,但儿童买了一个玩了一段时间,就又想要另外一个,不知不觉中就集齐了系列中的所有产品,家长也因此在不知不觉中支付了几百元。

3.3 商务谈判的磋商

谈判双方报价之后,商务谈判进入了实质性内容谈判的阶段,也就是磋商阶段。它是商务谈判的中心环节,也是在整个过程中占时间比重最大的阶段。磋商是指谈判双方面对面讨论、说理、讨价还价的过程,包括诸如价格解释与评论、讨价、还价、让步、小结等多个阶段。

3.3.1 磋商的准则

磋商各阶段有其特有的技巧和准则,同时磋商作为一个总的过程,也有其准则。一般而

① 资料来源:商务谈判的案例分析,http://www.n.bcnj.cn/view.asp? id=1842.

言,磋商的准则有条理、客观、礼节、进取和重复。

1. 条理准则

条理准则,即磋商过程中的议题有序、表述立场有理、论证方式易于理解的原则。条理准则包含逻辑次序和言出有理两个部分。

2. 客观准则

客观准则是指磋商条件过程说理与要求具有一定的实际性。只有具备实际性的说理才具有说服人的效果,只有符合实际的要求才会有回报的可能。

3. 礼节准则

谈判磋商既是争论也是协商,在激烈争论的同时,应有相互尊重、谅解妥协。这就要求谈判者保持礼貌的行为准则,这一准则要求严于律己、尊重对方、松紧自如,且贯彻始终。

4. 进取准则

进取准则是顽强争取与己有利的条件,千方百计说服对方接受自己条件的精神与行为。进取准则主要体现在两个方面:高目标与不满足。

5. 重复准则

重复准则是指在磋商中对某个议题和论据反复应用的行动准则。磋商中不要怕重复,重复是深入谈判的准备。

3.3.2　讨　价

所谓讨价,是指谈判中卖方或买方报价并进行价格解释后,买方(或卖方)认为离自己的期望目标太远或不符合自己的期望目标,在对其价格评论的基础上要求对方改善报价的行为。本质上讲,讨价就是否决对方报价的行为。

所谓价格解释,是指卖方就其商品特点及其报价的价值基础、行情依据、计算方式等所做的介绍、说明或解答。通过价格解释,买方可以了解卖方报价的实质、态势及其诚意,卖方可以充分利用这一机会说明己方报价的合理性及诚意,因此双方对此均应重视。而价格评论则是指买方对卖方所报价格及其解释的评析和论述。

1. 卖方做价格解释时应遵循的原则

① 不问不答。买方不主动问就不回答,买方未问就不回答。

② 有问必答。对于买方所提出的问题要回答,并且要很流畅。

③ 避实就虚。回答问题、提供的资料应该以好讲的为主,不好讲的部分、利润高的部分为次。

④ 能言勿书。能用口头表达的解释不用文字书写,实在要写,写在黑板上,纸上写粗不写细。

2. 买方讨价前的准备

① 要明确对方为什么如此报价,对方的真正期望和意图是什么。

② 要研究对方报价中,哪些是他必须得到的,哪些是他希望得到但不是非得到不可的,哪些是比较次要的,而这些又恰恰是诱导己方让步的筹码。

③ 要注意观察对方的言谈举止和神情姿态,弄清对方所说的与他的期望是否一致,以此来推测他的报价是否可靠。

④ 要对谈判形势进行判断,分析己方讨价的实力,了解怎样才能使对方利益得到满足而同时又能得到己方的利益。

⑤ 根据对方报价的内容和己方所掌握的比价材料，推算出对方的虚价所在及大小，以便采取相应的对策。

3. 讨价的原则

(1) 尊重对方，以理服人

谈判人员进行讨价和对对方的报价进行评论时，要本着尊重对方和以理服人的原则。讨价是还价的准备，是诱导对方主动降价，不是强压对方降价，态度强硬、无视对方感受的讨价，容易使谈判过早地陷入僵局。另外，讨价时要注意指出对方价格不合理之处，说明己方讨价的理由，使对方心服口服。

(2) 随时观察，掌握次数

讨价时，谈判人员要注意观察对方的反应，推测其对己方的要求是否愿意考虑。根据对方报价虚头的大小、价格改善的情况、卖方的权限、卖方成交的决心、双方关系的好坏来决定讨价的次数。

4. 讨价的方法

(1) 全面讨价

当卖方报价并且对其报价进行解释和说明后，如果买方认为卖方报价很不合理并且离自己的期望太远时，可以要求卖方从整体上重新报价。同时要注意，对于总体重新报价，买方也要要求卖方按细目表重新报价，不能只是降百分之多少或多少万美元，而是要把调价反映在具体项目上。例如，在谈判对手报价之后，可以说："贵方的这些交易条件离我们的期望值相差太远，这样的话没有可能达成交易，您看可不可以再重新调整一下报价？"

(2) 针对性讨价

如果买方对卖方的报价基本肯定，那么可以要求卖方先就某些明显不合理的部分重新报价，即对水分最大的部分先降价，此时买方的讨价是具有针对性的。但对总体价格并未确定，而是留作最后定价时谈判。例如，在对方已经改善了交易条件之后，可以说："对于贵方说的交货期限，考虑到最近货源紧张，能不能往后推迟一下？"

3.3.3 还　价

所谓还价，是指卖方在听了买方的价格评论后修改了报价或未修改报价，要买方说出他希望成交的价格，即买方以数字或文字描述回答卖方的要求。

1. 还价前的准备

(1) 明确对方的报价内容

还价前一定要搞清楚对方的报价内容，为此可以向对方提出必要的问题，也可以把自己对对方报价的理解进行归纳总结并加以复述，以检验双方的理解是否一致。

(2) 确定适当的还价起点

还价起点是指第一次还价的价位。以什么样的条件作为第一还价起点是非常重要的，过高的还价起点等于把利益拱手送给对方，而过低的还价起点则可能让对方失去谈判热情。所以，确定还价的起点要考虑交易物的客观价格，并照顾对方的态度。

(3) 把握还价的次数和时机

一般来说，还价次数取决于谈判双方预定的成交价格的差距以及讨价还价的难易程度。如果价格差距较大，而且对方报价"水分大"，那还价次数就准备得多一些，以便层层挤压对方，获得最大利益；反之，如果价格差距较小，而且对方报价"水分小"，那么还价次数也要减少，以便在较短的时间内达成合作。谈判的情况不同，还价的时机也不同。一般来说，还价的最佳时机应该是在对方对报价做了两三次更改之后。

2. 还价的方式

（1）逐项还价

逐项还价即对谈判中涉及的主要项目逐一还价。例如，可以对主要设备逐台还价，或对每个项目，如技术费、培训费、技术指导费、工程设计费、资料费等一一还价。

（2）分组还价

分组还价即根据价格分析中得出的价格差距的档次进行分别还价。对差价大的价格，还价时压得多，以区别对待、实事求是。

（3）总体还价

总体还价也称一揽子还价，是把谈判的各项条件集中在一起还一个总价。

究竟采取哪种还价方式，应根据商务谈判中具体的情况而定，绝不能不加分析、生搬硬套。

3.3.4　讨价还价

磋商过程就是商务谈判双方讨价还价、相互让步的过程，这个过程也是商务谈判中最困难、最紧张，同时也是最精彩和最激烈的过程。

1. 讨价还价的概念

讨价还价有狭义和广义之分，狭义的讨价还价是指买卖双方为确定商品的成交价格而进行的争论。广义的讨价还价是指在谈判中的讲条件。

讨价还价，又称协议定价，指的是在交易过程中，交易双方轮流出价，就标的物的价格进行协商谈判，寻求双方都能接受的均衡价格的行为。在现实生活中，讨价还价也是一种十分常见的经济行为，小到集贸市场上的农产品买卖，大到国家间加入 WTO 的谈判，都可以看到讨价还价的过程。讨价还价的本质是交易双方对利益分配进行的谈判，所以可以将讨价还价的方法引入到谈判中，实际上就是谈判双方对各自利益进行谈判的过程。

狭义和广义的讨价还价的区别在于：

① 讨价还价的主体不同：狭义的讨价还价仅仅是买卖双方的事情，而广义的既可以是买卖双方的讨价还价，也可以是老板与雇工之间、上司与部下之间、同事之间的谈判；

② 讨价还价的内容不同：狭义的讨价还价仅仅指双方对价格问题的争议，而广义的讨价还价还可以指价格以外的事情，如商务谈判、政治谈判、招聘谈判等；

③ 讨价还价双方关系不同：在狭义的讨价还价中，买卖双方的利益一般是相互对抗或矛盾的，一方获利多，另一方获利必然会减少；而在广义讨价还价中，双方的利益可以是一致的，为了实现共同的目标，双方在一定条件下应互惠互利。

知识链接

良好的心理素质对讨价还价成功的意义

谈判实质上是人们彼此交换思想的活动，而思想则是人们心理活动的反映和结果。谈判的心理，是谈判者在讨价还价过程中对于各种客观条件、现象的主观能动的反映。

讨价还价归根结底是人的智慧、胆量、才气的较量。良好的心理素质对讨价还价的成功起着至关重要的作用。良好心理素质的标志表现在以下几个方面。

① 斗志昂扬：性格外向，忠诚于事业。

② 意志顽强：需要旺盛的精力和顽强的意志。

③ 处事不惊：威而不怒，以不变应万变。

④ 形为内用：要求谈判人员做到不喜形于色，不感情用事。

2. 讨价还价的作用

讨价还价是谈判过程中的一个重要环节，人们的各种需要（特别是信任的需要）都是通过讨价还价的谈判过程来实现的。也就是说，利益的需要可借谈判结果来满足，而信任的需要和人格的需要则主要是借谈判过程（谈判者的态度和语言）来满足。所以，在谈判过程中一般不能缺少讨价还价，否则会引起谈判者的不良情绪（想法、心态）。

3.3.5 讨价还价的注意事项

① 努力争取在接近卖方底价（尽管仍然不知道）的价位上达成交易。买方可尝试通过提供极端的报价和很小的让步来影响卖方对成交价位的期望并最终影响成交价位。

② 通过影响卖方对所卖商品或服务价值的信念，使卖方改变他的底价。买方可尝试采用让对手信服的方法（如市场调研的资料）使对方自行降低他的底价。

③ 如果双方的底价不存在重合区，那就需要让卖方降低他的底价，劝服卖方接受一个较低的价格。

④ 设法让对方认为这个解决方案是可能达到的最好结果，这是他所能得到的全部，他无法得到更多。要让对方感觉到他们获得了最佳的谈判结果。

【案例 3-12】

出售汽车①

一位男士打算以 12 000 美元的价格出售他的汽车。一位女士说她愿意出价 11 500 美元，条件是她得把车开到她的机械师那儿让他检查，确保这辆车没有故障。女士把车开到机械师那儿，机械师用电脑打印了一份检查报告，列出了需 1 500 美元才能修理好的故障项目。女士带着那份报告回来提出只愿意出价 1 万美元。在这种情形下，卖方根据不同的目标有多种反制策略可以使用。如果他确信早晚会有愿意出高价的买家出现，他可以这样回答："11 500 美元是我能接受的最低价。"其次，他可以质疑机械师的检查结果。如果机械师的检查报告上说刹车坏了，卖方可以亲自去检查一下看看检查报告是否属实。如果卖方自己的检查结果表明刹车还够行驶 1 万英里，那么他就有了更大的谈判空间。他可以把价格稍稍下调一点，让出部分或者全部的刹车修理费用；或者他可以坚持原来的价格，并解释说："我之所以把车价定得这么低，是因为我知道这辆车需要进行小小的修理，我在出价的时候已经把修理的费用考虑进去了。"最后，卖方可以考虑请教自己的专家，他可以把车开到另一位机械师那里验证一下买家的机械师所列出的每一项需要修理的故障项目是否都精确无误。只要买家的机械师在其中任何一项上有误，那么买家的策略就失效了。

① 资料来源：经典谈判案例集锦，http://www.360doc.com/content/12/0303/15/7006058_191355683.shtml.

3.3.6 讨价还价策略

磋商的过程就是讨价还价的过程，通常来说是一个重复多次的概念和过程。讨价还价一般有以下策略。

1. 吹毛求疵

吹毛求疵是在商务谈判中，针对对方的产品或相关问题再三故意挑剔，使对方的信心降低，从而做出让步的策略。这是在价格磋商中，还价者为给自己找理由，也为了向对方表明自己是精明的内行者而采取的策略。

该策略使用的关键点在于提出的挑剔问题应把握分寸、恰到好处，对提出的问题和要求要实事求是，不能过于苛刻。如果把针眼大的毛病说成比鸡蛋还大，很容易引起对方的反感，使对方认为己方没有合作的诚意。同时，提出的问题一定是对方商品中确实存在的，而不能无中生有。吹毛求疵策略将使谈判者在交易时充分地争取到讨价还价的余地。国外谈判学家的实验表明，假如其中一方用这种“吹毛求疵”的方法向对方讨价还价，提出的要求越多，得到的也就越多；提出的要求越高，结果也就越好。商务交易中的大量事实表明，“吹毛求疵”不仅是可行的，而且是富有成效的，它可以动摇卖方信心，迫使卖方接受买方还价。

【案例 3-13】

罗伯斯的谈判艺术①

美国谈判学家罗伯斯(以下简称“罗”)有一次去买冰箱。营业员(以下简称“营”)指着罗伯斯要的那种冰箱说：“259.5 美元一台。”接着罗伯斯导演了一台精彩的“喜剧”。

罗：这种型号的冰箱一共有多少种颜色？

营：共有 32 种颜色。

罗：能看看样品本吗？

营：当然可以！(说着立即拿来了样品本。)

罗(边看边问)：你们店里的现货中有多少种颜色？

营：现有 22 种。请问您要哪一种？

罗(指着样品本上有但店里没有的颜色)：这种颜色同我厨房的墙壁颜色相配！

营：很抱歉，这种颜色现在没有。

罗：其他颜色与我厨房的颜色都不协调。颜色不好，价钱还这么高，你要不便宜一点的话，我就要去其他的商店了，我想别的商店会有我要的颜色。

营：好吧，便宜一点就是了。

罗：可这台冰箱有些小毛病！你看这里。

营：我看不出什么。

罗：什么？这一点毛病尽管小，可是冰箱外表有毛病通常不都要打点儿折扣吗？

营：好吧……

罗(又打开冰箱门，看了一会儿)：这冰箱带有制冰器吗？

营：有！这个制冰器每天 24 小时为您制冰块，1 小时才 3 美分电费。(他认为罗伯斯对这制冰器感兴趣)

① 资料来源：潘肖珏，谢承志. 商务谈判与沟通技巧，上海：复旦大学出版社，2006.

罗：这可太糟糕了！我的孩子有轻微哮喘病，医生说他绝对不可以吃冰块。你能帮我把它拆下来吗？

营：制冰器没办法拆下来，它和整个制冷系统连在一起。

罗：可是这个制冰器对我根本没用！现在我要花钱把它买下来，将来还要为它付电费，这太不合理了！……当然，假如价格可以再降低一点的话……

结果，罗伯斯以相当低的价格——不到200美元买下了他十分中意的冰箱。实际上，罗伯斯对这台冰箱非常满意，颜色他很喜欢，他孩子也没有哮喘的毛病，但是他通过吹毛求疵争取到了最低的价格。

2. 沉默是金

沉默是金一般是指不言不语、惜字如金，但是，沉默并不等于无言，它是一种积蓄、酝酿，以等待爆发的过程。

任何谈判都要注意实效，要求能够在有限的时间内取得各自的利益。有时谈判者口若悬河、妙语连珠，以绝对优势压倒对方，但谈判结果却不一定令人满意，相反说话较少的一方反而获得最多的收益。言多必失，说话多了可能让对方找出己方谈话的漏洞予以攻击，或者无意中透露出不该透露的信息，过早显示己方底牌。沉默不仅能够迫使对方让步，还能最大限度掩饰自己的底牌。所以，在没弄清对方的意图前不要轻易地表态。

在谈判中，如果遇到难缠的对手可以适当运用沉默是金的策略。如果对方提出过分的条件或价格时，沉默可以给对方施加压力，让对方感觉到己方对其报价的不满，为了防止谈判破裂而反思自己的条件，从而做出一些让步。在谈判僵局中，往往先开口的一方是做出让步的一方。

【案例3-14】

采购冰箱①

去年我们购买了一台冰箱。为了更好地了解行情，我们走了六家不同的商店，看了三种不同的冰箱品牌。大概看了三家之后，我们逐渐意识到我们关于这些型号冰箱的知识已经超过了给我们进行讲解的营业员。但问题是，如果我们表现得过于内行的话，会吓住营业员，他们就会对我们提高戒备，这样不利于我们讨价还价。于是，我们便使用“沉默是金”这一策略。我们不告诉营业员我们已经看过好几家店，而是跟他们说我们以前从来都没有买过冰箱。最后，在第六家店里，当营业员向我们讲解完后，我们就选中了自己在别的店里早就看中了的那一款，并对他说如果他能够以950美元的价格卖给我们的话，我们就不再去其他店里看了，而且当时就用现金付清。其实，我们还的这个价格比其他店要的最低价少了135美元，比这位营业员的要价也低了70美元。那位营业员最后是这样回答的：“950美元的价格我实在卖不了，980美元怎么样？”我们答应买了，因为和其他地方比，这个价还是很低的。因此，在每一次谈判中都要保持警惕，因为你向对方提供的任何信息都可能反被对方利用。

① 资料来源：经典谈判案例集锦，http://www.360doc.com/content/12/0303/15/7006058_191355683.shtml.

3. 浑水摸鱼

一般情况下，事情越简单就越容易处理。但在谈判过程中，有些人反其道而行之，故意将简单的事情复杂化，把许多不相干的事情混杂在一起，使对方穷于应对、疲于奔命，从而迫使对方不得不屈服。这就是浑水摸鱼策略。

浑水摸鱼策略要选好时机，一般在对方身体或精神处于薄弱状态时使用，如深夜时的洽谈。当谈判者经历一整天激烈的谈判后，身体和精神都十分疲劳，一旦一方故意扰乱正常谈判秩序，把许多问题一股脑儿提出来，实行疲劳轰炸，必然会有一些人无法集中精力，不能保持清醒的头脑，很容易在昏昏沉沉的状态下接受不太合理的条件。情绪爆发时也是运用浑水摸鱼策略的好时机。心理学表明，当有人突然发怒，他人很可能出现恐惧、反思等心理。所以谈判时，有人会在突然发怒时扯出很多问题使对方迷惑、妥协，或者故意发怒而使对方反思是不是自己做得太过分了，从而使对方由于怕局势失控而做出让步。

4. 穷追不舍

谈判是一项艰巨的工作，双方都会尽力为己方争取利益。但是一方利益的获取意味着另一方利益的丢失，所以在讨价还价中一定要有耐心、有恒心、有自信，要有顽强、穷追不舍和不达目的誓不罢休的精神。只有迎难而上，才能在充满竞争性和对抗性的谈判中获取更多的利益。

5. 最后通牒

最后通牒是向对方施加压力的手段，在商务谈判中一般指谈判一方锁定一个最后条件，给对方一个最后价格或期限，如果对方不同意就一拍两散，结束谈判。谈判中的“最后通牒”策略有两种情况：一是利用最后期限，即谈判的结束时间。为了逼迫对方让步，己方可以向对方发出“最后通牒”，即如果对方在这个期限内不接受己方的交易条件并达成协议，则己方就宣布谈判破裂而退出谈判。二是面对态度强硬或不明朗的谈判对手，以强硬的口头或书面语言向对方最后提出一次必须接受的条件，否则将退出谈判或取消谈判。

运用最后通牒策略必须注意谈判者一定是处于一个强有力的地位，要出其不意、攻其不备，在最后阶段或最后的关键时刻才使用。另外，最后价格、建议在对方的接受范围之内，而且具体明确、毫不含糊、坚定有力、不露声色，不让对方存有任何幻想。这样，对方为谈判花费了大量人力、物力、财力和时间，如果不接受不但不能得到合作利益，前期谈判的成本也将付诸东流，所以不得不妥协。

【案例 3 - 15】

真假机票①

意大利某公司与中国某公司谈判出售某项技术，由于谈判已进行了一周，但仍进展缓慢，于是意方代表罗尼先生在前一天做了一次发问后告诉中方代表李先生，他还有两天时间可谈判，希望中方配合在次日拿出新的方案来。次日上午中方李先生在分析的基础上拿出了一个方案，比中方原要求（意方降价 40%）改善 5%（要求意方降价 35%）。意方罗尼先生说：“李先生，我已降了两次价，一共 15%，还要再降 35%，这实在困难。”双方相互评论解释一阵后，建议休会到下午 2:00 再谈。下午复会后，意方先要中方报新的条件，李先生将其定价的甚础和理由向意方做了解释并再次要求意方考虑其要求。罗尼先生又

① 资料来源：经典谈判案例集锦，http://www.360doc.com/content/12/0303/15/7006058_191355683.shtml.

讲了一遍其努力，讲中方要求太高。谈判到下午4：00时，罗尼先生说："我为表示诚意，向中方拿出最后的价格，请中方考虑，最迟明天12：00以前告诉我是否接受。若不接受我就乘下午2：30的飞机回国。"说着把机票从包里抽出在李先生面前晃了一下。中方把意方的条件理清后，(意方再降5%)表示仍有困难，但可以研究。谈判即结束，中方研究意方价格后认为还差15%，但能不能再压价呢？明天怎么谈？李先生一方面与领导汇报，与助手、项目单位商量对策，一方面派人查询明天下午2：30是否有去意大利的航班。结果该日下午2：30没有去欧洲的飞机，李先生认为意方的最后还价、机票是演戏，判定意方可能还有降价的空间。于是在次日10点给意方去了电话，表示："意方的努力，中方很赞赏，但双方距离仍存在，需要双方进一步努力。作为响应，中方可以在意方改善的基础上，再降5%，即从30%，降到25%。"意方听到中方有改进的意见后，没有走。只是认为中方要求仍太高。

该例反映意方通过"最后通牒"策略压制中方价格欲望，使自己在不错的条件下拿到合同。但意方也有缺陷，"机票"显示的航班不实，被中方抓住了破绽，又失去了部分策略效力。

3.3.7 让步策略

让步是商务谈判中的普遍现象，可以说只要有商务谈判存在，就有让步行动，没有让步，谈判各方无法达成任何协议，其需要也就无法得到满足，商务谈判也就没有任何意义了。商务谈判人员要掌握合理的让步策略和方法，才能既赢得谈判，又赢得尊重。

1. 让步的基本原则

(1) 让步的目标要明确

让步不是目的，而是实现目的的手段。任何偏离目标的让步都是一种浪费。让步要定量化，每次让步后，都要明确让步已到何种程度、是否获得了预想的效果。

(2) 让步要选择恰当的时机

让步的时机会影响谈判的效果。如果让步过早，会使对方以为是"顺带"得到的小让步，使对方得寸进尺；如果让步过晚，除非让步的价值非常大，否则将失去应有的作用。一般而言，主要的让步应在成交期之前，以便影响成交机会，而次要的、象征性的让步可以放在最后时刻，作为最后的"甜头"。

(3) 不做无谓的让步

在商务谈判中，让步有时是为了表达一种诚意，有时是为了谋取主动权，有时是为了迫使对方也做出相应的让步。绝对不能以让步作为赢得对方好感的手段，也就是说不要做消极的让步，而要做积极的让步。

(4) 让步要分轻重缓急

让步是一种有分寸的行为，不可"眉毛胡子一把抓"。有经验的谈判人员为了争取主动、保留余地，一般不首先在原则问题、重大问题上让步，也不急于在对方尚未迫切要求的事项上让步。

(5) 让步要控制次数、频率和幅度

一般认为，让步次数不宜过多，过多不仅意味着利益损失大，而且影响谈判的信誉、诚意和效率；频率也不可过快，过快容易鼓舞对方的斗志和士气；幅度更不可过大，过大可能会使对方感到己方报价的“虚头”大，会使对方的进攻欲望更强、程度更猛。让步应做到步步为营。

(6) 必须让对方觉得己方每次让步都是重大让步

即使做出的让步对己方损失不大，是微小的让步，也要使对方觉得让步来之不易，从而珍惜得到的让步。

2. 让步的方式

在商务谈判中，让步受到交易物特性、市场需求状况、谈判策略等一系列的影响，谈判人员应该认真考虑实际情况，灵活选择让步方式。

假设在一场商务谈判中，卖主预计让步的总额为 100 元，让步 4 次。共有 8 种不同的让步方式，如表 3-1 所列。

表 3-1　八种不同的让步方式

单位：元

序　号	预定让步值	第一步	第二步	第三步	第四步
1	100	0	0	0	100
2	100	25	25	25	25
3	100	13	22	28	37
4	100	37	28	22	13
5	100	43	33	20	4
6	100	80	18	0	2
7	100	83	17	−1	+1
8	100	100	0	0	0

注：表格中的数字只是约数，仅供读者参考。

第 1 种让步方式的特点是在谈判的起初阶段态度强硬、丝毫不让步，到最后一期让出全部利益。该方式在开始时给人一种没有商量余地的感觉，如若买方觉得卖方没有谈判诚意，有可能会使谈判破裂，所以具有较大的风险性。

第 2 种让步方式的特点是等额让步，每次 25 元。该方式让步平稳、持久，步步为营，不会轻易让买主占了便宜。但这种让步方式容易刺激对方的欲望，期待更进一步的让步。如果卖主坚持不再让步，买主就会失望，容易导致谈判破裂。

第 3 种让步方式的特点是每次的让步幅度都比前一步的让步幅度更大，是递增式让步。这种让步方式有很大吸引力，给买方一种诱惑力，但容易使买方的期望值增大，对卖主极为不利。

第 4 种让步方式的特点是每次的让步幅度都比前一步的让步幅度小，是递减式让步。这种让步方式比较自然、坦率，显示出卖主立场越来越坚定，一步一步收缩自己的让步幅度，告诉对方自己的利益空间越来越小，让对方不再有不切实际的幻想。这是商务谈判中最常用的一种让步方式。

第 5 种让步方式的特点是表示出强烈的妥协意愿。前面让步的幅度较大，有提高买主期望值的危险，但后面随着让步幅度的减小，卖主走向了一个坚定的立场，聪明的买主便会领悟出，更进一步的让步已经是不可能的了。

第 6 种让步方式的特点是大幅度递减。这种让步方式很危险，因为一开始就让大步，就会大幅度提高买主的期望值。但是第三期的拒绝让步和最后一期的小小的让步，会抵销这个效果，也让买主知道，更进一步的讨论是徒劳的。

第 7 种让步方式的特点是大幅度递减又有价格反弹。第三期设一个加价，暗示前两次让步已经过分,表现出卖主更坚定的立场。第四期为了表示诚意,去掉加价,可以让买主有多得一份优惠的感觉,会非常满意。

第 8 种让步方式的特点是开始就一次性让出全部的利益。卖主一开始就让出底牌,让出全部利益以打动买主,但会导致买主期望值过高,继续讨价还价,如果卖主不再降价,就会有谈判破裂的危险。

以上各种让步方式各有自己的特点,商务谈判人员要根据实际情况选择合适的让步方式,取得理想的谈判结果。

3. 让步的策略

(1) 以退为进

有时,一时的退让可能带来意想不到的结果。以退为进策略就是在谈判中做出一些实际的退让来达成进一步的目的。所谓"失之东隅收之桑榆",当一方在某一方面做出退让后,另一方也就不好意思在其他方面咄咄逼人了。暂时的退是为了长远的进,一方面的退是为了其他方面的进。退是手段,进才是目的。以退为进的要点在于全局的观念,不能因小失大、鼠目寸光。在商务谈判中,经验丰富的谈判者往往可以把握大局、纵观长远。

(2) 软硬兼施

软硬兼施又称红脸白脸策略,是指在商务谈判过程中,利用谈判者既想与对方合作,但又不愿与有恶感的对方人员打交道的心理,以两个人分别扮演"红脸"和"白脸"的角色,诱导谈判对手妥协的一种策略。红脸白脸策略中,"红脸"是温和派,从中协调;"白脸"是强硬派,态度坚决。有时也可能是同一个人时而红脸时而白脸。

通常,在让步时负责"白脸"的辅谈要价狠、言辞犀利,不断强调己方的难处,提出有利于己方的建议,并且寸步不让;负责"红脸"的主谈把握火候,安抚对手,做出一定的让步,尽力撮合双方的协作。这样一方面对手了解了我方的难处,认为我方已经做出了很大的让步,不至于提出过分的要求,另一方面会担心"白脸"再次提出新的意见影响"红脸"做出的让步。

(3) 情绪爆发

人们总是希望在和谐、轻松、没有对立的环境中工作和生活,当面临突然的冲突时就会惊慌失措,不知如何是好。多数情况下人们会选择妥协、退却,尽量回避矛盾和冲突。情绪爆发策略正是对上述情景的利用。情绪爆发就是谈判者突然爆发出激烈的情绪,威慑和影响对手,从而迫使对方做出让步。

情绪爆发一般有情不自禁的爆发和有意识的爆发两种。当对方行为或态度引起我方愤怒或反感时,会产生自然的情绪爆发。有时为了迫使对方妥协,谈判者会借由当时的情景和气氛,把握时机有目的地大发脾气,严厉斥责对方,这样就会使对方在突然的情绪冲击下手足无措,动摇自己的信心和立场,有可能会反思自己的行为,从而重新调整自己的谈判方针和目标,做出一定的让步。运用此策略要注意把握时机和态度,不能让对方看出漏洞。情绪爆发过于平和起不到震慑对方的作用,过于激烈又会让对方感到小题大做,失去真实感,或者使谈判破裂、无法修复。

(4) 欲擒故纵

欲擒故纵策略是一种常用的谋略和技巧,是指在谈判中的一方虽然想做成某笔交易,却装出满不在乎的样子,将自己的急切心情掩盖起来,似乎只是为了满足对方的需求而来谈判,使对方急于谈判、主动让步,从而实现先"纵"后"擒"的目的的策略。"纵"是假,是手段,"擒"是真,是目的。

当对方拒绝合作或提出苛刻的条件时，双方很容易陷入僵局。这时一方可以表现出不慌不忙、不予回应，或者主动放弃进一步谈判或者合作的意图，这样对方由于怕失去合作的机会就会降低姿态来妥协和让步。

这一策略中，要注意使自己的态度保持在不冷不热、不紧不慢的状态。例如，在日程安排上，不是非常急迫，主要顺从对方。在对方态度强硬时，让其表演，不慌不忙，不给对方以回应，让对方摸不着头脑，制造心理战术。策略运用的关键在于掌握好“纵”的度，“纵”不是消极的纵，而是积极、有序的纵，通过“纵”激起对方迫切成交的欲望而降低其谈判的筹码，达到“擒”的目的。

（5）制造竞争

制造竞争是指暗示或透露给对方己方有其他谈判对象，表明自己的谈判余地很大，使对方感受到压力，从而迫使对方让步。当己方实际上没有其他谈判对象时，也可以为对方虚构一个竞争对手，甚至可以虚构其他谈判对象的谈判条件，以此作为要价的筹码。只要不被对方识破，都可以起到削弱对方谈判地位的作用。

【案例 3－16】

谈判中的竞争[①]

美国有位谈判专家想在家中建个游泳池，建筑设计的要求非常简单：长 30 英尺，宽 15 英尺，有温水过滤设备，并且在 5 月 1 日前做好。谈判家对游泳池的造价及建筑质量方面是个外行，但这难不倒他。在极短的时间内，他不仅使自己从外行变成了内行，而且还找到了质量好价钱也便宜的建造者。

谈判专家先在报纸上登了个想要建造游泳池的广告，具体写明了建造要求，结果有 A、B、C 三位承包商来投标，他们都拿给他承包的标单，里面有各项工程的费用及总费用。谈判专家仔细地看了这三张标单，发现所提供的温水设备、过滤网、抽水设备、设计和付款条件都不一样，总费用也有差距。

接下来的事情是约这三位承包商来他家里商谈，第一个约好早上 9 点钟，第二个约定 9 点 15 分，第三个则约在 9 点 30 分。第二天，三位承包商如约而来，他们都没有得到主人的马上接见，只得坐在客厅里彼此交谈着等候。

10 点种的时候，主人出来请第一个承包商 A 先生到书房去商谈。A 先生一进门就宣称他的游泳池一向是造得最好的，好的游泳池的设计标准和建造要求他都符合，顺便还告诉主人 B 先生通常使用陈旧的过滤网，而 C 先生曾经丢下许多未完的工程，并且他现在正处于破产的边缘。接着又换了 B 先生进行，从他那里又了解到其他人所提供的水管都是塑胶管，他所提供的才是真正的铜管。C 先生告诉主人的是，其他人所使用的过滤网都是品质低劣的，并且往往不能彻底做完，拿到钱之后就不管了，而他则是绝对做到保质保量。

谈判专家通过静静地倾听和旁敲侧击的提问，基本上弄清了游泳池的建筑设计要求及三位承包商的基本情况，发现 C 先生的价格最低，而 B 先生的建筑设计质量最好。最后他选中了 B 先生来建造游泳池，而只给 C 先生的价钱。经过一番讨价还价之后，谈判终于达成一致。

① 资料来源：商务谈判流程，http://www.docin.com/p-718098039.html.

3.4 商务谈判的结束

谈判双方经过一番艰苦的讨价还价，对需要谈判的每个问题都已经商谈过，并且由于双方的妥协让步而取得了一定的进展。尽管仍存在一定的障碍，但将要达成交易的趋势愈趋明显，这时谈判就进入了结束阶段。

3.4.1 谈判结束阶段的判断标准

1. 交易条件标准

交易条件标准是指以谈判所涉及的所有交易条件(文字与数字表示)解决的状况来衡量谈判是否完结的做法。在文字与数字条件的谈判点方面，如果双方达成一致的交易条件占据绝大多数，所剩的分歧只占很小数量或交易条件中最重要、最关键的问题已经解决，仅余非实质性的无关大局的分歧点，可以判定谈判进入了结束阶段。

2. 时间标准

时间标准是以谈判可用的时间来判定谈判终局的做法。谈判中，一般从三个方面来衡量，即所需的时间标准、所限的时间标准和竞争的时间标准。

所需的时间标准是以双方根据谈判内容约定的谈判时间作为判定谈判结束的做法。这个时间既反映了谈判正常所需的时间，又反映了双方公认的谈判时间。如果谈判进程完全按照双方约定的时间安排进行，当谈判已接近规定的时间时，自然就进入谈判结束阶段。按约定时间结束谈判对双方都有时间的紧迫感，能促使双方提高工作效率。

所限的时间标准是以谈判其中一方提出的可参与谈判的时间长度作为判定谈判结束的做法。一方谈判人员可以在谈判一开始即明确时间限定，也可以在谈判过程中明确。但对另一方谈判人员来说，判断对方时间标准的真假很重要。被限定方则要防止对方以时间限定向己方提出不合理要求。所以，不论哪方都要充分利用时间。

竞争的时间标准是以参与交易竞争的第三者的行动时间表为判定谈判结束的做法。现在的市场竞争都很激烈，几个竞争对手同时投入某项交易的谈判是常有之事，谈判进度与结束的时间就受到第三者活动时间的制约。此时要根据实际情况来决定，是抢在竞争对手前面、加快谈判进度，还是静观其变、该出手时再出手。

3. 策略标准

策略标准是以谈判中某些策略是否被应用来判定谈判是否结束的做法。典型的策略有两种，一种是最后通牒，另一种是折中调和。

(1) 最后通牒

最后通牒策略是指当谈判双方因某些问题纠缠不休时，其中处于有利地位的一方向对方提出最后交易条件，要么对方接受本方交易条件，要么本方退出谈判，以此迫使对方让步的谈判策略。最后通牒策略是种极有效的策略，它在打破对方对未来的奢望、击败犹豫中的对手方面起着决定性的作用。一般来说，只有在以下四种情况下，才使用最后通牒策略。

第一，谈判者知道自己处于一个强有力的地位，别的竞争者都不如他的条件优越，如果对方要使谈判继续进行并达成协议的话，只有找他合作。

第二，谈判者已尝试过其他的方法，但都未取得什么效果。这时，采取最后通牒策略是迫使对方改变想法的唯一手段。

第三，当己方将条件降到最低限度时。

第四，当对方经过旷日持久的谈判，已无法再担负由于失去这笔交易所造成的损失而非达成协议不可的时候。

(2) 折中调和

折中调和策略是指将双方条件差距之和取中间条件作为双方共同前进或妥协的策略，即双方都以同样的幅度妥协退让，以解决谈判最后分歧的做法。这一策略用于双方实力相当、对分歧相持不下、也无法在其他方面向对方做出让步，又因为没有其他选择，无论如何也不能放弃谈判，处于胶着状态的情况，这时折中调和对于双方来说都是一种最好的谈判策略，比较有利于达成友好的谈判结局。

第一，价格折中。这是最常见的折中调和办法。例如，买方最低出价 50 元，卖方最高售价是 60 元，中间有 10 元差价，为了达成合作，双方各让 5 元，最后以 55 元成交。

第二，条件折中。通常双方立足于自身条件，以己方优势条件退让，换取己方其他方面的补偿，例如，己方承诺直接从对方取货，承担运费，做出让步，同时要求对方在售后服务方面提供等价值的服务。

第三，条件与价格折中。这是指己方在降低条件要求的同时，要求对方在价格方面给予补偿。如上例中，也可以要求对方价格降低的数额要与运费相等。该策略一般是在一定的谈判成果基础之上才开始运用的，通常是在谈判接近尾声，双方均已经到了彼此最后底线时才能运用，否则主动的一方容易陷于被动。

知识链接

谈判者使用的成交信号方式

① 谈判者用简短的语言表明自己的立场。例如，"好，这就是我的最后主张，现在看你的了。"

② 谈判者在表明自己的立场时，完全是一种最后决定的语调，坐直身体，双臂交叉，文件放在一边，两眼紧盯对方，不卑不亢，没有任何紧张的表示。

③ 谈判者所提出的建议是完整的，绝对没有含糊之处。如果他的建议未被接受，除非中断谈判，谈判者没有别的选择。

④ 回答对方的问题尽可能简短，常常只回答一个"是"或"否"，使用短词，很少谈论据，表明确实没有折中的余地。

⑤ 一再向对方保证，现在结束谈判对他是有利的，并且告诉他一些好的理由。

⑥ 谈判者回顾整个谈判过程，提出最后条件。

实际谈判中，谈判者应该识别谈判结束的信号，抓住结束谈判的有利时机，明确最后的交易条件，着手准备合同文本并做好签约的准备。

3.4.2　商务谈判结束的方式

商务谈判结束的方式主要取决于整个谈判过程中双方达成一致意见的程度，也取决于谈判双方对结果的不同要求。一般来说，商务谈判结束的方式有成交、中止和破裂三种情况。

1. 成　交

成交是指谈判双方签订合约，交易得以实现。成交的前提是双方对交易条件经过多次磋商达成共识，对全部或绝大部分问题没有实质上的分歧。成交方式是双方签订具有高度约束力和可操作性的协议书，为双方的商务交易活动提供操作原则和方式。

2. 中　止

谈判的中止是指由于某种原因造成谈判短期内无法继续，于是双方约定暂时停止谈判进程的行为。造成谈判中止的原因有谈判环境的变化、谈判主体内部发生变化、谈判策略选择不当等。例如，国家政策突然变化、经济形势突然变化等超越谈判人员意志之外的重大事件发生时，谈判双方只能约定“一旦形势许可，即择机恢复谈判”。谈判中止的形式有两种，一种是有约期中止，另一种是无约期中止。

3. 破　裂

谈判破裂是指谈判双方经过多次磋商仍有无法弥合的分歧，无法就交易条款达成一致而提前结束谈判的行为。根据双方的态度，可以把破裂分为友好破裂和对立破裂。

友好破裂是指谈判双方互相体谅对方面临的困难，讲明难以逾越的实际障碍而友好地结束谈判的做法。友好破裂体现了“买卖不成仁义在”的原则，没有使双方关系破裂，反而通过充分的了解和沟通，产生了进一步合作的愿望，为今后双方再度合作留下机会。

对立破裂是指双方或单方在对立的情绪中愤然结束未达成任何协议的谈判。造成对立破裂的原因有很多，如对对方的态度强烈不满，情绪激愤；在对待对方时不注意交易利益实质性内容，较多责怪对方的语言、态度和行为；一方以高压方式强迫对手接受己方条件，一旦对方拒绝，便不容商量断然破裂；双方条件差距很大，互相指责对方没有诚意，难以沟通和理解，造成破裂。

谈判实践中，在破裂不可避免的情况下，谈判人员首先要情绪冷静，不要使用过激的语言，尽量使双方以友好态度结束谈判，至少不要使双方关系恶化；其次，要摆事实讲道理，不要攻击对方，要以理服人、以情感人、以礼待人，这样才能体现出谈判者良好的修养和风度。

3.4.3　商务谈判的可能结果

商务谈判的结果主要看两个方面，一是双方是否达成了协议；二是经过谈判，双方的关系发生了何种变化。

1. 达成交易并改善了关系

双方谈判目标顺利实现，达成交易，双方的关系在原有的基础上得到改善，促进今后进一步的合作。这是最理想的谈判结果，既实现了眼前利益，也为双方的长远合作奠定了良好基础。

2. 达成交易但关系没有变化

双方谈判达成了交易，但是双方关系没有改善也没有恶化。这是不错的谈判结果，双方此次交易实现了各自利益，没有刻意去追求建立长期合作关系，也没有太大的矛盾造成不良后果，双方平等相待、互有让步，实现交易成功。

3. 达成交易但关系恶化

虽然达成了交易，但双方付出了一定的代价，双方关系遭到一定的破坏或是产生了阴影。这种结果从眼前利益看是不错的，但对今后长期合作是不利的，或者说是牺牲了双方关系换取交易的结果。这种谈判属短期行为，是“一锤子买卖”，对双方的长远发展没有好处。

4. 没有成交但改善了关系

虽然未达成交易，但双方通过交流，建立了良好的关系，为将来的合作奠定了良好的基础。

5. 没有成交且关系也没有变化

这是一种毫无结果的谈判，双方既没有达成交易，也没有改善或恶化双方的关系。即谈判没有任何成果，也没有任何不良后果，在今后的合作中双方也有可能进一步发展关系。

6. 没有成交但关系恶化

这是最差的结果，双方既没有达成交易，又使原有关系遭到了破坏；既没有实现眼前利益，也对长远合作关系造成了不良影响，所以应该避免出现这种结果。

3.4.4　谈判合同的拟定与履行

谈判合同也称谈判协议或成交确认书，是交易双方为明确各自的权利和义务，以书面形式确定下来的文件。合同一经谈判双方签字确认，就成为对双方具有约束力的法律文件。

1. 拟定合同的基本要求

① 合同的条款要符合有关法律规定和要求，不得违反法律和社会公共利益。

② 要围绕谈判各方的目的，有条理地把各条款内容组织起来。

③ 合同的内容要措辞准确，特别是权利义务、违约责任等相关条款应全面、明确、具体。

④ 对对方提出的免责条款要慎重研究，搞清其适用范围。

⑤ 适用的法律条件和仲裁条件要仔细拟定。

2. 谈判合同的构成

（1）约　首

约首一般包括合同的名称、编号、订立合同的时间和地点、签订合同双方的名称等内容，有时还需要注明拟签订合同的有关函电的日期及编号，以及合同中有关概念的定义与解释等。

（2）正　文

正文是合同或协议的主要部分、核心部分，内容包括合同或协议的目标和范围、数量与质量及其规定、价格与支付条款及相应条件，以及违约责任、不可抗力等规定。正文部分是合同或协议的关键构成，书写时要准确、具体、严谨。

（3）约　尾

约尾是合同或协议的结束部分，内容包括合同或协议文本的份数、合同或协议的有效期、通信地址、合同或协议的签署与批准等。若合同或协议有附件，还应有关于附件的说明。若为涉外合同，还应包括合同或协议使用的文字及其效力的说明和规定。

（4）附　件

附件是对合同或协议的有关条款作进一步解释与规范，对有关技术问题作详细阐述与规定，对有关标的的操作性细则作说明与安排的部分。附件是合同或协议不可分割的重要组成部分，与合同或协议正文具有同等的法律效力。

3. 合同的审核与签约

审核合同是指签字前应对合同内容进行审核，包括审核合同是否合法；是否体现平等互利、等价有偿；是否具备主要条款，如商品的数量、质量、价款、违约责任等；是否与谈判内容一致；是否有歧义等。在审核中如果发现问题，要及时通知对方，调整合同内容。

一般合同或协议的签订，只需谈判负责人或主谈人与对方签字即可。地点可在谈判处或在举行宴请的饭店，签字仪式简单。重大合同或协议由领导出面签字，仪式比较隆重，要安排好活动流程。签约场所要准备专门签字台，安排高级领导会见对方代表团成员，请新闻界人士参加。宴会前，双方代表致辞，席间祝酒，宴会桌次、座次严格按照来宾身份排列。

4. 合同的履行

合同的履行是指双方当事人按照合同的条件、时间、地点、方法完成己方承担的义务并取得应有的权利。为了保证合同的履行，合同的双方当事人还必须加强合同的管理，竭尽全力保证谈判成果的最后实现。

知识链接

商务合同书

甲　方：　　　　　　　　乙　方：
地　址：　　　　　　　　地　址：
联系人：　　　　　　　　联系人：
电　话：　　　　　　　　电　话：
E-mail：　　　　　　　　E-mail：

甲、乙双方本着友好协商、互惠互利的原则，根据《中华人民共和国合同法》《中华人民共和国计算机信息网络国际互联网管理暂行规定》等有关条例，友好签订本合同，双方共同信守执行。

一、服务内容：

服务项目

数量

费用条款及说明

备注：

以上服务内容费用合计(大写)：　　　　(人民币小写)￥

二、付款期限及方式：

1、甲方须在本合同签订之日起按照约定向乙方缴付相关费用，并且将款项汇入指定的银行帐号。

2、甲方向乙方支付合同额50%的网站预付费用，作为制作定金，余款在甲方验收合格正式发布时结清。

3、付款方式请向XX公司的业务专员索取或登录我们的网站查询。

三、双方的权利和义务：

1、甲方须按本合同的规定向乙方按约定日期支付全部应付款项；

2、甲方须如实填写并向乙方提供企业资料，并确保所提供资料的合法性与真实性，乙方在收到甲方交纳全部(预付)费用后，及时向甲方提供相关商务应用服务和其他服务；

3、乙方在完善上述服务内容时，无须另行通知甲方；

4、乙方须严格按双方的协议和双方的协商来完成甲方的相关互联网服务要求；

5、乙方可根据甲方的相关要求作灵活的服务变动，以更适应甲方对网站制作等相关网络需求的变化；

6、可以根据甲方的要求帮助甲方免费举办培训和技术咨询，具体的操作方式双方另行签署协议确认。

四、违约责任：

1、乙方如违反本合同有关规定，甲方有权停止向其支付相关应付款项；

2、甲方在乙方为其完成服务项目后，逾期未将未付款付给乙方，经乙方催讨仍未将款付清，超过付款时间十五天，乙方有权停止为甲方提供服务，并撤消为甲方在网络上的服务，同时甲方一切已付费用将不获返还；

3、任何一方由于不可抗力的因素，致使合同无法履行时，经双方协商，可以变更或解除合同，并免除承担违约责任。

五、合同的终止：

甲乙双方有一方违反其在本合同中所作出的声明及保证或有其他违约行为，致使不能实现本合同目的，另一方有权单方解除本合同；如因不可抗力导致乙方向甲方提供的相应服务无法实现，甲乙双方经协商确认后可以解除本合同。

六、法律适用及争议的解决：

合同的订立、效力、解释就履行均受中华人民共和国法律保护和管辖。如甲乙双方执行本合同过程中发生任何争议或纠纷，双方应通过友好协商解决，如协商不成，可向当地仲裁委员会申请仲裁。

七、如有具体实施解决方案细节和双方协商的其他文件，将作为本合同附件，附件为本合同不可分割的一部分。

八、本合同一式二份，甲乙双方各执一份，具有同等法律效力。（包括附件内容）本合同有效期限从　　　　年　　月　　日到　　　　年　　月　　日。自签订之日起正式生效。

甲方：（签章）　　　　乙方：（签章）

授权代表签字：　　　　授权代表签字：

日期：　　　　日期：

3.4.5 商务谈判结束的谈判总结

谈判结束后，参与谈判的各方应该对谈判工作进行总结和反思，对谈判的目标、谈判的效率和谈判的人际关系进行分析，主要包括以下内容。

① 己方的准备情况：对比谈判前制定的谈判目标和谈判结果，分析谈判准备工作的得失，寻找漏洞，避免在以后的谈判中再次出现。

② 己方的战略：包括谈判对手的选择、谈判目标的确定、谈判各阶段策略的组合等，对照谈判结果，总结分析谈判对企业的影响。

③ 己方谈判小组配合的情况：包括小组成员权力和责任的划分、成员的工作作风、成员的工作能力和在谈判中的表现，找出优点和缺点，供以后谈判参考。

④ 谈判对手的情况：包括对方小组成员的工作作风、小组以及各成员的工作效率、所采用的策略与技巧等。通过这方面的总结，明确对方小组成员的性格、爱好、谈判能力等，以便在今后的谈判中对症下药、有的放矢地采取相应的策略。

对以上内容进行总结分析后，将分析结果和总结报告（包括对谈判人员以后谈判的建议）作为谈判资料保存，以备日后查阅和参考。

3.4.6 商务谈判成交策略

成交阶段即达成协议阶段，即谈判双方通过中间阶段艰苦的讨价还价，取得一致意见后，进入成交的阶段，也是谈判的最后关键阶段。在这个阶段，谈判人员首先要明确是否具备了一定的成交条件。

1. 成交应具备的条件

(1) 必须使对方完全了解企业的产品及产品的价值

在实际谈判过程中,如果对手比较熟悉你的商品,他们就会表现出购买的热情,容易接受谈判人员的建议。因此,作为谈判人员,应该主动地向谈判对手展示自己的商品,主动地介绍商品的各种优势、性能及用途,尽可能消除对手的疑虑。一句话,根据对手的不同心理,多给他们一些了解的时间和机会。

(2) 使对方信赖自己和自己所代表的公司

如果对方对你以及你所代表的公司没有足够的信心,那么即使商品质量再好、价格再优惠,对方也会动摇。因此,谈判人员在谈判时,必须取得对方的信任,这是成交的必要条件。

(3) 使对方对你的商品有强烈的购买欲望

根据市场营销学的原理,人类的需要有限,但欲望却很多。当具有购买能力时,欲望便转化成需求,这就说明市场营销者连同社会上的其他因素,只是影响了人们的欲望,并试图向人们指出何种特定商品可以满足其指定需要,进而使商品更有吸引力,适应人们的支付能力且使之容易得到,影响需求。因此,作为谈判人员,工作重心应放在做好谈判中的说明工作,这样才能影响和带动顾客的购买欲望和购买能力。

(4) 准确把握成交时机

俗话说:"事在人为",只要通过努力都有可能改变或影响某一事物的发展和变化。因此,作为谈判人员,要等待合适的时机,必要时要想办法制造合适的时机,促使对方做出成交的决定。

(5) 掌握促成交易的各种因素

谈判者对商品的认识、谈判者有购买意图、谈判人员的性格、情绪、工作态度以及谈判人员的业务能力都会影响成交。在谈判实践中,经常出现这样一些情形,如果谈判人员业务能力较强,则对商品的介绍、分析非常合理、科学,让人深信不疑,反之则会给人一个"听不明白""越听越糊涂"或"听了以后反增加疑虑"的感受,这必然会影响商品的成交。如果谈判人员善于创造一种氛围,有效地诱导对方,则肯定会给商品多一些成交机会,反之,即使有了成交机会,最终可能也会丧失。另外,商品本身也会影响交易的达成。谈判者多数都比较看重商品自身的质量,如果商品质量低劣,即便是其价格特别优惠,也不愿意购买。花钱买"垃圾",谁都不会做,这是影响成交的一个主要因素。许多时候商品的价格实际反映了商品的质量问题,然而,即使商品质量可靠、耐用,但如果其价格过高,对手也会感到可望而不可即,这也是影响成交的一个主要因素。一般来讲,商品品牌好、知名度高,成交的可能性就相对大些,在成交时商品品牌效应影响较大。

(6) 为圆满结束做出精心安排

作为谈判人员应对谈判工作有一个全面的安排方案,根据方案明确自己的工作目标和方向,同时也明确自己下一步的工作规划和要求。尤其是在洽谈的最后阶段,对对方提出来的意见要处理好,使他们自始至终对你的谈判工作及所谈判的商品保持浓厚的兴趣,要引导他们积极参与你的工作。

2. 成交的策略与技巧

谈判的结果,只有达成协议、签订合同才有实际意义。所以,为达成协议,谈判者需要采取一定的策略和技巧来给整个谈判画上完美的句号。

(1) 感情攻势

一般在谈判开始双方都会有相互寒暄、酒宴、舞会等感情交流活动,尤其是异地商家。当一方到另一方所在地进行谈判时，主方一般都会有住宿、酒宴、娱乐等活动，有时也会在这些活动中就一些问题达成共识。当谈判进入最后的收尾阶段时，双方基本上达成一致意见，但由于经历了长时间的交锋，双方可能都比较疲劳和紧张，此时把谈判桌转移到场外，如酒桌、宴会、娱乐场所等就会缓解针锋相对的情绪，使双方建立一种友好、融洽的气氛。在这样的气氛下，双方不但会加深理解，强化对谈判结果的满足感，还会增进彼此的友谊，为以后的合作打下良好的基础。哪怕谈判最后未能达成协议，也不能与对方对立，讥讽、嘲弄或冷淡对方。“买卖不成仁义在”，从长远来说，维系情感远远重于一次谈判的成败。

(2) 庆祝与赞美

商务谈判是一项劳心劳力的活动，当谈判结果确定、签订协议后，谈判双方都付出了巨大的体力和脑力的代价。成功完成交易对双方来说都是一项成就，双方都可以从交易中获得一定的利益，可能会暗自盘算各自所获利益的大小。此时，如果真诚地赞美对方谈判人员的才干，强调交易给双方带来的好处，庆祝谈判的成功，就会使对方心里获得平衡和安慰，哪怕对方获得的利益少于己方。通过庆祝和赞美就可以强化双方谈判者的成就感，提高对方对谈判结果的满足感，有利于促进以后的进一步交易。

(3) 慎重对待协议

谈判的最后阶段是签订协议，而后续就是协议的履行。协议是以法律形式对谈判结果的记录和确认，受法律保护。谈判的成果需要严密的协议来确认和保证，双方的交易关系也要以协议内容为准。因此，最后签订的协议内容必须和谈判结果完全一致，不能有半点误差。否则，一旦有人故意在协议的价格、数量、日期以及一些关键性的条款或概念上做文章就可能完全扭转谈判结果。一旦因为疏忽而在被恶意更改过的协议上签字，就会使之前的谈判成果付诸东流，给企业带来巨大的无法挽回的损失。所以，在签订协议前，一定要就双方所有谈判内容与最后协议仔细对照查看，确认无误才能签字。

【本章小结】

一般来说，一场正式而完整的商务谈判的过程由相互联系的四个阶段衔接而成，分别是开局阶段、报价阶段、磋商阶段和结束阶段。在不同的阶段，要分别采用相应的谈判策略和技巧，有效地处理谈判中出现的各种问题，从而在全局上把握整个谈判进程，促进谈判的成功。

开局阶段对于整个谈判具有非常重要的意义，包括营造恰当合适的谈判气氛、协商谈判议程和开场陈述己方的观点、立场。

报价阶段根据谈判内容的不同，有各自不同的内容，但是报价的基本原则是一致的。在报价时，选择恰当的报价形式、报价顺序以及报价方法是非常重要的。

磋商阶段的主要内容包括对商品的数量、价格、质量、支付条件、包装等条款进行全面磋商和讨价还价。在磋商的过程中，应该把握一定的准则，并采用讨价还价的方法和技巧，化解可能产生的冲突，推进谈判向积极的方向发展。

商务谈判有三种结束方式，成交、中止和破裂。双方的谈判目标顺利实现，达成交易，而且双方的关系在原有的基础上得到改善，这是最理想的谈判结果。商务谈判合同的拟定必须遵守相应的原则，在细节上做到完善、全面、准确、肯定和严密，并为合同的顺利履行做好安排和准备。

【课后习题】

一、单选题

1. 为谈判过程确定基调是在（　　）。

A. 准备阶段　　B. 开局阶段　　C. 正式谈判阶段　　D. 成交阶段

2. （　　）即谈判的最后结束阶段。

A. 准备阶段　　B. 开局阶段　　C. 正式谈判阶段　　D. 成交阶段

3. 根据价格分析时划出的价格差距的档次，分别还价的是（　　）。

A. 逐项还价　　B. 分组还价　　C. 总体还价　　D. 美式还价

4. 高调气氛不包括（　　）。

A. 感情攻击法　　B. 称赞法　　C. 幽默法　　D. 沉默法

5. 谈判中讨价还价集中体现在（　　）。

A. 问　　B. 答　　C. 叙　　D. 辩

6. 开场陈述中（　　）的优点是便于双方相互深入了解，维持关系，增进感情，建立长期的伙伴关系，便于讨价还价，防止上当受骗。缺点是在面对面地接触交往中，双方都难以保持谈判立场的不可动摇性，难以拒绝而不得已做出让步。

A. 口头陈述　　B. 书面结合口头陈述　　C. 书面陈述　　D. 信函陈述

7. 如果预计谈判将会出现激烈竞争的场合，或者冲突气氛较浓的场合，应当（　　）。

A. 后报价　　B. 先报价　　C. 无所谓

8. （　　）指通过语言或行为来表达我方强硬的姿态，从而获得对方必要的尊重，并借以制造心理优势，使得谈判顺利地进行下去。

A. 一致式开局策略　　B. 进攻式开局策略　　C. 慎重式开局策略　　D. 谋求主动策略

9. 在一方报完价之后，另一方比较明智的做法是（　　）。

A. 马上还价　　B. 置之不理、转移话题

C. 请对方做出价格解释　　D. 亮出我方的价格条件

10. （　　）是指在商务谈判过程中，以两个人分别扮演“红脸”和“白脸”的角色，或一个人同时扮演这两种角色，使谈判进退更有节奏，效果更好。

A. 红脸白脸策略　　B. 欲擒故纵策略　　C. 抛放低球策略　　D. 旁敲侧击策略

11. 在谈判开局策略的选择上，要依据谈判双方的实力。当（　　）时，为了威慑对方，就要在基本的礼貌友好的同时，展现出我方的自信和气势，使对方清醒认识双方差距而不得不做些妥协。

A. 双方实力相当时　　B. 我方处于强势时　　C. 我方处于弱势时

12. （　　）适用于谈判双方过去有过商务往来，但对方曾有过不太令人满意的表现，或者为了在谈判中争取主动，占据有利地位，我方要通过严谨、挑剔的态度，引起对方对某些问题的重视。

A. 挑剔式开局　　B. 协商式开局　　C. 开门见山式开局　　D. 针锋相对式开局

13. （　　）又叫日式报价，是事先提出一个低于我方实际要求的谈判起点，以让利来吸引对方，通过低价击败同类竞争对手，引导对方与其谈判。

A. 吊筑高台　　B. 先发制人　　C. 抛放低球　　D. 后发制人

14. （　　）是向对方施加压力的手段，在商务谈判中一般指谈判一方锁定一个最后条件，

给对方一个最后价格或期限，如果对方不同意就一拍两散，结束谈判。

A. 以退为进　B. 穷追不舍　C. 沉默是金　D. 最后通牒

15. (　　)是在谈判的过程中，谈判者有意提出一些假设条件，通过对方的反应和回答来琢磨和探测对方的意向，抓住有利时机达成交易的策略。

A. 投石问路　B. 欲擒故纵　C. 红脸白脸　D. 情绪爆发

16. 在价格谈判时，交货期长短会影响价格的高低，要货越急，对方要的价也就越(　　)。

A. 高　B. 低　C. 无联系

二、名词解释

1. 开场陈述
2. 一致式开局策略
3. 讨价还价
4. 商务谈判策略
5. 浑水摸鱼策略
6. 欲擒故纵策略
7. 实际价格与相对价格

三、简答题

1. 商务谈判的基本过程包括哪几个阶段？
2. 作为一名谈判人员，怎样营造谈判初期的良好气氛？
3. 报价的形式、原则、方法有哪些？
4. 在报价阶段，卖方的报价为什么要尽量提高？
5. 讨价还价的技巧有哪些？
6. 卖方做价格解释时应遵循的原则有哪些？
7. 如何解决谈判中的冲突？
8. 谈判结束的方式有哪些？
9. 开局策略的选择依据有哪些？
10. 商务谈判开局策略主要有哪几种？
11. 讨价还价的策略有哪些？
12. 决定价格的因素有哪些？
13. 通过中间商购买有哪些好处？
14. 如何正确处理价格谈判的各种关系？
15. 最后让步的时机和幅度如何把握？
16. 最后成交的策略与技巧有哪些？

【案例分析】

英国前首相撒切尔夫人由于强硬的工作作风，素有“铁娘子”之称，这一点也在她的谈判工作中得以体现。

1979 年 12 月，欧洲经济共同体(EEC)的各国首脑在柏林举行关于消减预算的谈判。会谈中，撒切尔夫人提出一项协议草案。她的理由是，英国对 EEC 负担的费用太多了，由于征收预算款额方法中的偏差，尽管英国投入了大笔资金，但并没获得应享有的各项利益。

为此，她强烈坚持自己的主张，并要求将英国负担的费用每年减少10亿英镑。这项议案必须得到所有成员国的同意才能生效，因为在EEC内重大问题的决定是采取“一致同意”的原则。当撒切尔夫人的议案提出后，各国首脑脸上的微笑立即消失了，他们答应只能削减2.5亿英镑，并认为这已经是极限了。在谈判中，向对方提出比自己的期望更高的要求，是谈判中的一个重要方法。EEC各国首脑们深信只要将撒切尔夫人提出的要求削减3亿英镑，就可以顺利达成协议。然而，撒切尔夫人是位坚毅固执的女性，她坚持自己的主张，结果是双方差距太大，出现僵局。而这个结果，撒切尔夫人早在去柏林开会之前就已预料到了。她提出了一个非常高的要求，并坚持这一要求。她有她自己的规则，而且迫使EEC也按她的规则办事。首先，她从逻辑上提出了要求削减款额的理由，把要求削减的这10亿英镑称为是“英国的钱”，她一直这么说，使EEC各国的首脑们非常愤怒，尤其是法国、原联邦德国和丹麦的首脑。因为如果预算规则改变，前两个国家所受到的损失将最大。就这样，谈判没能继续下去。

实际上，谈判早期出现僵局不一定是坏事。因为，当对方的要求，太强硬或者施加压力时，另一方最好暂时退离。暂时离开，恰恰显示了自己的独立性，显示了自己的坚定立场，毫无妥协余地。如果一方想做成，那他会修正目标，主动地接近对方。值得注意的是，一定要抓住时机。在制造僵局时必须是对方对自己要给他们的那些东西很感兴趣的时候。否则，对方会让这种僵局一直持续下去，迫使自己重新回到谈判桌边，那时的效果将适得其反。在EEC的争论中，特别是在意见相持不下时，谈判各方互相使用了威胁手段。撒切尔夫人告诉众议院，原则上依照她所提出的方案执行，并暗示出没有选择余地。同时，也含有警告各国的意见。而且这样做，又可对居于领导地位的法国施加压力。因为当时的法国正在破坏EEC的规约，禁止英国的羊羔进口；并以另一种手段向英国报复。他们在报纸上刊登英国已在EEC各国之间采取低姿态，试图以准成员的身份解决这个问题。这就是说，法国知道用什么方法打击英国。改变对方的期望可能非常困难，但必须设法向对方传递信号，通过各种各样的暗示，来降低对方的期望，使他们逐渐认识到不可能得到他想得到的东西。如果两个性格刚毅的讨价还价者的目标相距甚远，而且他们仍固执己见，那么双方意愿所产生的撞击将极其猛烈。双方都有可能退出谈判，不再往来。如果他们处于双方不得不继续在一起工作，并必须达成协议，必定要发生冲突性讨价还价的情况下，就要施加很大压力和强制力。

撒切尔夫人与EEC的这场谈判中，双方的目标值相差很远，撒切尔夫人想得到接近9亿英镑的解决方案，EEC各国则想用3亿英镑左右解决问题。如果要解决这笔交易，一方或双方就必须改变他们的预期想法。首先突破的是德国，他们提出3.5亿英镑的让步，英国拒绝了；后来原联邦德国开始论论8亿英镑的让步，但只限1年，英国也拒绝了。撒切尔夫人强调的是每年都应减少。当年2月底，柏林会议过去两个多月了，英国同意这不是一场短时间的交易。因此，在4月的预算中同意把应摊的款项全部付给EEC。这以后，时间的优势也就为英国占有了。不久，EEC国家需要在给共同体农场主增加补偿支付额的问题上达成协议，并且每个成员都必须同意这点，否则就无法做出决定。这是EEC的议事原则。法国和德国由于政治上的原因都希望增加支付额，因为当年这两国家都要举行总统大选，他们不想使自己的农场主集团党觉得不舒服。撒切尔夫人没有明显地威胁不同意这项农场主问题，她没有把这两个问题拉到一起。但大家都清楚，只有就她的EEC预算支付问题达成协议，英国才有可能在农场主问题上进行合作。

撒切尔夫人运用强硬、威胁的谈判手法是成功的。没有能力驾驭谈判的人，如果在谈判中一味顽固地坚持自己的立场是不明智的。应付强硬措施最有效地办法就是灵活，只要灵活有方，措施得当，任何强硬的立场都是可以改变的。

问题：结合此案例，分析这种强硬谈判手法的适用条件及使用中的注意问题。

【实战演练】

学生分成 10 人小组，在第 2 章实战演练的基础上模拟商务谈判。

具体要求：

① 开局阶段创造友好的谈判气氛；

② 试探对方的谈判条件和目标；

③ 双方进行开场陈述；

④ 正确运用各阶段的谈判策略；

⑤ 运用三种方式之一结束谈判。

每组谈判时间不少于 15 分钟，结束后每小组推选代表进行谈判总结并提交书面报告。

第4章　商务谈判僵局

学习目标

通过本章的学习，了解商务谈判僵局的含义、成因、类型及处理原则；掌握商务谈判僵局的利用、制造、策略和技巧；熟悉商务谈判风险的种类及规避方法，并能够结合实际案例选择规避风险的有效手段。

引导案例

NBA劳资谈判[①]

2009年3月，NBA联盟总裁大卫·斯特恩首次就即将于2011年6月到期的劳资协定做公开表态，他表示，由于金融危机的影响，NBA以及球员工会将会在两年后现行劳资条款到期后对其进行调整，同时他认为这不会使得NBA再一次进入“停摆状态”。但而后球员工会执行理事比利·亨特表示，球员工会对于现有劳资条款感到满意，他们并不希望对现有条款做出大幅修改。同时也表示对下一份劳资条款达成前景的乐观。

在斯特恩表态要调整当前劳资协定的同时，经纪人David Falk曾预言下一轮的NBA劳资谈判将会“非常，非常极端”，甚至声称资方可能会采取让联盟停摆一年甚至两年的手段来逼迫球员工会接受他们的要求。2009年8月5日，NBA与球员工会提前进行了关于新劳资协议的首次谈判，谈判共持续了3个半小时，但双方并未交换任何意见。金融危机导致一些球队经营不善是劳资双方决定提前开始谈判的原因之一，斯特恩认为，双方关注的焦点在于球员收入在篮球相关总收入中占的比例，在2005年到2011年的这份劳资协定中，这一百分比为57%。

2010年1月，有消息称大卫-斯特恩将会在谈判重启后努力推动双方接受“硬工资帽”条款。联盟称此举是为了节省薪金，消息源称这样的硬工资帽条款可能将逐步在联盟中推行。同月还传出消息，资方欲在新的劳资条款谈判中提出大幅降低球员的薪金以及合同的最大年限等要求，包括将当前劳资条款中球员收入不超过篮球相关收入(BRI)57%的规定数字削减到不超过45%，这意味着球员们的平均工资将下降21%左右。2月1日，球员工会主席、洛杉矶湖人后卫德里克·费舍尔表示，对于这一要求球员工会无法接受。

2010年达拉斯全明星周末期间，劳资双方再次会面。斯特恩在接受采访时表示，联盟预计本赛季所有球队将遭受总额达到4亿美元的亏损，并称联盟在当前劳资协定下几乎每年都要出现上亿美元的亏损。他还表示他们已经让球员工会方面了解了这一数字，目的是希望工会方面能够理解资方在下一份劳资谈判中提出苛刻条件的原因。

2010年8月，NBA劳资双方举行了自2010年全明星赛后的首次劳资双方讨论会，据报道此次会面使得双方的谈判取得了“建设性”的进展。双方还约定在新赛季的季前训练营开始之前再进行一次会谈。包括勒布朗·詹姆斯、德维恩·韦德、卡梅隆·安东等大

① 资料来源：https://baike.baidu.com/item/2011年NBA劳资谈判/4032453.

尼以及克里斯·保罗牌球星都参加了此次的会面，以展现球员们对此次谈判的关注程度。2010 年 9 月，劳资双方进行了休赛期的第二次对话，此次对话共持续了近三个小时的时间。NBA 球员工会主管比利-亨特在会谈结束后表示，他将 2011 的全明星视作是一个非正式的截止日，据报道，当时费舍尔对劳资谈判在全明星期间达成基本一致持乐观态度。

2010 年 12 月，球员工会着手收集所有 NBA 球员授权取消工会代表资格(authorize decertification)，解散球员工会的授权证明，准备以此来威胁老板们趁早与球员工会达成新版劳资协议。这项被称之为“末日武器”的措施如果得到球员的授权，则球员工会将可以解散。解散工会将让球员们丧失所有工会保护，而球员们将可以使用反托拉斯垄断法来起诉各球队老板，并以此挑战联盟各种薪金限制以及球员交易限制。如果工会不解散，他们只能依据劳动法起诉老板。随后斯特恩称球员们如果这样做“将会付出非常大的代价，因为本赛季结束时保障性合同的总额达 40 亿美元。”

当地时间 2011 年 6 月 7 日，劳资双方举行了 5 个小时的会议，斯特恩称对谈判感到乐观，但表示双方还没有达成任何协议，斯特恩重申想要对工资结构做出重大改变，称需要对劳资协定做“非常重大的调整，能够让老板们进行持续性的投资，希望达到 50 亿美元的收益。”6 月 8 日，双方继续进行了 4 个小时的谈判，但谈判结束后球员工会表示联盟的要求没有任何改变，球员工会主席费舍尔还承认老板们已经“直接通知”球员方面，如果不接受这些改变，他们就将面对停摆。6 月 14 日，大卫·斯特恩与比利·亨特开了一个小会，但是双方都没有透露与会议相关的任何细节。据悉，会议中没有球队老板和球员参加。ESPN 得到消息称，球队老板们仍然坚持要求球员们放弃收入分成，并且建议签订 10 年的硬工资帽合同。6 月 17 日，联盟的劳资谈判终于有了一些进展，NBA 老板方面不再坚持实行无保障合同，但是球员方面警告称这还不够，因为他们仍然要求实行硬工资帽。同时还传出消息，如之前的预期，联盟已经通知球员们今年的拉斯维加斯夏季联赛取消。6 月 21 日，劳资双方在长达 3 个多小时的会谈中各自提交了一份建议书，并对谈判的前景保持谨慎乐观，会议期间球员工会首先提交了建议书，他们希望保持现在的软工资帽制度，但是同意球员总工资减少 5 亿美元——在未来五年内，每年减少 1 亿美元。而资方之后提出了反建议，他们希望签订 10 年协议，而不是球员方面提出的 5 年。他们建议实行“有弹性的工资帽”制度，每个赛季允许支付给球员的总工资至少为 20 亿美元。联盟还在工资特例上有了一些让步，称在他们提出的新建议中，伯德条款和中产特例都将继续保留，尽管他们还没有确定球队工资的最高额。但是球员工会认为，这仍然是硬工资帽。6 月 23 日，球员工会发表了非常强硬的言论，比利·亨特称，球队老板们正在试图破坏球员们的同盟。德里克·费舍尔也表示，他们不会为了避免停摆而接受一个糟糕的协议。NBA 发言人迈克·巴斯说道：“停摆是我们一直在努力避免的，提供了很多办法以让球员们收到公平对待。听到工会代表们令人遗憾的言论，我们非常失望。”而球员们生气的是，大卫·斯特恩称球员们 5 亿美元的收入减少不够多，并且在告诉球员之前，先告诉媒体希望设定 6 200 万美元的“有弹性的”工资帽。6 月 24 日，劳资谈判没有任何进展。球员和老板们今天会面了 4 个小时，他们同意在当地时间 6 月 29 日或 6 月 30 日再次开会进行谈判，大约有 50 名球员参加了谈判，他们全都穿着同样的灰色 T 恤，胸前印有“STAND”(坚持)字样，向联盟表达了他们的强硬立场——坚持球员工会提出的 5 年减少 5 亿美元的提案。6 月 28 日，NBA 理事会成员在达拉斯进行了会面，并且听取了劳资关系委员会主席、马刺老板皮特·霍尔特有关劳资谈判的报告。而据圣安东尼奥当地媒体称，他们从一名熟悉联盟策略的 NBA 球队总经理那里得到一个非常糟糕的消息：如果停摆，僵局将更难打破。6 月 30 日，劳资双方在纽约两个半小时的谈判后，双方正式确认无法达成一致的协议。NBA 联盟将于美国东部时间 7 月 1 日凌晨 0 点开始正式停摆。

在商务谈判中，经常会发生这样一种情况：谈判到一定阶段，双方都会感觉到似乎已经退到不能再退的地步了，谈判已无法再进行下去。这就是人们通常所说的谈判陷入了僵局。简单地讲，僵局之所以形成，不外乎谈判双方的期望或对某一问题的立场和观点相差甚远，各自又不愿再做进一步的让步。发生这种情况后，必须迅速做出反应与处置，否则就真的难以挽回了。

4.1 商务谈判僵局概述

4.1.1 商务谈判僵局的含义

商务谈判僵局是指在商务谈判过程中，当谈判各方对于利益要求无法达成一致或共识，各方又都不肯做出让步时，导致谈判因暂时不可调和的矛盾而形成对峙，使谈判呈现出一种不进不退的僵持局面。

当商务谈判僵局出现以后，必须进行迅速处理，否则就会对后续谈判顺利进行产生影响。当然，出现谈判僵局不等于谈判破裂，但它严重影响谈判的进程，如不能很好地解决，就会导致谈判破裂。要突破谈判僵局，必须对僵局的性质、产生原因等问题进行透彻地了解和分析，才能正确地加以判断，从而进一步采取相应的策略和技巧，选择有效的方案，重新回到谈判桌上。

商务谈判僵局分为以下三类。

1. 策略性僵局

策略性僵局即谈判双方中的一方有意识地制造僵局，给对方造成压力而为己方争取时间和创造优势的一种延迟性的策略。

2. 情绪性僵局

情绪性僵局即在谈判过程中，一方的讲话引起对方的反感，冲突升级，出现唇枪舌剑、互不相让的局面。

3. 实质性僵局

双方在谈判过程中涉及商务交易的核心利益时，意见分歧差距较大，难以达成一致意见，双方又固守己见、毫不相让，就会导致实质性僵局。

4.1.2 易产生商务谈判僵局的环节分析

事实上，谈判是伴随整个合作过程的，是自始至终要进行的。在谈判中，双方观点、立场的交锋也持续不断，当利益冲突变得不可调和时，危机便出现了。因此，僵局也是随时随地都有可能出现的。项目合作过程分为合同协议期和合同执行期，谈判僵局也就有了协议期的谈判僵局和执行期的谈判僵局两大类。前者是双方在磋商合作条件过程中意见不一致、产生矛盾而形成的僵持局面，后者是指在执行项目合同过程中双方对合同条款理解不同产生分歧，或出现双方始料未及的情况而把责任推向对方，或一方未能严格履行协议引起另一方的严重不满等，而引起的对责任分担的争议。

若对谈判持狭义的理解，也就是从签订合作协议的一场谈判来看，僵局可能发生在谈判的初期、中期或后期等不同阶段。

1. 谈判初期

谈判初期主要是双方彼此熟悉、了解、建立融洽气氛的阶段，双方对谈判都充满了期待。因此，谈判初期僵局一般不会发生，除非由于误解或一方对谈判准备得不够充分等原因，使另一方感情受到很大伤害而有可能导致谈判草草收场，通常僵局是很少在这个阶段发生的。

2. 谈判中期

谈判的中期是谈判的实质性阶段，双方需就有关技术、价格、合同条款等进行详尽讨论、协商，此时隐含于合作条件之中的各自利益的差异就可能使谈判暂时朝着使双方难以统一的方向发展，产生谈判中期僵局。例如，在建立中外合资企业的谈判中，中外双方对各自投资比例大小会产生分歧。有些国外大公司认为它掌握了先进的技术，因此它在合资企业中一定要占50%以上股权，以达到控股目的；而中方合伙人则可能认为，外方提供的技术并不是独家所有，而今后产品在国内市场却有很大的潜力，为何一定要让外方控股、将更多的利益拱手相让呢。于是就会僵持不下。此种僵局在谈判中期常常会此消彼长、反反复复。有些僵局通过双方重新做些沟通，矛盾便可迎刃而解，有些则因双方都不愿在关键问题上退让而使谈判长时间悬而难决。因此，中期僵局主要表现出纷繁多变的特点，谈判的破裂经常发生在这一阶段。

3. 谈判后期

谈判后期是双方达成协议阶段，在解决了技术、价格这些关键问题后，还要就诸如项目验收程序、付款条件等执行细节进行商议，特别是合同条款的措辞、语气经常容易引起争议。虽然合作双方的总体利益及其各自利益的划分已经通过谈判确认，但只要正式的合同尚未签订，总会留有未尽的权利、责任、义务、利益和一些细节尚需确认与划分。在大局已定的情况下，只须一方表现得大度一些，稍作让步便可为谈判画上圆满的句号。所以谈判后期产生僵局一般不会像中期那样棘手，但是这个时期的僵局仍然轻视不得。如果掉以轻心，有时仍会出现重大问题，甚至前功尽弃。通常一个大型合作项目的谈判又可以分成若干个子项目的谈判，有时整个项目的合作条件很快通过谈判得以确定，而个别子项目的谈判却会出现僵持的局面。尽管这种子项目的合同标的金额占整个项目的比例不大，但是只要其标的金额大到足以令合作双方感到有吸引力，就有可能由于利益的划分而产生争执。

4.1.3　商务谈判僵局的原因分析

1. 立场争执

在讨价还价的谈判过程中，如果双方对某一问题各持自己的看法和主张，产生意见分歧，那么越坚持各自的立场，双方之间的分歧就会越大。这时，双方真正的利益被这种表面的立场所掩盖，于是谈判变成了一种意志力的较量。当冲突和争执激化、互不相让时，便会出现僵局。

【案例 4－1】

开窗还是关窗[①]

让我们先看看生活中的这样一个例子：图书馆里一片寂静，然而两个邻座的读者却为了一件小事发生了争执。一个想打开临街的窗户让空气清新一些，保持头脑清醒，有利于

① 资料来源：提高磋商能力，https://wenku.baidu.com/view/11e49673eef9aef8941ea76e58fafab068dc4419.html.

提高读书的效率；一个想关窗不让外面的噪声进来，保持室内的安静，以利于看书。二人争论了半天，却未能找到双方满意的解决方法。这时，管理员走过来，问其中一位读者为什么要开窗，答曰："使空气流通。"她又问另一位为什么要关窗，答曰："避免噪声。"管理员想了一会儿，随之打开另一侧面对花园的窗户，既让空气得到流通，又避免了噪声干扰，同时满足了双方的要求。

这是由立场性争执导致谈判僵局的典型案例。案例中两位读者在开窗或关窗上坚持自己的主张，谁也不愿让步。在这种争执中，当对方越坚持，你就越会抱住自己的立场不变；你真正的利益被这种表面的立场所掩盖，而且为了维护自己的面子，非但不愿做出让步，反而会用顽强的意志来迫使对方改变立场。于是，谈判变成了一种意志力的较量。

所以谈判双方在立场上关注越多，就越不能注意调和双方利益，也就越不可能达成协议。或者即使最终达成了协议，那也只是图书馆的窗子"只开一条缝""半开"或"开四分之三"之类的妥协，这种妥协撇开了那位管理员所注意到的事实，即双方达到目的的途径分别是"空气流通"和"避免噪声"，因而也就不可能使双方都完全满意。相反，由于谈判者都不想太快做出让步，或以退出谈判做要挟，这些做法增加了达成协议的困难，拖延了时间，甚至使谈判一方或双方丧失信心与兴趣，使谈判以破裂告终。

2. 谈判一方故意制造谈判僵局

这是一种带有高度冒险性和危险性的谈判战略，即谈判的一方为了试探出对方的决心和实力而有意给对方出难题，搅乱视听，甚至引起争吵，迫使对方放弃自己的谈判目标而向己方目标靠近，使谈判陷入僵局，其目的是使对方屈服，从而达成有利于己方的交易。

故意制造谈判僵局的原因可能是过去在商务谈判中上过当、吃过亏，现在要报复对方；或者自己处在十分不利的地位，通过给对方制造麻烦可能改变自己的谈判地位，并认为即使自己改变不了不利地位也不会有什么损失。这样就会导致商务谈判出现僵局。

通常情况下，谈判者往往不愿冒使谈判陷入僵局的风险，因为制造僵局往往会改变谈判者在谈判中的处境。如果运用得当会获得意外的成功；反之，若运用不当，其后果也是不堪设想的。因此，除非谈判人员有较大把握和能力来控制僵局，否则最好不要轻易采用。

3. 强迫手段

谈判中，人们常常有意或无意地采取强迫手段而使谈判陷入僵局。特别是涉外商务谈判，其不仅存在经济利益上的相争，还有维护国家、企业及自身尊严的需要。因此，某一方越受到逼迫，就越不会退让，谈判的僵局也就越容易出现。

强迫对于谈判来说是具有破坏性的，因为强迫意味着不平等、不合理，意味着恃强凌弱，这是与谈判的平等原则相悖的，是与"谈判不是一场竞技赛""成功谈判最终造就两个胜利者"的思想相悖的。任何一方恃强威胁、逼迫对方都会带来风险。当谈判一方觉得风险责任与风险收益不均衡时，在谈判形态上就会出现僵持不下的局面，因为接受那种无谓的风险或损益期望失衡的风险，就意味着接受不公平，意味着屈服强权，这是任何理智的谈判者都会予以抵制的。强迫造成的谈判僵局是一种屡见不鲜的"常见病"。

4. 沟通障碍

沟通障碍就是谈判双方在交流彼此情况、观点、合作意向、交易条件等的过程中，可能遇到的由于主观与客观原因所造成的理解障碍。例如，由于双方文化背景的差异，一方语言中的某些特别表述难以用另一种语言准确表述出来而造成误解。

就商务谈判而言，有时谈判进行了很长时间却无甚进展，甚至双方争论了半天，搞得很不愉快，使谈判陷入僵局，然而双方冷静地回顾了争论的各个方面后，却发现彼此争论的根本不是一回事，此种谈判僵局就是由沟通障碍引起的。

5. 人员素质

谈判人员素质始终是谈判能否成功的重要因素，尤其是当双方合作的客观条件良好、共同利益较一致时，谈判人员素质的高低往往会起决定作用。俗话说："事在人为。"人的素质因素永远是引发事由的重要因素，谈判也是如此。谈判人员的素质不仅是谈判能否成功的重要因素，而且对合同的执行及双方能否长期合作都起着决定性作用。事实上，仅就导致谈判僵局的因素而言，无论是何种原因，在某种程度上都可归结为人员素质方面的原因。但是，有些僵局的产生，却明显是由于谈判人员的素质不佳，如使用一些策略时，因时机掌握不好或运用不当导致谈判僵局，或者对谈判所涉及的专业知识掌握不够，使谈判过程受阻等。因此无论是谈判人员作风方面的不当，还是知识经验、策略技巧方面的不足都可能导致谈判陷入僵局。

(1) 谈判人员的偏见或成见导致僵局

偏见或成见是指由感情原因所产生的对对方及谈判议题的一些不正确的看法。由于产生偏见或成见的原因是对问题认识的片面性，即用以偏概全的办法对待别人，因而很容易引起僵局。由于谈判人员对信息的理解受其职业习惯、受教育程度以及其在某些领域内所掌握的专业知识所制约，所以表面上看来，谈判人员对对方所讲的内容似乎已完全理解了，但实际上这种理解却常常是主观、片面的，甚至与信息内容的实质情况完全相反。

(2) 谈判双方用语不当导致僵局

谈判双方因用语不当，造成感情上的强烈对立，双方都感到自尊受到伤害，因而不肯做丝毫的让步，谈判便会陷入僵局。

(3) 谈判中形成一言堂导致僵局

谈判中的任何一方，不管出自何种欲望，如果过分地、滔滔不绝地论述自己的观点而忽略了对方的反应，并不给对方陈述的机会，必然会使对方感到不满与反感，造成潜在的僵局。

(4) 谈判人员的失误导致僵局

有些谈判者想通过表现自我来显示实力，从而使谈判偏离主题；或者争强好胜，提出独特的见解令人诧异；或者设置圈套，迷惑对方，使谈判的天平向着己方倾斜，以实现在平等条件下难以实现的谈判目标。但是在使用一些策略时，因时机掌握不好或运用不当，也往往导致谈判过程受阻及僵局的出现。

知识链接

成为一名优秀的谈判人员应具备的良好的素质和能力：

① 忠于职守、平等互惠、团队意识；

② 观察判断能力；

③ 灵活的现场调控能力；

④ 巧妙的语言表达能力；

⑤ 高度的自信心和创造力；

⑥ 良好的心理承受能力；

⑦ 注重礼仪礼节。

如果谈判僵局是由上述各种原因造成，那么这些僵局无论以什么形式出现，就其本质而言，其与合作项目背后所隐含的一致利益相比较就显得缺乏理性。因此，这类谈判僵局大都是可以避免的，至少是可以被打破的。

6. 合理要求的差距

谈判双方从各自的角度出发，双方各有自己的利益需求。当双方的要求都是合理的，而且都迫切希望从这桩交易中获得所期望的利益而又不肯做进一步的让步时，僵局也就不可避免。因此在商务谈判实践中，即使双方都表现出十分友好、坦诚与积极的态度，但如果对各自所期望的利益存在较大差距，就难免会出现僵局。例如，当你走进一家汽车商店，看见一辆标价10万元的心仪已久的黑色轿车，情不自禁地想买下来。但你手上只有8万元，并且最多也只愿付这个数。于是你与店主开始讨价还价，你调用一切手段想证明你非常渴望得到这辆车，并运用各种技巧让店主相信你的出价是合理的。你达到了被理解的目的，可是店主只愿打5%的折扣，并告诉你这是他的最优惠条件了。这时谈判已陷入僵局，其实谁也没有过错，从各自角度看，双方坚持的成交条件也是合理的。只要双方都想从这桩交易中获得所期望的好处而不肯做进一步的让步时，那么这桩交易就是没有希望成功的。究其原因，就是双方合理要求的差距太大。

许多商务谈判与此相仿，即使双方都表现出十分友好、坦诚与积极的态度，但是如果双方对各自所期望的收益存在很大差距，那么谈判就会搁浅。当这种差距难以弥合时，那么合作必然走向流产。

7. 外部环境的变化

当谈判的外部环境，如价格、通货膨胀等因素发生变化时，谈判双方中的一方不愿按原有的承诺签约，也会产生僵局。

尽管造成谈判僵局的原因很多，但究其原因不外乎上述几种。确切把握导致僵局的症结所在时，就如同大夫找到了病因一样，接下去的任务就是对症下药。在一场商务谈判中，僵局的发生常常是难免的，然而僵局又是为了被打破而存在的，否则任何谈判都有可能是一场徒劳无益的空谈。

4.2 商务谈判僵局的处理与突破

要突破僵局，除了要了解僵局产生的原因之外，还要了解僵局的具体内容和原因，要搞清楚谈判双方是在哪些环节上产生了分歧，是价格问题，还是责任分担问题，或者是合同条款与国家某些政策规定存在矛盾等。在此基础上，就可进一步来估计目前谈判所面临的形势。要研究先前谈判的备忘录，认真检查一下自己曾经做出的哪些许诺后来未能履行，以及自己可能在哪些问题上存在不当之处，并进而认真分析对方为什么在这些问题上不愿意让步，困难在什么地方，特别是要想方设法找出那个造成僵局的关键问题，找出对方在谈判中起决定作用的关键人物，然后，要认清自己在谈判中受哪些因素的制约，并在遵循一定的处理原则上选取处理方法。

4.2.1 商务谈判僵局的处理原则

商务谈判过程中，陷入谈判僵局有时是不可避免的。商务谈判僵局处理得成功与否，从根本上来讲，要取决于谈判人员的经验、直觉、应变能力等综合素质。从这种意义上讲，僵局突破是谈判的科学性与艺术性结合的产物。在分析、研究及策略的制定方面，谈判的科学成分大一些;而在具体运用上,谈判的艺术成分大一些。

在具体谈判中,最终采用何种策略应该由谈判人员根据当时当地的谈判背景与形势来决定。一种策略可以有效地运用于不同的谈判僵局之中,但一种策略在某次僵局突破中运用成功,并不意味着在其他同样类型的谈判僵局中也适用。只要僵局构成因素稍有差异,包括谈判人员的组成不同,各种策略的使用效果都有可能是迥然不同的。关键还在于谈判人员的素质、谈判能力和己方的谈判实力,以及实际谈判中的个人及小组的力量发挥情况。那些应变能力强、谈判实力强,又知道灵活运用各种策略与技巧的谈判者一定能够成功应付、处理所有的谈判僵局,进而实现谈判目标。

在处理和避免谈判僵局过程中应遵循以下原则。

1. 正确认识谈判僵局

许多谈判人员把僵局视为谈判失败,企图竭力避免它。在这种思想指导下,谈判人员不是采取积极的措施以缓和僵局,而是消极躲避。在谈判开始之前,就祈求能顺利地与对方达成协议完成交易,别出意外、别出麻烦。特别是当谈判人员负有与对方签约的使命时,这种心情就更为迫切。这样一来,为避免出现僵局,就时时处处迁就对方,一旦陷入僵局,就会很快失去信心和耐心,甚至怀疑自己的判断力,对预先制定的计划也产生了动摇。这种思想阻碍了谈判人员更好地运用谈判策略,结果可能会达成一个对己不利的协议。应该看到,僵局出现对双方都不利。如果能正确认识、恰当处理,会变不利为有利。不应该把僵局视为一种策略,运用它胁迫对手妥协,但也不能一味地妥协退让。这样,不但僵局避免不了,还会使自己十分被动。只要具备勇气和耐心,在保全对方面子的前提下,灵活运用各种策略和技巧,僵局就不会是攻克不了的堡垒。

2. 理性思考原则

真正的僵局形成后,谈判气氛随之紧张,这时双方都不可失去理智、任性冲动。必须明确冲突的实质是双方利益的矛盾,而不是谈判者个人之间的矛盾,因此要把人与事严格区分开来,不可夹杂个人情绪的对立,以致影响谈判气氛。

3. 欢迎不同意见

不同意见既是谈判顺利进行的障碍,也是一种信号,它表明实质性的谈判已经开始。如果谈判双方就不同意见互相沟通,最终达成一致,谈判就会成功在望。因此,作为一名谈判人员,不应对不同意见持拒绝和反对的态度,而应持欢迎和尊重的态度。这种态度会使双方更加平心静气地倾听对方的意见,掌握更多的信息和资料,也体现了一名谈判者应有的宽广胸怀。

4. 协调好双方利益

当双方在同一问题上尖锐对立,并且各自理由充足,均无法说服对方,又不能接受对方的条件时,就会使谈判陷入僵局。这时应认真分析双方的利益所在,只有平衡好双方的利益才有可能打破僵局。可以让双方从各自的目前利益和长远利益两个方面来考虑,对双方的目前利益、长远利益做出调整,寻找双方都能接受的平衡点,最终达成谈判协议。因为如果都追求目前利益,可能失去长远利益,这对双方都是不利的。只有双方都做出让步,协调双方的利益关系,才能保证双方的利益都得到实现。

5. 避免争吵

争吵无助于矛盾的解决,只能使矛盾激化。如果谈判双方出现争吵就会使双方对立情绪加重,从而很难打破僵局、达成协议。即使一方在争吵中获胜,另一方无论从感情上还是心理上都很难接受这种结果,谈判仍有重重障碍。所以谈判高手是通过据理力争而不是大吵大嚷来解决问题的。

6. 语言适度

语言适度指谈判者要向对方传递一些必要的信息，但又不透露己方的重要信息，同时积极倾听。这样不但和对方进行了必要的沟通，而且可以探听出对方的动机和目的，形成对等的谈判氛围。

4.2.2 突破商务谈判僵局的策略

谈判出现僵局，就会影响谈判协议的达成，这无疑是谈判人员都不愿看到的。因此，在双方都有诚意的谈判中，应尽量避免出现僵局。但是，谈判本身又是双方利益的分配，是双方的讨价还价，僵局的出现也就不可避免。因此，仅从主观愿望上不愿出现谈判僵局是不够的，也是不现实的，必须正确认识、慎重对待，认真处理这一问题，掌握处理谈判僵局的策略与技巧，从而更好地争取主动，为谈判协议的签订铺平道路。

1. 用语言鼓励对方打破僵局

当谈判出现僵局时，可以用话语鼓励对方："看，许多问题都已解决了，现在就剩这一点了。如果不一并解决的话，那不就太可惜了吗？"这种说法，看似很平常，实际上却能鼓动人。

对于牵涉多项讨论议题的谈判，更要注意打破存在的僵局。例如，在一场包含六项议题的谈判中，有四项是重要议题，其余两项是次要议题。现在假设四项重要议题中已有三项获得协议，只剩下一项重要议题和两项小问题，那么针对僵局，可以这样告诉对方："四个难题已解决了三个了，剩下一个如果也能一并解决的话，其他的小问题就好办了，让我们再继续努力，好好讨论讨论唯一的难题吧！如果就这样放弃了，前面的工作就都白做了，大家都会觉得遗憾的！"听到这些话，对方多半会同意继续谈判，这样僵局就自然化解了。

叙述旧情，强调双方的共同点，就是通过回顾双方以往的合作历史，强调和突出共同点和合作的成果，以此来削弱彼此的对立情绪，以达到打破僵局的目的。

2. 采取横向式的谈判打破僵局

当谈判陷入僵局，经过协商而毫无进展，双方的情绪均处于低潮时，可以采用避开该话题的办法，换一个新的话题与对方谈判，以等待高潮的到来。横向谈判是回避低潮的常用方法。由于话题和利益间的关联性，当其他话题取得成功时，再回来谈陷入僵局的话题，便会比以前容易得多。

把谈判的范围扩大，先避开争议的问题，再谈另一个问题，而不是盯住一个问题不放，不谈妥誓不罢休。例如，在价格问题上双方互不相让，僵住了，可以先暂时搁置一旁，改谈交货期、付款方式等其他问题。如果在这些议题上对方感到满意了，再重新回过头来讨论价格问题，阻力就会小一些，商量的余地也就更大些，从而弥合分歧，使谈判出现新的转机。

3. 寻找替代的方法打破僵局

俗话说得好："条条大路通罗马"，在商务谈判上也是如此。谈判中一般存在多种可以满足双方利益的方案，而谈判人员经常简单地采用某一方案，而当这种方案不能为双方同时接受时，僵局就会形成。

商务谈判不可能总是一帆风顺，双方磕磕碰碰是很正常的事，这时谁能创造性地提出可供选择的方案（当然，这种替代方案一定既要有效地维护自身的利益，又要兼顾对方的利益要求），谁就掌握了谈判的主动权。不过，如果试图在谈判开始就确定所谓的最佳方案，就会阻止许多其他可选择的方案的产生。相反，在谈判准备时期，就能构思彼此有利的更多方案，往往会使谈判如顺水行舟，一旦遇有障碍，只要及时调拨船头，就能顺畅无误地到达目的地。

知识链接

可以对一个方案中的某一部分采用不同的替代方法。

① 另选商议的时间。例如，彼此再约定好重新商议的时间，以便讨论较难解决的问题，因为到那时也许会有更多的资料和更充分的理由。

② 改变售后服务的方式。例如，建议减少某些烦琐的手续，以保证日后的服务。

③ 改变承担风险的方式、时限和程度。在交易的所得所失不明确的情况下，不应该讨论分担的问题，否则只会导致争论不休。同时，如何分享未来的损失或者利益，可能会使双方找到利益平衡点。

④ 改变交易的形态。使互相争利的情况改变为同心协力、共同努力的团体，让交易双方的老板、工程师、技工彼此联系、互相影响，共同谋求解决的办法。

⑤ 改变付款方式和时限。在成交总金额不变的情况下，增加定金，缩短付款时限，或者采用其他不同的付款方式。

【案例 4－3】

休斯购买飞机谈判①

亿万富翁休斯想购买大批飞机。他计划购买三十四架，而其中的十一架，更是非到手不可。起先，休斯亲自出马与飞机制造厂商洽谈，但怎么谈都谈不拢，最后搞得这位大富翁勃然大怒，拂袖而去。不过，休斯仍旧不死心，便找了一位代理人，帮他出面继续谈判。休斯告诉代理人，只要能买到他最中意的那十一架，他便满意了。而谈判的结果，这位代理人居然把三十四架飞机全部买到手。休斯十分佩服代理人的本事，便问他是怎么做到的。代理人回答："很简单，每次谈判一陷入僵局，我便问他们'你们到底是希望和我谈呢？还是希望再请休斯本人出面来谈？'经我这么一问，对方只好乖乖地说'算了算了，一切就照你的意思办吧！'"

4. 运用休会策略打破僵局

休会策略是谈判人员为控制、调节谈判进程，缓和谈判气氛，打破谈判僵局而经常采用的一种基本策略。它不仅是谈判人员恢复体力、精力的一种生理需求，而且是谈判人员调节情绪、控制谈判过程、缓和谈判气氛、融洽双方关系的一种策略技巧。谈判中，双方因观点产生差异、出现分歧是常有的事，如果各持己见、互不妥协，往往会出现僵持严重以致谈判无法继续的局面。这时，如果继续进行谈判，双方的思想还沉浸在刚才的紧张气氛中，结果往往徒劳无益，有时甚至适得其反，导致以前的成果付诸东流。因此，比较好的做法就是休会，因为这时双方都需要一些时间进行思索，使双方有机会冷静下来，客观地分析形势、统一认识、商量对策。

（1）休会的目的

谈判出现僵局，双方情绪都比较激动、紧张，会谈一时也难以继续进行，这时提出休会是一个较好的缓和办法。谈判的一方把休会作为一种积极的策略加以利用，可以达到以下目的：

① 仔细考虑争议的问题，构思重要的问题；

① 资料来源：张国良．商务谈判与沟通．北京：机械工业出版社，2015．

② 可进一步对市场形势进行研究，以证实自己原来观点的正确性，思考新的论点与自卫方法；

③ 召集各自谈判小组成员，集思广益，商量具体的解决办法，探索变通途径；

④ 检查原定的策略及战术，研究讨论可能的让步，决定如何应对对手的要求；

⑤ 分析价格、规格、时间与条件的变动；

⑥ 阻止对手提出尴尬的问题；

⑦ 缓解体力不支或情绪紧张，应付谈判出现的新情况，缓和谈判一方的不满情绪。

谈判的任何一方都可以把休会作为一种战术性拖延的手段。当回到谈判桌边时，可以表示自己原来说过要在某一特殊问题上让步是不可能的，但是上级现在指示你可以有一种新的途径，比如……这样让对方感到你改变观点是合理的。但是，在休会之前，务必向对方重申一下己方的提议，引起对方的注意，使对方在头脑冷静下来以后，利用休会的时间去认真地思考。例如，休会期间双方应集中考虑的问题为：贸易洽谈的议题取得了哪些进展，还有哪些方面有待深谈，双方态度有何变化，己方是否调整一下策略，下一步谈些什么，己方有什么新建议等。

谈判会场是正式的工作场所，容易形成一种严肃而又紧张的气氛。当双方就某一问题发生争执，各持己见、互不相让，甚至话不投机、横眉冷对时，更容易使人产生压抑、沉闷的感觉和烦躁不安的情绪，使双方都失去谈判的兴致。在这种情况下，可暂时停止会谈，双方人员可以去游览、观光、出席宴会、观看文艺节目，也可以到游艺室、俱乐部等地方消遣，使绷紧的神经松弛一下，缓和双方的对立情绪。这样，在轻松愉快的环境中，大家的心情自然也就放松了。更重要的是，通过游玩、休息、私下接触，双方可以进一步熟悉、了解，消除彼此间的隔阂；也可以不拘形式地就僵持的问题继续交换意见，寓严肃的讨论和谈判于轻松活泼、融洽愉快的气氛之中。这时彼此间心情愉快，谈判桌上争论了几个小时无法解决的问题、障碍，在这儿也许会迎刃而解。

休会后，双方再按预定的时间、地点坐在一起时，会对原来的观点提出新的、修正的看法，这时，僵局就会较容易被打破。

（2）休会的时机

① 当谈判出现低潮时。人们的精力往往呈周期性变化，经过较长时间的谈判后，谈判人员就会精神涣散、工作效率低下，这时最好提议休会，养精蓄锐，以利再战。

② 在会谈出现新情况时。谈判中难免出现新的或意外的问题，使谈判局势无法控制。这时可建议休息几分钟，以研究新情况，调整谈判策略。

③ 当谈判出现僵局时。在谈判双方进行激烈交锋时，往往会出现各持己见、互不相让的局面，使谈判陷入僵局。这时，比较明智的做法是休会，让双方冷静下来，客观地分析形势，及时地调整策略。等重开谈判时，会谈气氛就会焕然一新，谈判就可能顺利进行。谈判各方应借休会之机，抓紧时间研究一下对方是否可以承受己方提出的交易方案，对方态度强硬的真实意图是什么，己方准备提出哪些新的方案等，以便重开谈判后，能够提出对方可以接受的方案，从而打破僵局。

④ 当谈判出现一方不满时。有时谈判进展缓慢、效率很低、拖拖拉拉，谈判一方对此不满。这时可提出休会，经过短暂休整后，重新谈判，可改善谈判气氛。

⑤ 当谈判进入某一阶段的尾声时。这时双方可借休会之机，分析研究这一阶段所取得的成果，展望下一阶段谈判的发展趋势，谋划下一阶段进程，提出新的对策。

知识链接

如果谈判的一方遇到对方采用休会缓解策略，而己方不想休会时，破解的方法有：

① 当对方因谈判时间拖得过长、精力不济要求休会时，应设法留住对方或劝对方再多谈一会儿，或再谈论一个问题，因为到此时对手精力不济就容易出差错，意志薄弱者容易妥协，所以延长时间就是胜利；

② 当己方提出关键性问题，对方措手不及、不知如何应付、情绪紧张时，应拖着其继续谈下去，对其有关休会的暗示、提示佯作不知；

③ 当己方处于强有力的地位，正在使用极端情绪化的手段去激怒对手，摧毁其抵抗力，对手已显得难以承受时，对对手的休会提议可佯作不知、故意不理，直至对方让步，同意己方要求。

休会一般先由一方提出，但只有经过双方同意，这种策略才能发挥作用。怎样取得对方同意呢？首先，提建议的一方应把握时机，看准对方态度的变化，讲清休会时间。如果对方也有休会要求，很显然会一拍即合。其次，要清楚地讲清需要，让对方明白无误地知道。一般来说，参加谈判的各种人员都是有修养的，如东道主提出休会，客人出于礼貌，很少拒绝。再次，提出休会建议后，不要再提出其他新问题来谈，先把眼前的问题解决再说。

5. 利用第三者调停打破僵局

由第三者做中间人进行斡旋，往往会获得意想不到的效果。商务谈判完全可以运用这一方法来帮助双方有效地消除谈判中的分歧。当谈判双方进入立场严重对峙、谁也不愿让步的状态时，找位中间人帮助调解，有时能很快使双方立场出现松动。

（1）利用第三者调停打破僵局的原因

当谈判双方严重对峙而陷入僵局时，双方的信息沟通就会严重受阻，就会互不信任、互存偏见甚至敌意。有些谈判务必取得成果，而不能用中止或破裂结束，如索赔谈判，这时由第三者出面斡旋，既可以使双方感到公平，又可使信息交流畅通。中间人在充分听取各方解释、申辩的基础上，能很明显地发现双方冲突的焦点，分析其背后所隐含的利益分歧，据此寻求这种分歧的途径。

（2）调节人的选择

商务谈判中的中间人主要是由谈判者自己挑选的。不论哪一方，其所确定的斡旋者都应该是为对方所熟识和接受的，否则就很难发挥其应有的作用。因此这就成了谈判一方为打破僵局而主动采取的措施。在选择中间人时不仅要考虑公正性，而且还要考虑其是否具有权威性。这种权威性是使对方受中间人影响，最终转变强硬立场的重要力量。而主动运用这一策略的谈判者就是希望通过中间人的作用，将自己的意志转化为中间人的意志来达到自己的目的。

（3）常用的方法

常用的方法有两种：调解和仲裁。调解是请调解人拿出一个新的方案让双方接受。由于该方案照顾了双方的利益，顾全了双方的面子，并且以旁观者的立场对方案进行分析，因而很容易被双方接受。但调解只是一种说服双方接受的方法，其结果没有必须认同的法律效力，当调解无效时可请求仲裁。仲裁的结果具有法律效力，谈判者必须执行。但当发现仲裁人有偏袒时，应及时提出；必要时也可对其行为提起诉讼，以保护自己的利益不受损失。需要说明的是，由法院判决也是处理僵局的一种办法，但很少使用。一是法院判决所需的时间太长，这对双方都是不利的;二是通过法院判决容易伤害双方的感情,不利于以后的交往。因此,除非不得已,谈判各方均不愿把处理僵局的问题提交法院审理。

当出现比较严重的僵持局面时,彼此间的感情可能都受到了伤害。因此,即使一方提出缓和建议,另一方在感情上也难以接受。在这种情况下,最好寻找一个双方都能够接受的中间人作为调解人或仲裁人。

6. 更换谈判人员或者由领导出面打破僵局

谈判中出现了僵局,并非都是双方利益的冲突,有时可能是谈判人员本身的因素造成的。双方谈判人员如果互相产生成见,特别是主要谈判人员在争论问题时,对对方人格进行攻击,伤害了一方或双方人员的自尊心,必然引起对方的愤怒,谈判就很难继续进行下去,从而陷入僵局。即使改变谈判场所或采取其他缓和措施,也难以从根本上解决问题。形成这种局面的主要原因,是在谈判中不能很好地区别对待人与问题,由对问题的分歧发展为双方个人之间的矛盾。

类似这种由谈判人员的性格、年龄、知识水平、生活背景、民族习惯、随便许诺、随意践约、好表现自己、对专业问题缺乏认识等因素造成的僵局,虽经多方努力仍无效果时,可以征得对方同意,及时更换谈判人员,消除不和谐因素,缓和气氛,就可能轻而易举地打破僵局,保持与对方的友好合作关系。

有时在谈判陷入僵局时调换谈判人员并非是因为他们失职,而是一种自我否定的策略,旨在用调换人员来表示以前己方提出的某些条件不能算数,原来谈判人员的主张欠妥。因而在这种情况下调换人员也常蕴含了向谈判对方致歉的意思。

临阵换将,把己方对于造成僵局的责任归咎于原来的谈判人员,这种策略为自己主动回到谈判桌前找到了一个借口,缓和了谈判场上对峙的气氛。不仅如此,这种策略还含有准备与对手握手言和的暗示,成为己方调整、改变谈判条件的一种标志,同时向对方发出新的邀请信号:己方已做好了妥协、退让的准备,对方是否也能做出相应的灵活表示呢?

谈判双方通过谈判暂停期间的冷静思考,若发现双方合作的潜在利益要远大于既有的立场差距,那么调换人员就成了不失体面、重新谈判的有效策略,而且在新的谈判氛围中,在经历了一场暴风雨后的平静中,双方都会更积极、更迅速地找到一致点,消除分歧,甚至做出必要的、灵活的妥协,僵局由此而可能得到突破。但是,必须注意两点:第一,换人要向对方做婉转的说明,使对方能够予以理解;第二,不要随便换人,即使出于迫不得已而换人,事后也要对换下来的谈判人员做一番思想工作,不能挫伤他们的积极性。

在有些情况下,如协议的大部分条款都已商定,却因一两个关键问题尚未解决而无法签订合同时,己方也可由地位较高的负责人来参与谈判,表示对僵持问题的关心和重视。同时,这也是向对方施加一定的心理压力,迫使对方放弃原先较高的要求,做出一些妥协,以利协议的达成。

7. 从对方的漏洞中打破僵局

谈判实践表明,在一些特定的形势下,抓住对方的漏洞,会使对方措手不及,对于突破谈判僵局会有意想不到的效果,这就是所谓的从对方的漏洞中借题发挥。从对方的漏洞中借题发挥的做法有时被看作一种无事生非、有伤感情的做法。然而,对于对方某些人员的不合作态度或试图恃强凌弱的做法,运用从对方的漏洞中借题发挥的方法做出反击,往往可以有效地使对方有所收敛。相反,不这样做反而会招致对方变本加厉的进攻,从而使己方在谈判中进一步陷入被动局面。事实上,当对方不是故意在为难己方,而己方又不便直截了当地提出来时,采用这种旁敲侧击的做法，往往可以使对方知错就改、主动合作。

8. 利用“一揽子”交易打破僵局

所谓“一揽子”交易，即向对方提出谈判方案时，好坏条件搭配在一起，像卖“三明治”一样，要卖一起卖，要同意一起同意。往往有这种情况，卖方在报价里包含了可让与不可让的条件。所以向他还价时，可采用把高档与低档的价加在一起还价的做法。

知识链接

把设备、备件、配套件三类价均分出 A、B、C 三个方案，这样报价时即可获得不同的利润指标。在价格谈判时，卖方应视谈判气氛和对方心理再妥协让步。作为还价方也应同样如此，即把对方货物分成三档价，还价时取设备的 A 档价、备件 B 档价、配套 C 档价，而不都是 A 档价或 B 档价。这着棋的优点在于有吸引力，具有平衡性，对方易于接受，可以起到突破僵局的作用。尽管在一次还价总额高的情况下该策略不一定有突破僵局的作用，但仍不失为一个合理还价的较好理由。

9. 有效退让打破僵局

达到谈判目的的途径是多种多样的，谈判结果所体现的利益也是多方面的，有时谈判双方对某一方面的利益分割僵持不下，就轻易地让谈判破裂，这实在是不明智的。其实只要在某些问题上稍做让步，在另一些方面就能争取到更好的条件。这种辩证的思路是一个成熟的商务谈判者应该具备的。

就拿从国外购买设备的合作谈判来看，有些谈判者常常因价格分歧，最终不欢而散，以至于诸如设备功能、交货时间、运输条件、付款方式等尚未涉及，就匆匆地退出了谈判。事实上，购货一方有时可以考虑接受稍高的价格，这样就更有理由在购货条件方面向对方提出更多的要求，如增加若干功能、缩短交货期，或除在规定的年限内提供免费维修外还要保证在更长时间内免费提供易耗品或分期付款等。

谈判犹如一个天平，每当找到了一个可以妥协之处，就等于找到一个可以加重自己谈判条件的砝码。在商务谈判中，当谈判陷入僵局时，如果对国内、国际情况有了全面了解，对双方的利益所在又把握得恰当准确，那么就应以灵活的方式在某些方面采取退让的策略，去换取另外一些方面的利益，以挽回本来看来已经失败的谈判，达成双方都能接受的合同。

不能忘记坐在谈判桌上的目的毕竟是为了成功而非失败。因此，当谈判陷入僵局时，应有这样的认识，即如果促使合作成功所带来的利益大于坚守原有立场而让谈判破裂所带来的好处，那么有效退让就是应该采取的策略。

10. 适当馈赠打破僵局

谈判者在相互交往的过程中，适当地互赠些礼品，会对增进双方友谊、沟通双方感情起到一定的作用，这也是普通的社交礼仪。有学者幽默地称之为“润滑策略”。每个精明的谈判者都知道，给予对方热情的接待、良好的照顾和服务，对于谈判往往产生重大的影响。它对于防止谈判出现僵局是一个行之有效的途径，这就等于直接明确地向对手表示“友情第一”。

所谓适当馈赠，就是说馈赠要讲究艺术，一要注意对方的习俗，二要防贿赂之嫌。有些企业为了达到自身的利益乃至企业领导人、业务人员自己的利益，在谈判中改变了送礼这一社交礼仪的性质，使之等同于贿赂，不惜触犯法律，这是错误的。所以，馈赠的礼物要应是在社交范围之内的普通礼物，突出“礼轻情义重”。谈判时，招待对方一顿地方风味的午餐，赠送一些小小的礼物，并不是贿赂，提供这些平常的招待也不算道德败坏。如果对方馈赠的礼品比较贵重，通常意味着对方要在谈判中“索取”较大的利益，对此要婉转地暗示对方礼物“过重”，予以推辞，并要传达出自己不会因礼物的价值而改变谈判态度的信息。

11. 场外沟通打破僵局

谈判会场外沟通，也称“场外交易”“会下交易”等。它是一种非正式谈判，双方可以无拘无束地交换意见，以达到沟通、消除障碍、避免出现僵局的目的。对于正式谈判出现的僵局，同样可以用场外沟通的途径直接进行解释，消除隔阂。

（1）采用场外沟通策略的时机

① 谈判双方在正式会谈中相持不下，即将陷入僵局，彼此虽有求和之心，但在谈判桌上碍于面子，难以启齿。

② 当谈判陷入僵局，谈判双方或一方的幕后主持人希望借助非正式的场合进行私下商谈，从而缓解僵局。

③ 谈判双方的代表因为身份问题，不宜在谈判桌上让步以打破僵局，但是可以借助私下交谈打破僵局，这样又可不牵扯身份问题。例如，谈判的领导者不是专家，但实际做决定的却是专家，这样在非正式场合，专家就可不因为身份问题而从容商谈，打破僵局。

④ 谈判对手在正式场合严肃、固执、傲慢、自负、喜好奉承。这样，在非正式场合给予其恰当的恭维（因为恭维别人不宜在谈判桌上进行），就有可能使其做较大的让步，以打破僵局。

⑤ 谈判对手喜好郊游、娱乐。这样，在谈判桌上谈不成的东西，在郊游和娱乐的场合就有可能谈成，从而打破僵局，达成有利于己方的协议。

（2）运用场外沟通应注意的问题

① 谈判者必须明确，在一场谈判中用于正式谈判的时间是不多的，大部分时间都是在场外度过的，必须把场外活动看作谈判的一部分，场外谈判往往能得到正式谈判得不到的东西。

② 不要把所有的事情都放在谈判桌上讨论，而是要通过一连串的社交活动讨论和研究问题的细节。

③ 当谈判陷入僵局时，就应该离开谈判桌，举办多种娱乐活动，使双方无拘无束地交谈，促进相互了解，沟通感情，建立友谊。

④ 借助社交场合，主动和非谈判代表的有关人员（如工程师、会计师、工作人员等）交谈，借以了解对方更多的情况，往往会得到意想不到的收获。

⑤ 在非正式场合，可由非正式代表提出建议、发表意见，以促使对方思考，因为即使这些建议和意见很不利于对方，对方也不会追究，毕竟讲这些话的不是谈判代表。

【案例 4-4】

场外沟通破解僵局①

一新加坡华裔客商与我国山东某进出口公司谈判大蒜生意。第一轮谈判时，中方报价最低为每吨 720 美元，外商出价最高为 705 美元。双方坚持自己立场，互不让步，谈判陷入僵局。

双方决定休会三天，中方安排新加坡客商代表游览参观，双方进一步交换意见，增进了了解。过程中，新加坡客商表示，自己祖籍山东，对山东有特殊的感情，此番游览勾起了对家乡和亲人的思念。

① 资料来源：如何打破谈判僵局的案例，https://www.docin.com/p-1795178970.html.

三天后，双方重新回到谈判桌前，谈判氛围融洽了许多。中方基于当时正值大蒜收获期，如不及时成交，错过收购时机，不但保不住质量而且收购价格不一定上涨，加上美元对人民币汇率上升趋势，及时结算等于提价，为此，中方愿意让步至 705 美元一吨成交。虽然比上海嘉定卖得便宜些，但基本符合国际市场行情。没想到，新加坡客商逆向行动，将买价提高至 710 美元，让中方大为吃惊。新加坡方提出附加条件，要求签订长期合作协议。

合同签订后，新方为中方揭开了其中奥秘：第一，新加坡华人多，而他的老客户主要是北方人，要求蒜味越浓越好，山东大蒜虽比上海嘉定大蒜贵点，但蒜味浓，可以卖好价；第二，外商祖籍山东，论感情，希望长期合作；第三，做生意不能太计较，否则会令对方反感。

12. 以硬碰硬打破僵局

当对方通过制造僵局，给己方施加太大压力时，妥协退让已无法满足对方的欲望，可以采用以硬碰硬的办法向对方反击，让对方自动放弃过高要求。例如，揭露对方制造僵局的用心，让对方自行放弃所要求的条件，这时有些谈判对手便会自动降低自己的要求，使谈判得以进行下去；也可以离开谈判桌，以显示自己的强硬立场，如果对方想与己方谈成这笔生意，他们会再来找己方，这时他们的要求就会改变，谈判的主动权就掌握在了己方的手里。如果对方不来找也不可惜，因为如果继续同对方谈判，只能使自己的利益降到最低点，这样谈成还不如谈不成。

谈判陷入僵局时，如果双方的利益差距在合理限度内，即可明确地表明自己已无退路，希望对方能让步，否则情愿接受谈判破裂的结局。只有在这种情况下，对方才有可能忍痛割舍部分期望利益，委曲求全，使谈判继续进行下去。相反，如果双方的利益差距太大，只靠一方单方面的努力与让步根本无法弥补差距时，就不能采用此策略，否则就只能使谈判破裂。当谈判陷入僵局而又实在无计可施时，以硬碰硬策略往往成为最后一个可供选择的策略。在做出这一选择时，必须做最坏的打算。切忌在毫无准备的条件下盲目滥用这一做法，因为这样只会吓跑对手，结果将一无所获。

【案例 4－5】

三幅画[①]

在比利时某画廊曾发生过这样一件事：一位美国商人看中了印度画商带来的三幅画，标价均为 2 500 美元。美国商人不愿出此价钱，双方各执己见，谈判陷入僵局。终于，那位印度画商被惹火了，怒气冲冲地跑出去，当着美国人的面把其中的一幅字画烧掉了。美国商人看到这么好的画被烧掉，十分心痛，赶忙问印度画商剩下的两幅愿意卖多少价，回答还是 2 500 美元，美国商人思来想去，拒绝了这个报价，这位印度画商心一横，又烧掉了其中一幅画。美国人只好乞求他千万别再烧掉最后那幅画。当再次询问这位印度商人愿以多少价钱出售时，卖主说："最后这幅画只能是三幅画的总价钱。"最终，这位印度商手中的最后一幅画以 7 500 美元的价格拍板成交。在这个故事里，印度画商之所以烧掉两幅画，目的是刺激那位美国商人的购买欲望，因为他知道那三幅画都出自名家之手，烧掉了两幅，那么，物以稀为贵，不怕他不买剩下的一幅。聪明的印度画商施展这一招果然灵验，一笔生意得以成功。而那位美国商人是真心喜欢收藏古董字画的，所以，宁肯出高价也要买下这幅珍宝。

① 资料来源：采购谈判实例，https://www.docin.com/p-1700887000.html.

4.3 商务谈判的风险与控制

4.3.1 商务活动的风险分析

商务谈判中需要研究的风险既包括商务活动进行过程中存在的风险，也包括由谈判活动所带来的风险。对此，必须搞清在商务谈判中一定的作为或不作为所可能造成的直接和间接的经济损失的原因与程度，以及在谈判中可以采取怎样的对策来避免和减少这种损失。商务活动中的风险对于谈判双方来讲都是同样存在的，只是有些风险是需要双方共同应对的，有些则可能是在双方之间相互转换的，而有些仅是一方所独有的。商务活动中，谈判双方存在共同的利益是合作的基础，但在某些方面双方又存在利害冲突，这也是无须回避的事实。因此，要在这种既有一致性又有矛盾性的利益关系中努力寻求增加共同收益、减少共同风险的途径；同时要虚心学习、谨慎从事，尽可能避免由于国际经济合作经验不足、国内机制不够完善等问题所带来的风险；再则，要提高警惕，提倡公平合理地分担风险，增强防范对方趁机转嫁风险的意识。

将商务谈判中的风险分为人员风险和非人员风险两大类是为了进一步探究这些风险的成因、特征、具体内容和可能造成的损害，进而为找出相应对策提供条件。

1. 非人员风险

具体来说，商务谈判中的非人员风险包括政治性风险和市场性风险等。

(1) 政治性风险

经济作为社会生活的基础决定着政治格局，政治又反过来推动或抑制经济的发展，自古以来，两者之间的这种辩证关系不断反映在政治、经济生活中。在商务谈判中，政治风险首先是指由于政治局势的变化或政治冲突给有关商务活动的参与者带来的危害和损失。政治风险主要有以下几种。

① 征收风险。征收风险是指东道国政府对外资企业的资产实行征用、没收或国有化的风险。一般的情况是，东道国中央、地方政府不公开宣布征用，而是以种种措施阻碍外商有效控制、使用和处置本国企业的财产，使得外商的股东权利受到限制。

② 政府违约风险。政府违约风险是指东道国政府非法解除与投资项目相关的协议或者非法违反/不履行合同项下的义务的风险。

③ 汇总限制风险。汇总限制风险也称转移风险，是东道国由于国际收支而实行外汇管制，禁止或限制外商将本金、利润和其他合法收入转移到东道国境外的风险。

④ 延迟支付风险。延迟支付风险是指由于东道国政府停止支付或延期支付，致使外商无法按时、足额收回到期债权的风险。

⑤ 战争和内乱风险。战争和内乱风险是指东道国发生革命、战争和内乱，致使外商蒙受重大损失，甚至无法继续经营的风险。

由此可见，政治因素确实与商务活动有着千丝万缕的联系，而且这种联系决定了政治风险一旦造成不良后果，往往难以挽回消极影响，损失也难以弥补。因此，提高预见和防范政治风险的能力是开展国际商务合作的重要问题。

【案例 4-6】

利比亚战争各方消耗超千亿，我国企业损失难估计[①]

2011 年，利比亚政局动荡对中资企业造成了相当大的影响。2011 年 3 月，中国商务部西亚非洲司司长钟曼英透露，截至 3 月，已经有 26 家中资企业进入利比亚，涉及200 多亿美元的项目，主要分布在住房、铁路、石油服务、通信领域。2011 年 8 月 24 日，商务部表示，中国在利比亚投资损失尚无确切统计。利比亚危机爆发后，除了中兴、华为等民营企业还有些投资外，央企的项目已全部暂停，其中包括中国铁建、中国中冶、中交建、中建材及中国建筑，涉及金额超过 90 亿美元。当地中资企业普遍表示，即使恢复和平，项目保留下来的可能性也不大，新政府对于之前工程的欠款恐怕亦难以支付。即使各方同意部分项目的重建，但战乱过后，之前完工项目价值亦难以评估。

(2) 市场性风险

市场上的各种因素朝夕变动，这就不可避免地给市场参与者带来各种损益的可能性，其风险主要有价格风险、利率风险和汇率风险。

1) 价格风险

价格风险是指除去作为外汇价格的汇率和作为资金价格的利率的风险问题，专指商品和劳动价格风险。例如，合同标的金额较大、建设周期较长的情况下，若硬性要求外商以固定价格形式报价，就会使外商片面夸大那些不确定因素，并把它全部转移到合同定价格中，使固定价格最终偏高，构成风险。

一般而言，价格形式除了固定价格以外，还有浮动价格和期货价格。期货价格既有避险的动因，也有投机的动因，然而无论是何者，都表明了其隐含的风险性。当对国际期货市场买卖尚缺乏经验时，采用浮动价格形式不失为一种积极稳妥的方法。采用浮动价格形式，虽然不能同时避免汇率风险、利率风险，但至少可以在决定原材料、工资等方面的价格上更具客观性、公平性与合理性。由此，在一些大型涉外项目合作中，对于那些需要外商在项目建设开始后五年、七年才提供的有关设备，就可采用浮动价格形式，这样可以避免外商夸大原材料价格、工资等上涨因素，相对节约了项目投资。另外，国际商务往来中价格风险不仅存在于硬件价格中，而且存在于软件价格中。一定的软件投资对于发展中国家来说不仅重要，而且必要，然而计算合理的软件价格是一件十分困难的事。虽然理论上可将对机会成本、市场占有率等因素的分析作为计算依据，但是受市场供求关系的影响，确定软件价格的弹性很大，因此，可以通过充分利用国外著名的管理咨询公司、专利事务所、律师事务所、会计师事务所的帮助来确定软件价格。

2) 利率风险

利率是金融市场的杠杆，利率的变动制约着资金的供给与需求的方向和数量。利率风险主要是指国际金融市场上由于各种商业贷款利率的变动而可能给当事人带来损益的风险。若贷款以固定利率计息，则同种贷款利率升高或降低就会使放款人损失或得益、受款人得益或损失。这种利率风险对于借贷双方都是同时存在并反向作用的。日趋严重的通货膨胀导致金融市场利率波动的幅度较大，金融机构很少贷出利率固定的长期贷款，因为放出长期贷款需要有

① 资料来源：http://news.sina.com.cn/w/sd/2011-08-30/094523074201.shtml.

相应的资金来源做支持，资金来源主要是短期贷款，短期贷款利率接近于市场利率，因此在通货膨胀情况下，借入短期贷款而放出长期贷款的机构显然要承受风险损失。为了避免这种损失，在信贷业务中逐渐形成在长期贷款中按不同的利率计息，主要有变动利率、浮动利率与期货利率，这些利率都有按金融市场行情变化而变化的特点。因此，在通货膨胀的情况下，放出贷款的机构可借此方式得以降低损失。

但对于因开展商务活动而需筹措资金者，就应根据具体情况采取相应办法。如果筹资时市场利率估计已达顶峰，并有回跌趋势，则以先借短期贷款或以浮动利率借入长期贷款为宜，这样在利率回跌时就可再更新短期借款。如果筹资时市场利率较低，并有回升的趋势，则应争取设法借入固定利率的长期借款。由于对金融市场行情的观察角度不一，认识深度不一，对行情趋势的分析也会不同，因而利用商业贷款从事商务活动，其承担的利率风险是不可避免的。

3）汇率风险

汇率风险是指在较长的付款期中，由于汇率变动而造成结汇损失的风险。在国际货币市场上，相对各种货币之间汇率的涨落天天发生，然而当这种涨落十分微小而货币交易量又不大时，对于交易双方来说，其损益状况可能都是微不足道的。当这种涨落在一段时期内变得十分明显，且又涉及巨额货币交易量时，其结果只会让一方欢欣不已，另一方痛心疾首。

综上所述，市场供求的起伏波动决定着市场中外汇、资金、生产资料和劳务的价格变动，其中风险时时处处存在。值得注意的是，汇率、利率、价格的变动往往不是单一的，它们既可能归结于某种共同因素的影响，又可能在它们之间构成互为因果的作用。所以汇率风险、利率风险、价格风险常常是错综复杂、交织在一起的。

2. 人员风险

具体地说，商务谈判中的人员风险包括素质性风险和技术性风险。

（1）素质性风险

在开展商务活动中，参与者的素质欠佳会给谈判造成不必要的损失，造成这种损失的可能性称为素质风险。素质风险主要包括谈判人员的经验不足，管理水平、谈判水平有待提高等。除此之外，项目实施与管理过程中表现出来的人员内在素质缺陷，在很多情况下也构成了对商务合作潜在利益的威胁。其具体表现在以下几个方面。

① 部分谈判人员在谈判过程中表现出急躁情绪，如急于求成、好表现自己。

② 部分谈判人员在谈判过程中拖泥带水、迟缓犹豫、怕承担责任，因此不能真正把握时机，争取最佳获益。有些谈判人员不敢担负责任，一遇到来自对方的压力或来自自己上司的压力，就感到难以适从。

③ 部分谈判人员在谈判过程中刚愎自用，自我表现欲望过强，在谈判中坚持一切都要以他的建议为合作条件，寸步不让，从而使有些合作伙伴不得不知难而退。有时在未与对方充分交涉洽商的情况下匆忙做出承诺，使经过努力争取可以获取更大利益的局面丧失殆尽；有时则久拖不决，不从工作出发，而是沉湎于谈判结果对于个人进退得失的影响的考虑，不能争取更有吸引力的合作前景。

④ 部分谈判人员在谈判过程中缺乏必需的知识，其中有一些是因为本身专业技能的局限性所致，有一些是因为不充分调查、缺少必有的信息与资料，又不虚心请教所致。

（2）技术性风险

谈判中所要考虑的各类技术问题十分广泛，不仅有项目的技术工艺要求，还有项目管理的技术问题。因此，从广义上来理解，谈判中的技术风险所反映的内容很多，包括技术上过分奢求引起的风险、强迫性要求造成的风险、合作伙伴选择不当引起的风险等。

1）技术上过分奢求引起的风险

在涉及引进技术、引进设备等项目谈判中，引进方在进行项目技术谈判时，常有不适当地提出过高技术指标的情况，特别是那些参与谈判的工程技术人员，他们总是希望对方提供的技术越先进、越完善、功能越全越好，这样做实际上也为项目成本的大幅度增长埋下了种子。

俗话说，"一分价钱一分货"。在项目合作中，在向对方提出任何技术要求时，都要有承受相应费用的准备，而且需要明白的是，费用的上升幅度有时会大大超过功能、精度提高的幅度。事实上，这些要求中相当一部分在实际运用中往往是不必要的。

2）强迫性要求造成的风险

此风险是指由于谈判双方的地位不平等而产生的谈判一方强迫或压制对方的风险。在商务活动中，当大企业在与中小企业交往时，中小企业往往就面临着"强迫风险"，要么接受不公平的条件，承受利益分配上的不平等，要么拒绝无理要求，承受机会成本损失。对于中小企业来讲，既要维系与大企业的合作，又要维护自己的合理利益，这确实是有相当难度的。

反过来，大企业在开展对外商务合作时，出于自身的优越感，对其他客商的合作条件横加挑剔，强迫对方做一些他们根本做不到或做不好的事情，甚至以为这是理所当然的，唯有如此才能保证自己的利益不受侵害。殊不知，这样一来，谈判就容易陷入僵局。即使最终客商被迫让步，接受了大企业的要求，但是商人"不做亏本买卖"的秉性使他们在日后的合作中一定会伺机把他们早先失去的利益再偷偷地夺回去。这种明亏暗补的做法，最常见的莫过于偷工减料，由此会对整个项目造成危害。

3）合作伙伴选择不当引起的风险

企业在开展经济合作时，常常以引进资金、技术、设备及管理为主要内容，但能否如愿以偿地从合作伙伴中得到这些东西，却往往不十分确定。所以，在商务合作项目中，除考虑合作伙伴的技术状况之外，考察其资信条件、管理经验等方面的情况也是一个相当重要的问题。只有选择了合适的伙伴，才有可能保证项目合作达到预定目的。对于那些重要的、敏感的工程，要寻找信誉良好、有实力的合作伙伴，为此承担稍高的合同价格也是完全值得的。合作伙伴选择不当，不但会使项目在合作进程中出现一些难以预料甚至难以逆转的困难，造成不可挽回的损失，而且在项目尚未确定之时，就有可能蒙受机会成本的损失。

【案例 4－7】

选错合作伙伴被拖累[①]

A 公司想要开展一个大型项目，其通过调查选定了技术先进、运营良好的 B 公司作为该项目的设备供应商。可是在项目的开展过程中，B 公司出现了意外，它的一家子公司曾向银行借贷了一笔款项，到期无力偿还，这笔债务转而由 B 公司承担。但 B 公司此时无足够资金抵债，于是被银行冻结了账目，各项业务被迫停止，并累及与 A 公司的合同无法履行。考虑到公司项目的重要性和本已紧张的工程不能够再拖延，A 公司只得采取相关措施帮助 B 公司还款，使其摆脱困境，然后项目工程才得以完成。

① 资料来源：陈媛媛．商务谈判．北京：航空工业出版社，2012．

4.3.2 商务谈判风险规避策略

在商务谈判中，人员风险较容易预测，只要对谈判人员以及其他参与人员规避风险的意识进行考察，就会发现疏忽之处，由此可以预测人员素质引起的风险。而非人员风险的预测则难度较大，例如，突如其来的地震、台风、海啸、旱涝等自然灾害给商务谈判造成的损失是无法预测、不可避免的。但是，这绝对不是说非人员风险就听之任之，而是应该采取积极主动的态度，对于那些根据已经观察到的事实而判断出来的政治风险和自然灾害风险，完全可以采取回避风险的策略来减少损失。具体的规避策略主要有以下几点。

1. 切实提高商务谈判人员的素质

在商务合作过程中，风险可谓无处不在、无时不在。谈判主题一经明确，谈判人员一经确定，风险即已形成。因此，谈判人员的挑选应当遵照一定的素质要求从严掌握。虽然不可能在这些候选人完全符合理想标准以后才允许他们走上谈判桌，事实上，谈判人员的素质是要在经常的谈判实践磨炼中不断提高和发展的，但是由于涉外谈判的责任重大，因此就不得不对谈判人员，特别是首席谈判代表，提出严格的要求。最终被选定的谈判人员应该以事业为重，有较强的自我控制能力，不图虚荣、敢于负责。这样，人员的素质风险就可能避免。具体措施包括以下几项。

(1) 谈判人员应该努力拓宽自己的知识面

通晓相关知识是任何一个商务人员开展工作的基础，商务谈判人员除了具备国际贸易、国际金融、国际市场营销这些必备的专业知识以外，还要把握心理学、经济学、管理学、法学、财务会计、历史学等方面的知识。全面的知识结构不仅构筑了谈判人员的自信，而且在谈判实践中，这些知识可以帮助避免一些风险。

【案例 4-8】

地理知识的重要性[①]

我国某公司曾在泰国承包了一个工程项目，由于不了解施工时期是泰国的雨季，运过去的轮胎式机械在泥泞的施工场地上根本无法施展身手，只得重新再组织履带式机械。因此耽搁了采购、报关、运输时间，以致延误了工期，于是对方提出了索赔。

(2) 谈判人员应该谦虚好学、主动征询

一个商务谈判人员的知识面再广，整个商务谈判班子的知识结构再合理，总难免会有缺漏，特别是对于某些专业方面问题，难免会缺乏全面的把握与深刻的了解。请教专家、聘请专家作为顾问常常是商务谈判取得成功必不可少的条件。

专家首先可以帮助谈判人员了解客观环境，在选择合作伙伴时，主动征询专家的意见有助于避免因伙伴选择不当而造成的风险损失。选择专家的渠道有很多，既可以从国内的有关专业外贸公司、同行业企业中选取，也可以从国外特别是项目所涉及的有关国家的政府部门、行业机构，甚至可以从国内外银行等金融机构、外国驻我国使领馆和我国驻外使领馆中选取等。

政治风险、自然灾害风险大多是纯风险，它们难以被预测，一旦造成危害，后果又非常严重。对此，请教有关方面专家可能会得到有价值的信息与启发。例如，到海外投资，一定要请

① 资料来源：商务谈判准备，http://www.doc88.com/p-9015071812214.html.

政治问题专家帮助考证当地政治环境是否稳定、与周边国家和地区关系的状况如何等；与国外大公司、金融财团合作，一定要设法搞清楚他们与该国政府、议会之间的关系；为国外客商发射通信卫星，一定要请气象专家精确推算计划发射时间内的气象变化趋势，请他们参与发射方案的制定。专家不能保证完全消除这些风险，但总比外行更了解这些风险，而这正是商务谈判人员所需要的。

(3) 商务谈判人员应该审时度势、当机立断

一个谈判人员是否能审时度势、当机立断，很大程度上要归诸于心理素质的优劣，谈判的准备是否充分。实际情况是纷繁复杂的，要进行反复比较，做出最佳选择往往是非常困难的。决策理论表明，现实生活中很少存在对某一事务进行处置的绝对最佳方案，或者说，即使人们花了大量时间、精力、钱财，经反复研究、演算、论证找到了一个理想的方案，似乎据此便可以做出最优决策，但事实上极可能由于决策成本过高，或者由于贻误时机，使这种决策最终丧失了其优化的特性，甚至变得一文不值。

商务谈判既不可急于求成，也不可当断不断。有些对方利用我方有求于他的心理，在谈判中提出苛刻的合作条件。如果急于求成，就要承受价格不合理的风险。相反，在谈判中表现出过多的犹豫，想把方方面面的情况条件包括各种细微之处都考虑周全再做决策，就得承受失去合作机会的风险。

2. 运用技术手段规避风险

对于市场风险中所涉及的汇率风险、利率风险、价格风险，是可以通过一定的技术手段予以调节和转化的。

(1) 应对汇率风险

应对汇率风险的措施包括消除风险、分担风险、获取风险收益三种。

1) 消除风险

可以通过以下四种方法来消除汇率风险。

① 单项平衡法。将某一项具体交易的货币进行平衡，即通过借用一致或借还一致的原则来选用货币，以规避外汇风险。

② 综合平衡法。将公司一系列交易或整个对外经济活动中的货币进行平衡。该方法是单项平衡法的加总。

③ 人民币计价法。以人民币作为计价货币，直接收付人民币，就排除了与外币兑换的折算问题，这样不论国际汇率如何波动，都无任何外汇风险。

④ 易货交易法。交易双方达成协议后，在一定时间内对等地对方手里购买相同金额的货物或劳务，并用同一种货币进行清算，就可以完全消除外汇风险。

2) 分担风险

分担风险的措施主要是签订货币保值条款，即交易时选择汇率稳定的货币作为保值货币，例如，选美元作为保值货币，当计价货币对美元的汇率变动超过某一幅度时，谈判双方必须对其价格作相应的调整，差额部分由卖方或买方支付或由双方按约定的比例分摊。

3) 获取风险收益

可以通过以下两种方法来应对汇率风险。

① 应用结汇的时间差。当交易的一方判定汇率将发生某种变化时，将结汇的日期提前或推迟，以避免汇率变动的风险，并可获取汇价上的收益。例如，己方确信某种外币对本国货币将升值，就可采取远期交易的方式，以现汇汇率或约定汇率来买入未来某个时刻的外币，这样

外币价格就被锁定，如若日后该种外汇汇率果真上升，不仅损失能得以避免，而且相对而言等于有了一笔额外收益。

② 应用不同的计价货币。在谈判过程中对各种货币的汇率走势做出正确的判断，作为出口的一方，应选择汇率趋于上涨的硬货币计价；作为进口的一方，应选择汇率趋于下跌的软货币计价。

(2) 应对利率风险

应对利率风险的措施包括利率期货交易、远期交易、期权交易三种。

1) 利率期货交易

利率期货交易是以债券类证券为标的物的期货。用利率期货进行交易可以回避银行利率波动所引起的证券价格变动的风险。

2) 远期交易

远期交易是指谈判双方约定在未来约定日期购入或售出一笔商定数额的另一币种货币。一般来说，交易价格的计算以即期汇率为基础，再根据对合同生效至交易完成这段时间内利率趋势的预测做出一定的调整。

3) 期权交易

期权是一种选择权，期权的买方向卖方支付一定数额的权利金后，就获得在一定时间内以一定价格(执行价格)出售或购买一定数量的标的物(实物商品、证券或期货合约)的权利。期权的买方行使权利时，卖方必须按期权合约规定的内容履行义务。相反，买方可以放弃行使权利，此时买方只是损失权利金，同时，卖方则赚取权利金。总之，期权的买方拥有执行期权的权利，无执行的义务；而期权的卖方只有履行期权的义务。

(3) 应对价格风险

应对价格风险的措施有制定非固定价格、制定价格调整条款、套期保值三种。

1) 制定非固定价格

制定非固定价格包括三种情况：一是具体价格待定，即可在合同价格条款中明确规定定价时间和定价方法；二是暂定价格，即在合同中先订立一个初步价格，作为开立信用证和初步付款的依据，待双方确定最后价格后再进行最后结算，多退少补；三是部分固定价格、部分非固定价格，即在签约时将交货期近的商品的价格固定下来，余者在交货前的一定期限内定价。

2) 制定价格调整条款

在签约时只规定初步价格，同时规定如果原材料价格和工资等发生变化，按原材料价格和工资等的变化来计算合同的最终价格。这主要适用于生产加工周期较长的机器设备等商品的合同。

3) 套期保值

套期保值是期货市场交易者将期货交易与现货交易结合起来进行的一种市场行为。其目的是通过期货交易转移现货交易中的价格风险，并获得这两种交易相配合的最大利润。

3. 利用保险市场和信贷担保工具

在商务活动中，向保险商投保已成为一种相当普遍的转移风险方式。与价格浮动、汇率风险这些投机风险不同，保险一般仅适用于纯风险。然而无论如何，是否对项目中存在的纯风险投保、向哪家保险公司投保、如何确定承保事项、选择何种缴费档次、如何与合作方分担保险费这一系列问题，谈判人员还应虚心向保险专家求教。

商务活动中，信贷担保不仅是一种支付手段，而且在某种意义上具有规避风险的作用。例如，在大型工程项目承包的谈判中，企业为了预防因承包商出现差错而延误工程进度，可以要求承包商或供应商在签订合同时提供银行担保。

4. 谈判双方公平负担

在项目合作过程中，风险的承担并不是非此即彼般的简单，合作双方常常要共同面对一些风险。因此，如何分担这些风险成了谈判的一个重要内容。不测事件发生后，如何处置共同的风险损失，构成了合作双方需要磋商的内容。所以，在谈判过程中，坚持公平负担原则是能带来合理结局的唯一出路。

知识链接

信贷担保的种类如下。

① 投标保证书。为了阻止投标者在中标后不依照投标报价签合同，要求投标者在投标的同时提供银行的投标保证书。开标后如投标者未中标，或已正式签订合同，银行的担保责任即告解除。

② 履约保证书。为了防止供应商或承包商不履行合同，业主可以要求供应商等提供银行担保，一旦发生不履约情况，业主就可以得到补偿。

③ 预付款担保。在业主向供应商等按合同支付预付款的时候，可向供应商等索取银行担保，以保证自身利益。

【本章小结】

商务谈判僵局是指在商务谈判过程中，当双方对所谈问题的利益要求差距较大，各方又都不肯做出让步时，双方因为暂时不可调和的矛盾而形成对峙，使谈判呈现出的一种不进不退的僵持局面。谈判人员要正确对待谈判中的僵局，既要有信心对付僵局，认真客观地分析双方意见分歧所在，冷静地估计谈判所面临的局势，还要学会利用僵局试探谈判对手的诚意和决心。

根据谈判实践和经验，把谈判僵局产生的原因归纳为几个方面，即立场争执、谈判一方故意制造谈判僵局、强迫手段、沟通障碍、人员素质、合理要求的差距、外部环境的变化等。

商务谈判风险是指在商务谈判中由于某些谈判环境因素、谈判对手因素或者谈判内部因素的作用，使得谈判出错或者失误，无法达到预期目标的可能。在任何商务谈判中，谈判风险都是存在的。

有效规避风险的方法有：切实提高商务谈判人员的素质、运用技术手段、利用保险市场和信贷担保工具、谈判双方公平负担等。

【课后习题】

一、单选题

1. 明确冲突的实质是双方利益的矛盾，而不是谈判者个人之间的矛盾，把人与事严格区分开来，不夹杂个人情绪的对立。以上是处理和避免僵局的(　　)原则。

A. 正确认识谈判僵局　　B. 理性思考
C. 协调好双方利益　　D. 欢迎不同意见

2. 当谈判陷入僵局，经过协商而毫无进展，双方的情绪均处于低潮时，可以采用避开该话题的办法，换一个新的话题与对方谈判。以上采用的是(　　)策略打破僵局。

A. 采取横向式的谈判　　B. 用语言鼓励对方
C. 寻找替代的方法　　D. 运用休会策略

3. 处理谈判僵局最有效的途径是(　　)。

A. 邀请高级别领导人介入谈判　　B. 将导致谈判僵局的因素消灭在萌芽状态
C. 当谈判僵局出现后再磋商　　D. 僵局出现后撤换谈判人员

4. 下列风险中不属于谈判中技术风险的是(　　)。

A. 过分奢求引起的风险　　B. 合作伙伴选择不当引起的风险
C. 强迫性要求造成的风险　　D. 谈判缺乏知识引起的风险

5. 当谈判陷入僵局而又实在无计可施时，(　　)策略往往成为最后一个可供选择的策略。

A. 场外沟通　　B. 适当馈赠　　C. 借题发挥　　D. 以硬碰硬

6. 由于谈判人员的经验不足，管理水平、谈判水平欠缺而导致的商务谈判风险是(　　)。

A. 政治风险　　B. 市场风险　　C. 素质风险　　D. 技术风险

二、名词解释

1. 商务谈判僵局
2. 商务谈判风险
3. 汇率风险
4. 利率风险
5. 价格风险

三、简答题

1. 商务谈判僵局分为哪几类？
2. 商务谈判僵局形成的原因有哪些？
3. 商务谈判僵局的处理原则是什么？
4. 打破商务谈判僵局的策略与方法有哪些？
5. 休会的目的是什么？
6. 采用场外沟通策略的时机是什么？
7. 市场风险包括哪些方面？
8. 商务谈判风险规避的策略有哪些？

【案例分析】

中日农机设备交易谈判

中国某公司与日本某公司，围绕进口农用加工机械设备，进行了一场别开生面的竞争与合作、竞争与让步的谈判。

谈判一开局，按照国际惯例，首先由卖方报价。首次报价为1 000万日元。

这一报价比实际卖价偏高许多。由于中方事前已摸清了国际行情的变化，深知日方是在放“试探气球”。于是中方直截了当地指出：这个报价不能作为谈判的基础。日方对中方如此果断地拒绝了这个报价而感到震惊。他们分析，中方可能对国际市场行情的变化有所了解，因而己方的高目标恐难实现。于是日方便转移话题，介绍起产品的特点及其优良的质量，以求采取迂回前进的方法来支持己方的报价。但中方一眼就看穿了对方在唱“空城计”。

第二轮谈判开始后，双方首先漫谈了一阵，调节了情绪，融洽了感情，创造了有利于谈判的友好气氛。之后，日方再次报价，同意削价 100 万日元。根据分析，这个价格，虽日方表明是总经理批准的，但根据情况看，此次降价是谈判者自行决定的。由此可见，日方报价中所含水分仍然不小，弹性很大。基于此，中方确定“还盘”价格为 750 万日元。日方立即回绝，认为这个价格很难成交。中方坚持与日方探讨了几次，但没有结果。于是，中方主谈人使用了具有决定意义的一招，郑重向对方指出：“这次引进，我们从几家公司中选中了贵公司，这说明我们成交的诚意。此价虽比贵公司销往 C 国的价格低一点，但由于运往上海口岸比运往 C 国的费用低，所以利润并没有减少。另一点，诸位也知道我国有关部门的外汇政策规定，这笔生意允许我们使用的外汇只有这些。要增加，需再审批。如果这样，那就只好等下去，改日再谈。”中方主谈人接着说：“A 国、C 国还等着我们的邀请。”说到这里，中方主谈人把一直捏在手里的王牌摊了出来，恰到好处地向对方泄露，把中国外汇使用批文和 A 国、C 国的电传递给了日方主谈人。

日方见后大为惊讶，他们坚持继续讨价还价的决心被摧毁了，陷入必须“竞卖”的困境；要么压价握手成交，要么谈判就此告吹。日方掂量再三，还是认为成交可以获利，告吹只能赔本。因此最后谈判就在中方的价格下成交了。

问题：分析中方在谈判中使用的策略。

【实战演练】

学生自由分组，每组 6 人，其中三人是 A 组，扮演销售人员；另三人是 B 组，扮演顾客。对以下场景进行模拟，目的是锻炼学生化解僵局、说服对方的能力和技巧。

场景一：A 组现在要将公司的某件商品卖给 B 组，而 B 组想方法设法地挑出本商品的各种毛病，寻找制造僵局的机会，A 组的任务是一一回答 B 组的这些问题，努力化解僵局，即便是一些吹毛求疵的问题也要让 B 组满意，不能伤害双方的感情。

场景二：假设 B 组已经将本商品买回去了，但是发现商品有一些小问题，需要进行售后服务，B 组要讲一大堆对于商品的不满，A 组的任务仍然是帮助 B 组解决这些问题，提高 B 组的满意度。

要求每组谈判时间不少于 10 分钟，结束后每个小组推选代表进行总结，并写出书面报告。

第5章 商务谈判心理

学习目标

通过本章的学习，了解商务谈判活动中有关商务谈判心理、心理素质要求、气质和性格、商务谈判思维等方面的知识；掌握商务谈判人员的心理素质要求、正确面对谈判压力和挫折、运用商务谈判心理和正确的谈判思维方法等技能推进商务谈判成功的方法。

引导案例

诸葛亮智激周瑜①

三国时期，为了贯彻联吴抗曹的战略，说服周瑜与曹操决死一战，诸葛亮只身来到吴国同周瑜进行谈判。晚间时，鲁肃领着诸葛亮来见周瑜，周瑜出中门迎接诸葛亮的到来。两人相互行完礼，分宾主落座。鲁肃先问周瑜："现在曹操带领大批人马南下攻击我们，投降还是决战，主公决定不了，全凭都督一人决策。都督有何打算？"周瑜说："曹操以天子的名义出兵，不可抗拒，而且他的势力庞大，不可轻敌。如果和曹操决战，必定不是对手。如果投降，则可以得到安宁。我已经下定决心了，明天见了主公，我会将想法回禀，然后派使臣投降。"由于诸葛亮的到来，周瑜故意说向曹操投降的反语，一来可以探讨诸葛亮的虚实，二来也想使其主动求助于自己，以便在谈判中居于主动地位。

周瑜说完之后，鲁肃急忙反驳周瑜不该投降，诸葛亮在一旁冷笑不已，周瑜问："先生为何冷笑？"诸葛亮说："我不是笑别人，而是笑子敬不识时务。"接着孔明针对周瑜的降曹反语，将计就计，智激周瑜。孔明继续说："曹操非常善于用兵，天下没有人敢同他抗衡。以前只有吕布、袁绍、袁术和刘表敢和他对抗，现在这些人都被曹操消灭了。天底下再也没有人敢和他对抗了。如今只有我家主公刘备不识时务，勉强与曹操相争，现在孤身一人在江夏，不知道什么时候遭到灭亡的灾难。都督决定投降曹操，至少能够保住自己的妻子和孩子，可以继续得到荣华富贵，只是吴国从此属于别人，这是天命使然，没有什么可惜的！"孔明的这番话，明枪暗箭，直刺周瑜。第一，周瑜年轻气盛，仗英雄之义，而孔明竟然说他不善用兵，懦弱无能，不敢抵抗曹兵；第二，诸葛亮指出周瑜决计降曹目的是想保全妻子儿女，换来荣华富贵，一心为着自己，全然不顾全大局。

然后诸葛亮又说："我看不如派个使臣，将两个人送到江上曹操的大营，曹操得到这两个人，就可以带着他的大军回北方去了，东吴再也不必遭受灭顶之灾了。"究竟是哪两个人可以抵得上好酒好肉、几十万兵将和吴国的印墨呢？诸葛亮偏偏不说明是谁，等着周瑜来问自己。果然，周瑜按捺不住好奇心，问诸葛亮："请问先生，到底是何二人，能有如此能耐？"诸葛亮说："江东去了这两个人，就像大树丢掉一片树叶、粮仓里丢了一颗谷粒，不会有什么损失。而曹操得到这两个人，则必然大喜而去。"他不说明究竟是哪两个人，只将两个人看得对江东无关紧要，此举正是为了让周瑜再次问自己，为激励周瑜造声势。周瑜果然又问："这两个人究竟是谁？烦请先生之言相告。"周瑜连连发问，将诱使诸葛亮前来求助自己的打算搁置

---

① 资料来源：商务谈判战略布局，https://doc.xuehai.net/bba8d8c495c09ed23f185e632.html.

一旁，渐渐地陷入被动地位。诸葛亮回答说："我在隆中时，听说曹操在漳河新建造了一座台子，名叫铜雀台，非常壮观华丽，广选天下美女到铜雀台中。曹操本是好色之徒，当年他曾经强掠张绣的婶娘。早就听说江东乔玄有两个女儿，姐姐名叫大乔，妹妹名叫小乔，这二人均有沉鱼落雁之容，闭月羞花之貌。曹操曾经发过誓言，说他有两个愿望，一是平定四海君临天下，二是得到二乔，请到铜雀台，好在晚年享乐，虽死无憾。曹操南下江南，其实真正的目的就是二乔。江东现在如果将二乔送给曹操，不就可以避免被曹操百万大军击溃的命运吗？"

周瑜大怒道："先生有所不知，大乔是孙策将军之妻，小乔也已下嫁了公瑾，曹贼欺我太甚！我东吴必将与老贼势不两立！"之至此，诸葛亮已然占据谈判上风。经过双方进一步谈判，达成了共同抵抗曹操的协议，诸葛亮联吴抗曹的战略得到了贯彻实施。

在商务谈判过程中，谈判双方的心理影响着谈判的结果，要使谈判获得成功，就必须研究谈判者的心理。学习与研究商务谈判心理，既有助于培养自身的心理素质，又有助于揣摩对手心理，实施心理策略，从而促成交易。

5.1　商务谈判心理概述

随着商务活动的日益频繁、商务谈判活动日益增加，不可否认的是，在任何交易活动中，双方都力图有所多得。但是，究竟什么因素影响着谈判结果的分配呢？有些因素是确定的，如公司拥有的货币量、谈判双方知识深浅、各自发展的不同模式和产业格局等；而有些因素是不确定的，它们能够使最终结果发生潜移默化的转移，这就是谈判中的心理因素。心理因素包括个人自我价值判断、自信心、理解和观察能力、对人格类型的把握和理解、个人需求标准和谈判风格等。谈判是智慧与心理素质的较量，是谋略与技巧的角逐，是心理与胆量的比拼，谈判人员的心理直接影响其谈判决策行为。对于谈判者来讲，掌握一定的心理分析技巧无疑有助于其谈判的成功。

商务谈判是一种特定条件下人与人之间的交流行为。在整个谈判过程中，谈判对象的选择、谈判计划的制定谈判策略和技巧的运用，以及谈判结果的认定，都伴随着谈判各方各种各样的心理现象和心态反应。这些心理直接影响着商务谈判的行为和结果。所以，谈判者若想在谈判桌上处于优势，就有必要掌握谈判对手的心理状况，准确地引导谈判，控制谈判节奏，从而争取良好的谈判结果，实现预定的谈判目标。

5.1.1　商务谈判心理的概念

1. 心理的含义

心理是人脑对客观物质世界的主观反应，它是通过感觉、知觉、表象、记忆、想象、思维、感情和意志等多种多样的形式表现出来的。人的心理看不见、摸不着，而且会给人一种深邃的感觉。当一个人面对祖国的壮丽河山、家乡的秀美景色时，便会产生喜爱愉悦的心理；相反，当看到被污染的环境、恶劣的天气时，就会出现厌恶的心理。这些就是人的心理活动、心理现象。人的心理是复杂多样的，人们在不同的专业活动中，会产生各种与不同活动相联系的心理。

2. 商务谈判心理的含义

商务谈判心理是指谈判者在商务谈判活动中的各种心理活动，它是商务谈判者在谈判活动中对各种情况、条件等客观现实的主观能动反映。例如，当谈判者在商务谈判中第一次与谈判对手会晤时，对方彬彬有礼、态度诚恳，就会对对方有好印象，对谈判取得成功也会抱有信心和希望；反之，如果谈判对手态度狂妄、盛气凌人，势必留下不好的印象，从而对商务谈判的顺利开展存有忧虑。

通过对谈判者心理的研究，一方面有利于谈判者了解己方谈判成员的心理活动和心理弱点，以便采取相应措施进行调整和控制，保证己方谈判者能以一个良好的心理状态投入到谈判中去；另一方面有利于摸清谈判对手的心理活动和心理特征，以便针对不同的谈判对手，选择不同的战略和战术。

5.1.2 商务谈判心理的特点

与其他的心理活动一样，商务谈判心理也有其心理活动的特点和规律。商务谈判心理的特点归纳如下。

1. 商务谈判心理的内隐性

商务谈判心理的内隐性是指商务谈判心理是商务谈判者的内心活动，藏之于脑、存之于心，别人是无法直接观察到的。尽管如此，由于人的心理会影响人的行为，行为与心理有密切的联系，因此，人的心理可以反过来从其外显行为加以推测。例如，在商务谈判中，对方作为购买方，对所购买商品的价格、质量、售后服务等方面的谈判协议条件都感到满意，那么在双方接触中，谈判对方会表现出温和、友好、礼貌赞赏的态度反应和行为举止；如果很不满意，则会表现出冷漠、粗暴、不友好、怀疑，甚至挑衅的态度反应和行为举止。掌握其中的规律，就能较为充分地了解对方的心理状态，更好地洞悉对方的所思所想，从而在商务谈判中占据主动。

2. 商务谈判心理的个体差异性

商务谈判心理的个体差异性是指因谈判者个体的主客观情况不同，谈判者个体之间的心理状态存在着一定的差异。商务谈判心理的个体差异性，要求人们在研究商务谈判心理时，既要注重探索商务谈判心理的共同特点和规律，又要注意把握个体心理的独特之处，以便有效地为商务谈判服务。

3. 商务谈判心理的相对稳定性

商务谈判心理的相对稳定性是指个体的某种商务谈判心理现象产生后，往往具有一定的稳定性，在一段时间或一定时期内不会发生大的变化。但这种稳定性不是绝对的，而是相对的。例如，商务谈判者的谈判能力会随着谈判者经验的增加而有所提高，在一段时间内是相对稳定的。正是由于商务谈判心理具有相对稳定性，所以需要对谈判对手过去的种种表现进行观察、了解和分析，进一步去认识谈判对手，而且还可以运用一定的心理方法和手段去改变它，使其利于商务谈判的开展。

5.1.3 研究和掌握商务谈判心理的意义

1. 有助于培养谈判人员自身良好的心理素质

谈判人员良好的心理素质是谈判取得成功的重要基础条件。谈判人员相信谈判成功的坚定信心、对谈判的诚意、在谈判中的耐心等都是保证谈判成功不可或缺的心理素质。良好的心理素质是谈判者抗御谈判心理挫折的条件和铺设谈判成功之路的基石。

谈判人员对商务谈判心理有正确的认识，就可以有意识地培养提高自身优良的心理素质，摒弃不良的心理行为习惯，从而把自己造就成从事商务谈判方面的人才。商务谈判人员应具备的基本心理素质有以下几点。

(1) 自信心

所谓自信心，就是相信自己的实力和能力。它是谈判者充分施展自身潜能的前提条件。缺乏自信往往是商务谈判遭受失败的原因。没有自信心，就难以勇敢地面对压力和挫折、面对艰辛曲折的谈判。只有具备必胜的信心，才能促使谈判者在艰难的条件下，通过坚持不懈的努力走向胜利的彼岸。

自信不是盲目自信和唯我独尊。自信是在充分准备、充分占有信息和对谈判双方实力科学分析的基础上对自己有信心，相信自己要求的合理性、所持立场的正确性及说服对手的可能性。自信有惊人的胆魄，才能做到大方、潇洒、不畏艰难、百折不挠。

(2) 耐　心

商务谈判的状况多种多样，有时是非常艰难曲折的，商务谈判人员必须有抗御挫折和打持久战的心理准备，因此，耐心及容忍力是必不可少的心理素质。耐心是谈判中抗御压力的必备品质和争取机遇的前提。在一场旷日持久的谈判较量中，谁缺乏耐心和耐力，谁就将失去在商务谈判中取胜的主动权。有了耐心可以调控自身的情绪，不被对手的情绪牵制和影响，使自己能始终理智地把握正确的谈判方向。耐心可以使自己有效地倾听对方的诉说，观察了解对方的举止行为和各种表现，获取更多的信息。耐心有利于提高自身参加艰辛谈判的韧性和毅力。耐心也是对付意气用事的谈判对手的策略武器，能取到以柔克刚的良好效果。

此外，在僵局面前，也一定要有充分的耐心，以等待转机。有耐心、沉得住气，就可能在打破僵局后获取更多的利益。

(3) 诚心(诚意)

一般来讲，商务谈判是一种建设性的谈判，这种谈判需要双方都具有诚意。具有诚心，不仅是商务谈判应有的出发点，也是谈判人员应具备的心理素质。诚心是一种负责的精神、合作的意向，是诚恳的态度，是谈判双方合作的基础，也是影响、打动对手心理的策略武器。有了诚心，双方的谈判才有坚实的基础；才能真心实意地理解和谅解对方，并取得对方的信赖；才能求大同存小异取得和解和让步，促成上佳的合作。有诚心在具体的活动中表现为：对于对方提出的问题，要及时答复；对方的做法有问题，要适时恰当地指出；自己的做法不妥，要勇于承认和纠正；不轻易许诺，承诺后要认真践诺。诚心能使谈判双方达到良好的心理沟通，保证谈判气氛的融洽稳定，能排除一些细枝末节的小事的干扰，能使双方谈判人员的心理活动保持在较佳状态，建立良好的互信关系，提高谈判效率，使谈判向顺利的方向发展。

2. 有助于揣摩谈判对手心理、实施心理诱导

谈判人员要对商务谈判心理有所认识。经过实践锻炼，可以通过观察分析谈判对手言谈举止，揣摩弄清谈判对手的心理状态，如其个性、心理追求、心理动机、情绪状态等。谈判人员在谈判过程中，要仔细倾听对方的发言，观察其神态表情，留心其举止包括细微的动作，以了解谈判对手心理，了解其深藏于背后的实质意图、想法，识别其计谋或攻心术，防止掉入对手设置的谈判陷阱，正确做出自己的谈判决策。

人的心理与行为是相联系的，心理引导行为。而心理是可诱导的，通过对人的心理诱导，可引导人的行为。英国哲学家弗朗西斯·培根在他写的《谈判论》中指出："与人谋事，则需知其习性，以引导之；明其目的，以劝诱之；谙其弱点，以威吓之；察其优势，以钳制之。"培根此言对于商务谈判至今仍有裨益。

了解谈判对手的心理，可以针对其不同的心理状况采用不同的策略。了解对方人员的谈判思维特点、对谈判问题的态度等，可以开展有针对性的谈判准备和采取相应的对策，把握谈判的主动权，使谈判向有利于己方的方向转化。例如，需要是人的兴趣产生和发展的基础，谈判人员可以观察对方在谈判中的兴趣表现分析了解其需要所在；相反地，也可以根据对手的需要进行心理诱导，激发其对某一事物的兴趣，促成商务谈判的成功。

3. 有助于恰当地表达和掩饰己方心理

商务谈判的过程是谈判双方充分沟通的过程。了解商务谈判心理，有助于表达己方心理，可以有效地促进沟通。如果对方不清楚己方的心理要求或态度，必要时己方可以通过各种合适的途径和方式向对方表达，以有效地促使对方了解并重视己方的心理要求或态度。

作为谈判另一方，谈判对手也会分析研究己方的心理状态。己方的心理状态往往蕴含着商务活动的重要信息，有的是不能轻易暴露给对方的。掩饰己方心理，就是要掩饰己方有必要掩饰的情绪、需要、动机、期望目标、行为倾向等。在很多时候，这些是己方在商务谈判中的核心机密，失去了这些秘密也就失去了主动。商务谈判的研究表明，不管是红白脸的运用、撤出谈判的胁迫、最后期限的通牒、拖延战术的采用等，都是以一方了解了另一方的某种重要信息为前提，与一方对另一方的心理态度有充分把握有关，因而对此不能掉以轻心。

为了不让谈判对手了解己方某些真实的心理状态、意图和想法，谈判人员可以根据自己对谈判心理的认识，在言谈举止、信息传播、谈判策略等方面施以调控，对自己的心理动机（或意图）、情绪状态等做适当的掩饰。如果在谈判过程中被迫做出让步，不得不在某个已经决定的问题上撤回，为了掩饰在这个问题上让步的真实原因和心理意图，可以用类似“既然你在交货期方面有所宽限，我们可以在价格方面做出适当的调整”等的言辞加以掩饰；如果己方面临着时间压力，为了掩饰己方重视交货时间的这一心理状态，可借助多个成员提出不同的要求，以扰乱对方的视线，或在议程安排上有意加以掩饰。

4. 有助于营造谈判氛围

谈判人员熟练掌握商务谈判心理还有助于处理与对方的交际与谈判，形成一种良好的交际和谈判氛围。适当的谈判氛围有利于商务谈判顺利地达到预期的目的，也可以有效地影响谈判人员的情绪、态度，使谈判顺利推进。一个商务谈判的高手，也是营造谈判氛围的高手，会对不利的谈判气氛加以控制。对谈判气氛的调控往往根据双方谈判态度和采取的策略、方法而变。

一般地，谈判者都应尽可能地营造出友好和谐的谈判气氛以促成双方的谈判。但适当的谈判氛围，并不一味都是温馨和谐的气氛。出于谈判利益和谈判情境的需要，必要时也可以有意地制造紧张甚至不和谐的气氛，以对抗对方的胁迫，给对方施加压力，迫使对方做出让步。

5.2 谈判人员的心理素质

5.2.1 谈判者所承受的压力

参与商务谈判的谈判者会在不同程度上承受来自各方的压力。一般而言，主要有两种压力：一种压力来自谈判人员自身，是对自身性格动因的反应；另一种压力来自于其所代表的组织。

每个谈判者要实现组织的目标，完成组织的需求，同时有其自身的需求，当谈判者在进行谈判时，在努力争取完成诸如签订合同、节约资金、收购、买卖交易等组织目标的同时，也会在一定程度上争取实现其自身的需要，诸如取得成就，完成任务，获得地位、权利等以及组织的需求，慎重地进行谈判。也就是说，谈判者既要设法满足自己所代表的组织的要求，同时也要拥有自我的目的。因此，谈判者不仅要面对组织的压力，同时要面对个人的压力。对于绝大多数谈判人员来讲，都存在这两种需求混合的情况，然而并非每个人都有固定的百分比。也就是说，有些人会比较容易受个人因素所影响。例如，个人在多大程度上能坚持“走自己的路，让别人去说吧”，是因人而异的。而且，即便是同一个人，这种程度也不是一成不变的。在任何谈判者的背后，都有上司、同事或下属，这些人多半是因为职业的因素，而对谈判的结果产生直接的关心。谈判人员的上司可能会根据谈判的结果来评估该谈判者的能力、来决定是否对其晋升或调任，下属也会根据结果判断自己上司的发展潜力，同事也会对于谈判结果的成功与否做出自己的判断，因而，谈判人员会面临一定的心理压力，需要有良好的心理素质。

5.2.2　谈判人员心理素质的要求

商务谈判人员的心理素质包括责任心、协调力、创造性、自制力、意志力、幽默感和良好的心态等。

1. 责任心

责任心是指谈判人员要以极大的热情和全部的精力投入到谈判活动中，以对自己工作高度负责的态度并抱定必胜的信念去进行谈判活动。这是谈判人员心理素质最基本的要求。只有具有强烈责任心的谈判人员，才会以科学严谨、认真负责、求实创新的态度，本着对自己负责、对别人负责、对集体负责的原则，克服一切困难，完成谈判任务。

2. 协调力

协调力是指谈判人具有良好的性格，能够与他人相处融洽，建立良好的人际关系，在交流中形成良好的氛围，并能协调其他谈判人员统一行动的心理素质。

3. 创造性

谈判是一项复杂的工作，具有创造性的谈判人员善于发现隐藏于表面竞争背后的双方共同的利益，并提出创造性的解决方案，达到共赢。

4. 自制力

自制力即谈判人员在环境发生激烈变化时克服自身心理障碍的能力，以便在谈判顺利时不会被胜利冲昏头脑，不会由于谈判遇到挫折而萎靡不振。同时，在谈判中保持良好的克制力，不受个人情感和情绪的支配，避免造成不希望发生的冲突。

5. 意志力

意志力是指谈判人员具有坚强的意志品质。商务谈判不仅是一种智力、技能和实力的比试，更是一场意志、耐性和毅力的较量。有一些重大艰难的谈判，往往不是一轮、两轮就能完成的，这就要求参与谈判的人员具有较强的意志力和耐心，只有这样才能取得谈判的成功。

6. 幽默感

幽默有时可以化解谈判中的尴尬，使谈判者在对立的氛围中得到和解，从而为谈判创造一个和谐的环境，使谈判良性发展。商务人员在谈判中恰当地运用语言幽默，往往会有出其不意的谈判效果。

7. 良好的心态

谈判是一种斗智斗勇的竞赛，谈判者的心态关乎谈判的成败，急躁的情绪会使谈判者在心态上失去平稳。心态决定心情，好心态带来好心情，一名成功的谈判者，应该具有良好的心态，不论谈判中发生什么变化，都要保持自己情绪平和愉快，都要对谈判成功抱有坚定的信念。

5.2.3 商务谈判与心理挫折

1. 心理挫折的含义

一个人做任何事情都不可能是一帆风顺的，总会遇到这样那样的问题和困难，这就是平常所说的挫折。

心理挫折不同于平常所说的挫折，心理挫折是人们的一种主观感受，它的存在并不能说明在客观上就一定存在挫折或失败，也就是说，心理挫折的存在并不一定意味着客观挫折的实际存在。反过来，客观挫折也不一定对每个人都会造成心理挫折感，因为每个人的心理素质、性格、知识结构、背景、成长环境等都不相同，因此他们对同一事物的反应也就各不相同。

所谓心理挫折，是指人在追求实现目标的过程中遇到自感无法克服的障碍、干扰而产生的一种焦虑、紧张、愤怒或沮丧、失意的情绪性心理状态。例如，在商务谈判中，当谈判双方就某一问题争执不下时，形成了活动中的客观挫折，对此，谈判人员的感受是不同的。对有些人来说，困难反而能够激起他们更大的决心，要全力以赴把这一问题处理好；有些人则感到沮丧、失望乃至丧失信心。所以，商务谈判人员要克服心理挫折对谈判的不利影响。

2. 心理挫折对行为的影响

心理挫折虽然是人的内心活动，但却对人的行为活动有着直接的、较大的影响，并且通过具体的行为反应表现出来。对绝大多数人而言，在感到挫折时的行为反应主要有以下几种。

(1) 攻　击

在人们感到挫折时，生气和愤怒是最常见的心理状态，这在行动上可能表现为攻击，如语言过火、情绪冲动、易发脾气、挑衅动作等。例如，一个人去一家不议价商店买东西，非让老板给他降价，老板不同意，他就挑出商品的瑕疵硬要老板降价。这时老板被激怒，说出一些过激的话，“你买就买，不买就算了”“我不卖了，你到别的地方买去”，甚至做出一些过激的动作，如推搡等。攻击行为可能直接指向阻碍人们达到目标的人或物，也可能指向其他的替代物。

(2) 退　化

退化是人在遭受挫折时所表现出来的与自己年龄不相称的幼稚行为。

(3) 畏　缩

畏缩是人受到挫折后失去自信、消极悲观、孤僻离群、易受暗示、盲目顺从的行为表现。这时，人的敏感性、判断力都会下降，最终影响目标的实现。例如，一位刚毕业的律师与一位有名的律师打一场官司，那么这位刚毕业的律师很容易产生心理挫折，缺乏应有的自信，在对簿法庭时，无论是他的谈判力，还是思辨能力，甚至语言表达能力都会受到影响，这实际上就为对手的胜利提供了条件。

(4) 固　执

固执是一个人明知从事某种行为不能取得预期的效果，但仍不断重复这种行为的行为表现。人在遭受挫折后，为了减轻心理上所承受的压力，或想证实自己行为的正确，以逃避指责，在逆反心理的作用下，往往无视行为的结果不断地重复某种无效的行为。这种行为会直接影响谈判者对具体事物的判断、分析，最终导致谈判的失败。

3. 心理挫折对商务谈判的影响

在商务谈判中，无论是什么原因引起的谈判者的心理挫折，都会对谈判的结果产生不利的影响。任何形式的心理挫折、情绪激动都必然分散谈判人员的注意力，造成反应迟钝、判断能力下降，而这一切都会使谈判人员不能充分发挥个人潜能，从而无法取得令人满意的谈判结果。

4. 商务谈判心理挫折的预警机制

在商务谈判中，不管是己方人员还是对方人员产生心理挫折，都不利于谈判的顺利开展。因此，谈判人员对商务谈判中的客观挫折要有心理准备，应做好对心理挫折的防范和预警，对己方所出现的心理挫折应有有效的办法及时加以化解，并对谈判对手出现心理挫折而影响谈判顺利进行的问题有较好的应对办法。为了防范商务谈判心理挫折产生的不利影响，可以从以下几个方面建立心理挫折的预警机制。

(1) 加强自身修养

一个人在遭受客观挫折时能否有效摆脱挫折，与其自身的心理素质有很大关系。一般来说，心理素质好的人容易对抗、弱化或承受心理挫折；相反，心理素质差的人遇到挫折时，则很容易受挫折的影响，产生心理波动。因此，一个优秀的谈判者往往通过不断加强自身修养来提高自身的应变能力。

【案例 5-1】

山本村估的谈判艺术①

日本的 DG 公司经理山本村估与美国一家公司谈生意。美国方面已经知道 DG 公司面临破产的威胁，就想用最低价格把 DG 公司的全部产品买下。DG 公司面临两难的抉择：如果不卖，公司的资金就无法周转；而如果以最低价格卖给美方，公司就会元气大伤，从此一蹶不振。

当时山本村估的内心非常矛盾，但他是一个善于隐藏内心深处思想的人。当美方在谈判中提出这些要求时，山本村估却若无其事地对随员说："你看一看飞往韩国的飞机票是否已经准备好了？如果机票已拿到，明天我们就飞往韩国，那里有一笔大生意在等待我们。"

山本村估这段话的言外之意是对美方这桩生意兴趣不大，成不成对他都无所谓。

山本村估的这种淡漠超然的态度，使美方谈判代表如同丈二和尚摸不着头脑，急忙拨打电话报告美方总裁，因为当时美方也急需这些产品，总裁最后下决心还是以原价买下了这些产品。DG 公司得救了，人们不得不佩服山本村估惊人的谈判艺术和掩饰自己内心深处矛盾的本领。

(2) 做好充分准备

挫折可以吓倒人，但也可以磨炼人。正确对待心理挫折的关键在于提高自己的思想认识。在商务谈判开始之前，谈判者应做好各项准备工作，对商务谈判中可能出现的各种情况事先应做到心中有数，这样就能及时有效地避免客观挫折的产生，减少谈判者的心理挫折。

(3) 勇于面对挫折

常言道："人生不如意事十之八九。"对于商务谈判来说也是一样，商务谈判往往要经历曲折的谈判过程，通过艰苦的努力才能达到成功的彼岸。商务谈判人员对于谈判中所遇到的困难，甚至失败也要有充分的心理准备，提高对挫折打击的承受力，并能在挫折打击下从容应对不断变化的环境和情况，为做好下一步工作打下基础。

(4) 摆脱挫折情境

相对于勇敢地面对挫折而言，这是一种被动地应对挫折的办法。遭受心理挫折后，当商务谈

① 资料来源：谈判口才，https://www.docin.com/p-340414433.html.

判人员无法再面对挫折情境时,可通过脱离挫折的环境情境、人际情境或转移注意力等方式,让情绪得到修补,使之能以新的精神状态迎接新的挑战,如失意时回想自己过去的辉煌。

(5) 适当情绪宣泄

情绪宣泄是用一种合适的途径、手段将挫折的消极情绪释放排泄出去的办法。其目的是把因挫折引起的一系列生理变化产生的能量发泄出去,消除紧张状态。情绪宣泄有直接宣泄和间接宣泄两种形式,直接宣泄有大哭、大喊等形式;间接宣泄有活动释放、找朋友诉说等形式。情绪宣泄有助于维持人的身心健康,形成对挫折的积极适应,并获得应对挫折的适当办法和力量。

【案例 5-2】

林肯的智慧①

一天,美国陆军部部长斯坦顿来到林肯的办公室,气呼呼地告诉林肯,一位少将用侮辱的话指责他,而那位少将所说的并非真有其事。林肯并没有安慰斯坦顿,而是建议斯坦顿写一封内容尖刻的信回敬那位少将。

"必要的话,你可以狠狠地骂他一顿。"林肯说。

斯坦顿立刻写了一封措辞激烈的信,然后拿给林肯看。

"对了,就这样。"林肯高声叫好,"要的就是这种效果!好好教训他一顿,真写绝了,斯坦顿。"

当斯坦顿把信折好装进信封里时,林肯叫住他,问道:"你想干什么?"斯坦顿有些摸不着头脑:"寄出去呀。"

"不要胡闹。"林肯大声说,"这信不能发,快把它扔到炉子里去。凡是生气时写的信,我都是这么处理的。这封信写得好,写的时候你已经消了气,现在感觉好多了吧,那么就把它烧掉,如果还没有完全消气,就接着写第二封吧。"

(6) 学会换位思考

换位也叫移情,就是站在别人的立场上,设身处地地为别人着想,用别人的眼睛来看这个世界,用别人的心来理解这个世界。积极地参与他人的思想感情,意识到自己也会有这样的时候,这样才能实现与别人的情感交流。"己所不欲,勿施于人"是移情的最根本要求。

5.2.4 谈判中的印象处理

参与谈判的各方人员都会多多少少按照自己希望留给对方谈判人员的印象而对自己的穿着、举止进行某种程度的修饰,以便达到影响他人对自己的印象的目的。

1. 第一印象

第一印象也称首因效应,是指一个人同他人初次接触时所形成的最初印象。它是一个人通过对他人外部特征的感知,进而取得对他的动机、情感、意图等方面的认识,最终形成关于这个人的印象。

许多情况下,人们对某人的看法、见解、喜欢与不喜欢,往往来自于第一印象。如果第一印象感觉好,很可能会形成对对方的肯定态度,否则,就可能会形成否定态度。第一印象一旦产生,往往不会轻易改变。第一印象的形成主要取决于人的外表、着装、举止和言谈。通常情况

① 资料来源:商务谈判案例,http://www.doc88.com/p-3933713792486.html.

下，仪表端庄、着装得体、举止大方稳重的人比较容易获得对方的好感。此外，言谈时的音调、语气、语速、节奏也将影响第一印象的形成。

正是因为第一印象的重要作用，商务谈判者必须重视谈判双方的初次接触，努力在初次接触中给对方留下良好的印象，赢得对方的好感和信任。

2. 人际吸引规律

（1）邻近律

在很多情况下，人际吸引是以空间的接近为先决条件的，这就是人际邻近律。人们喜欢那些与其空间距离近的人。首先，地理位置的邻近使得人们易于频繁交往；其次，双方空间距离的接近会使人们产生“长期交往”的期待，从而在人际互动中就可能做到投其所好，建立良好的关系。

（2）相似律

人与人在思想观念和社会生活方面的相同和近似因素能够使人际间产生相互吸引。所以，人们更喜欢那些与自己在个人特征、社会特征，尤其是价值观与态度方面相似的人交往。其中，价值观和态度的相似是决定人与人之间相互吸引的最根本原因。一位贸易公司的职员，经常到某地出差，如果学会该地的方言口音，在业务洽谈时，把对方家乡的口音夹杂在自己的口音里，这种相似的口音，就会给客户以亲切感，愿意和他进行业务往来。

（3）互补律

人际互补律指的是人际交往中人格特征的互补规律。人们喜欢那些在需要与满足途径上与自己恰成补充的人。当交往的一方所具有的品质或能力恰好可以弥补另一方的心理需要时，前者就会对后者产生强烈的吸引力。因此，人与人之间的关系不仅以“物以类聚”为特征，也常会表现出“异性相吸”的规律。

（4）对等律

人们喜欢那些同样喜欢他们的人。这就是古人所说的“敬人者，人恒敬之”“爱人者，人恒爱之”的心理机制。一般来说，人际吸引的发生和维持要求双方在交往过程中付出的情感大抵相等。

了解了在人际交往过程中有利于吸引对方或给对方留下好感的因素，可以帮助谈判人员建立和谐的谈判气氛，引导双方从双方共同的利益出发，达成双方共赢的结果。

3. 影响印象形成的因素

（1）个人特征

决定个人吸引力大小的四种最重要的个人特征是人品、仪表、地位和才能。仪表堂堂的人较相貌平平的人更具有吸引力，这种吸引力在交往初期表现得更为明显。谈判人员应该努力做到克服认知偏见，在谈判过程中做出客观判断。

（2）首因效应

首因效应是指个体在社会认知过程中，通过“第一印象”最先输入的信息对客体以后的认知产生的影响作用。被知觉对象身上那些首先被发现的特性，即先行的信息，在印象形成过程中起到重要的作用。它会影响人们对后来的其他信息的处理方式，从而可能使一个人的品质受到歪曲，这种现象通常称为“首因效应”。

苏联的包达列夫做了一个实验，他让两组被试者分别看同样的一张照片。照片上的人有两个明显的特征，即深陷的眼窝和突出的下巴。第一组被试被告之这个人是一个罪犯，而第二组被试被告之这个人是个科学家，然后让两组被试描述对照片上的人的印象。被告之是罪犯的被试将其描述为：深陷的双眼证明了他内心的仇恨，突出的下巴显示他死不悔改的决心。而被告之是科学家的被试则将其描述为：深陷的双眼表明其思维的深度，突出的下巴表明在前进道路上克服困难的毅力。

可见，首因效应在印象形成过程中起到重要的影响作用。在商务谈判活动中，很多时候，谈判人员与谈判对手都是初次见面，一定要注意首因效应在第一印象形成过程中的作用，避免给对方留下一个不良印象，阻碍谈判的顺利进行。同时，对于自身来讲，也要克服首因效应造成的偏见，客观地认识谈判对手。

(3) 一致性

一个人有许多特性，当不同的人知觉同一个人时，往往会看到被认知者的不同方面。认知者通常将被知觉者看成协调一致的对象。如果在知觉过程中，获得不同的信息，使得对他人的信息知觉有矛盾，便会在主观上给知觉对象组织协调、添补细节，甚至歪曲某些信息资料，综合为一致性的印象，导致印象的形成带有强烈的主观色彩。知觉的一致性使一个人不会被看成既是好的又是坏的，既是诚实的又是虚伪的。例如，秦桧在历史上是一个被人们所唾弃的人物，是一个民族败类，然而，如果秦桧不卖国的话，他很可能会成为历史上著名的书法家。

由于一致性的倾向，难以保证对他人的印象准确地反映他人的真实面目。因此，对人的认知应广泛获得客观资料，避免或减少主观臆断。

4. 克服认知偏见，做出客观判断

(1) 刻板印象

刻板印象是指人们对某一类人或事物产生的比较固定、概括而笼统的看法，并把这种看法推而广之，认为这个事物或者整体都具有该特征，而忽视个体差异。这是人们在认识他人时出现的一种相当普遍的现象，当知觉他人信息时，一旦发现对方所归属的群体类别，就将该群体的特性加在对方身上。根据个人在社会生活中积累的直接或间接的经验，迅速识别信息并进行判断，简化了认知过程，节省了大量时间、精力，使人们能够迅速了解某人的大概情况，从而利于人们应对周围的复杂环境，但有时某些固有观念的泛化往往会造成错误的知觉。

知识链接

例如，人们往往认为，英国人有绅士风度，保守；美国人天真、乐观、幽默；法国人浪漫、热情；山东人直爽、倔强；北京人文明、夸夸其谈；上海人机灵、算计；等等。

在谈判过程中，应该尽量避免将谈判对象所属的群体类别的特征简单地加在谈判对象身上，造成错误判断。

(2) 晕轮效应

晕轮效应又称“光环效应”“成见效应”“光圈效应”“日晕效应”“以点概面效应”等，即一个人的某种品质，或一个物品的某种特性给人以非常好的印象。在这种印象的影响下，人们对这个人的其他品质，或这个物品的其他特性也会给予较好的评价。这种爱屋及乌的强烈知觉的品质或特点，就像月晕的光环一样，向周围弥漫、扩散，所以人们就形象地称这一心理效应为光环效应。和光环效应相反的是恶魔效应，即对人的某一品质，或对物品的某一特性有坏的印象，会使人对这个人的其他品质，或这一物品的其他特性的评价偏低。在人际交往中，人身上表现出的某一方面的特征，掩盖了其他特征，就会造成人际认知的障碍。

心理学家戴恩做过一个这样的实验。他让被试者看一些照片，照片上的人有的很有魅力，有的无魅力，有的中等。然后让被试者在与魅力无关的特点方面评定这些人。结果表明，被试者对有魅力的人比对无魅力的赋予更多理想的人格特征，如和蔼、沉着、好交际等。

晕轮效应不但常表现在以貌取人上，而且还常表现在以服装定地位、性格，以初次言谈定人的才能与品德等方面。在对不太熟悉的人进行评价时，这种效应体现得尤其明显。谈判对手往往初次见面，容易受到晕轮效应的影响，得出以偏概全的结论。

（3）投射作用

投射作用又称外射作用，是指个体将自己不喜欢或不能承受但又是自己具有的冲动、动机、态度和行为转移到他人或周围事物上，认为他人或周围事物也有这样的动机和行为。如"以小人之心度君子之腹""我见青山多妩媚，青山见我亦多情"等就是投射作用的写照。在谈判过程中，谈判人员应该尽可能避免用自己的思路揣测谈判对手的想法，做出错误的判断。

（4）思维定式

思维定式也称"惯性思维"，是由先前的活动而造成的一种对活动的特殊的心理准备状态，或活动的倾向性。在环境不变的条件下，思维定式使人能够应用已掌握的方法迅速解决问题；而在情境发生变化时，它则会妨碍人采用新的方法。所以，在商务谈判过程中，谈判人员要注意避免因思维定式而导致的判断失误。

5.2.5　推测对方心理

1. 观察谈判对象的行为，分析谈判人员的心理期望值

人的心理活动可以根据他的行为分析出来，分析一个人在面临选择时的行为，便可以了解到这个人的价值观、期望值等。

在商务谈判开始之前，每个参与谈判的人都会根据自身以往的经验，对即将进行的谈判可能达到的目标进行分析并加以判断，得出一个谈判的目标期望值。谈判期望是指谈判者在一定时间内希望通过谈判达到一定的目标。谈判者可以通过分析判断谈判对手的价值观与期望值，做出正确应对。

2. 观察谈判对象的行为举止，分析谈判人员的性格与态度

（1）由握手方式判断谈判人员的个性

商务谈判中，谈判人员相互握手是一种普遍的表示友好的方式。握手行为虽然简单，但每个人握手的方式都不尽相同。在谈判的特定环境中发生这一行为，往往能反映出双方内心隐藏的许多秘密。每种不同的握手方式，都反映出这个人独特的个性。

握手时力度较大的人往往精力充沛、自信心强，处事则偏于专断独裁；力度适中的人可能性格坚毅坦率、思维缜密。握手时喜欢长握不舍的人情感较为丰富；喜欢不断上下摇动的人生性乐观，对人生充满希望。握手时只用手指抓握对方而掌心不与对方接触的人个性平和而敏感，情绪易激动，但心地善良。双方谈判人员见面时，主动握手、出手快，表明握手出自真诚，往往显示友好与尊重，乐意并重视发展双方的关系；出手慢，被动应付地握手常表明缺乏诚意、信心不足，显示出勉强、冷淡和轻视，没有进一步深交的愿望。

（2）由身体语言判断谈判对象的内心世界

身体语言包括整个人体或人体某一部分的每个有意识或无意识的动作。身体语言往往隐藏着很多信息，可以影响面对面交流的过程和结果。例如，有人在表示不信任的时候会挑眉毛；有人在疑惑的时候会抓挠鼻子、头发。当表示无可奈何或无所谓的时候，很多人会一耸肩膀。在一个冗长的会议上，尽管一些人装作比较耐心地倾听或很感兴趣的样子，而脚尖却指向门口，说明他内心已经很不耐烦地在等着会议结束了。

(3) 由如何落座推测谈判人员的心态

通过观察谈判人员如何落座,可以在一定程度上看出谈判者的地位和信心,或者一个谈判集体的团结力和控制力。谈判时,如果一个谈判小组的领导者坐在首位,其他队员围绕他坐,信息可以迅速传递,加强谈判团体团结的力量。落座后的物理距离通常反映了彼此的心理距离。对方落座在己方的近距离内,一般表示着接受、亲近和肯定的心态,表明谈判双方的会谈气氛会友好、融洽;而如果对方落座在己方的远距离内,一般表示着拒绝、疏远和否定的心态,谈判进行得可能会不顺利。

3. 了解谈判对手成长的文化背景和个人情况,选择合适的沟通方式

在谈判过程中,谈判人员之间在沟通中相互影响。由于不同的国家和地区人们生活的文化背景不同、价值观念不同、行为方式和习惯不同,反映到谈判桌上,往往会表现为不同的谈判行为,对谈判对手的反应也会形成特定的预期。了解对手成长的背景和个人情况,有利于采取合适的沟通方式,以避免可能造成的误解或尴尬,同时也有助于谈判人员更好地采取相应的对策,以适应对方的谈判风格、性格特点,促使谈判顺利进行。

(1) 年龄与经历

年纪较大的谈判者经验丰富但精力不足;年轻的谈判者精力有余但经验不足;中年人则年富力强又有经验。经历坎坷的人性格顽强,能百折不挠地去实现目标;一帆风顺的人遇到困难容易灰心丧气。如果了解到对手的谈判经历,要分析他的哪些谈判是成功的,为什么能成功,运用了哪些谈判策略,又有哪些谈判是失败的,为什么会失败等。

(2) 个性与嗜好

从个人嗜好中很容易窥视出对手的心理特征。个性倔强的,有时会刚愎自用;个性软弱的,有时会委曲求全,容易让步;性格内向的,深藏不露;性格外向的,容易激动。

5.3 气质、性格与谈判

谈判至少要由两方构成。谈判能否成功在很大程度上取决于坐在谈判桌上的一个人或一群人。对于参与商务谈判的人员来讲,重要的是要辨别出对手的个性类型和性格特点,并以此为依据来调整自己的态度和方法,为取得谈判的成功打下良好的基础。

5.3.1 气　质

1. 气质的定义

气质是指一个人心理活动的动力特性。其动力特性表现在心理活动过程的速度、强度、稳定性、灵活性等方面。

2. 气质的类型

气质一般可分为胆汁质、多血质、黏液质和抑郁质四种类型。气质类型没有好坏之分,每种类型都有较典型的、代表性的、突出的特点。

(1) 胆汁质

这一类型的基本特征是:直率、热情、精力旺盛、情绪易于冲动,心境变换剧烈等。它是高级神经活动的“强而不平衡的灵活的兴奋型”在人的行为和情绪等方面的表现。

属于这种类型的人,在情绪反应上,他们的情绪发生得很迅速、很猛烈,常有突然爆发的性质,脾气急躁、容易上火。在行为表现上,他们的动作发生得也很强烈,说话很快,声音很大,对自己的行为常感到难以控制，因而往往会表现出一些无礼的举动。在性格倾向上，他们胆大心不细，做事很勇敢，情感外露明显，面部表情丰富，在社交方面态度直率，具有热情、勇敢、急、直、粗等特点。

如果谈判对手属于这种气质类型，谈判人员就应该针对其特点做出正确的反应。

(2) 多血质

这一类型的基本特征是：活泼、好动、敏感、反应迅速、喜欢与人交往、注意力容易转移、兴趣容易变换等。它是高级神经活动的“强而平衡的灵活的活泼型”在人的行为和情绪等方面的表现。

属于这种类型的人，在情绪反应上，他们的情绪发生得很迅速，但不那么强烈，他们精力充沛、精神愉快。在行为表现上，他们的动作发生得也很迅速，富有朝气、活泼好动、灵活多变。在性格倾向上，他们适应性强、善于交际、待人亲切；面部表情生动，从其脸上很容易猜出他的心境如何，对人对物的态度怎样；容易适应变化的工作生活条件，可塑性强，具有活、直、快等特点。

对于这种气质类型的谈判者，谈判人员就应该以主动、热情、积极的态度抓住他们某一阶段的兴趣，趁热打铁，不要拖拖拉拉。

(3) 黏液质

这一类型的基本特征是：安静、稳重、反应缓慢、沉默寡言、情绪不易外露，注意力稳定但又难于转移、善于忍耐等。它是高级神经活动的“强而平衡的不灵活的安静型”在人的行为和情绪等方面的表现。

属于这种类型的人，在情绪反应上，他们的情绪发生得微弱，心境平稳、不易激动，很少发脾气。在行为表现上，他们的动作迟缓、态度安详、容易抑制，无论做什么事，总是不慌不忙。在性格倾向上，他们自制力强、循规蹈矩、富有耐心；面部表情单一，常常沉默寡言；适于从事要求器官灵敏、比较细致的原则性工作，具有稳、迟、实、内向等特点。

谈判人员遇到这类谈判对手时，也要十分谨慎，不要过分表现自己及产品。因为在谈判以前他们对你的产品及条件有了较多的了解，他们参加谈判是为了更进一步、更全面地证实一下自己的调查，一旦符合他们的要求，他们就会做出决定，反之则放弃谈判，另觅谈判对象。

(4) 抑郁质

这一类型的基本特征是：孤僻多疑、行动迟缓、体验深刻、善于观察别人不易觉察到的细微事物等。它是高级神经活动的“弱的抵制型”在人的行为和情绪等方面的表现。

属于这种类型的人，在情绪反应上，他们的情感发生得缓慢而持久，常常由于一点小事而感到委屈，表现出情绪不佳，意志消沉。在行为表现上，他们的动作迟缓、呆滞、无力，说话慢吞吞，做事没精神。在性格倾向上，他们缺乏自信心，常会疑神疑鬼，易于惊慌失措；情感不大外露，对事无动于衷，与人在一起，常会局促不安；在困难局面下优柔寡断，但富有同情心，重视他人委托的工作。

对于这种气质的谈判者，谈判人员应当以礼相待，让其处于平和、愉悦的气氛当中，用言语加以引导，帮助其做出决定。

知识链接

在文学作品中刻画了很多具有典型气质类型特征的代表，如张飞这个人物是典型的胆汁质气质类型，而林黛玉则具有典型的抑郁质气质类型。然而，生活中大多数人往往是几种气质类型的混合型。

3. 不同的气质类型与谈判角色的选择

谈判人员的不同气质类型使得他们即便是面临同样的谈判情境，反应也大相径庭。

胆汁质的人能够在短时间内积聚力量，投入全部的精力，在针锋相对的谈判情境中反应迅速。而多血质的灵活性和较强的适应性则有助于他们在谈判中随机应变。具有黏液质或抑郁质的谈判人员思维谨慎，在完成收集整理资料以及其他需要敏感性、持久性的细致工作甚至单一的枯燥性的工作中具有优势。胆汁质的人对挫折、失败的承受力大；而抑郁质的人对挫折、失败的承受力则相对较小。

知识链接

不同气质类型的人，对待同一件事情，其态度和处理方法迥然不同。国外有人研究具有上述基本气质类型的人是怎样对待看戏迟到这件事情的：

胆汁质的人与剧场守卫争执起来，企图进到自己的座位上去(按规定迟到者应在幕间入场，以免影响别人)。他分辩说，戏院的时钟走快了，他不会影响别人，打算推开门径直跑进去。

多血质的人立刻明白，人家是不会放他到座位上去的，但他可以找个合适的方式溜进去。

黏液质的人看到不让入场，就想“反正第一场不会太精彩，我先去小卖部转转，等到幕间再进去”。

抑郁质的人说：“我老是不走运，偶尔来看一次戏，竟如此倒霉。”于是返回家去了。

一般来说，气质是相对稳定、较难发生变化的。所谓的“江山易改，禀性难移”就是用来形容气质难以改变。但这并不是说气质始终保持稳定，不会发生变化。环境教育可以在一定程度上影响气质的发展方向。随着年龄的变化，人的气质也会发生变化。青少年由于年轻气盛，气质类型呈现出显著的胆汁质和多血质特征。当人到中年时，由于生活阅历渐深，多血质、黏液质增加，到了老年，黏液质和抑郁质则较为显著。

5.3.2 性　格

1. 性格的定义

性格是对行为具有最重要影响的心理品质之一。性格是指人经常的、稳定的对现实的态度，以及与之相适应的习惯化了的行为方式。也可以说，性格是人对现实的态度和相应行为方式中较稳定的心理特征的综合。性格在个性特征中占有核心地位，它是个性中最重要、最显著的心理特征。一个人的兴趣爱好、行为习惯、知识技能都以性格为核心而转化，所以性格可以从本质上反映一个人的个性特征。从某种角度讲，能力决定人的活动水平和效果；而当一个人面临选择时，性格则决定人的行为和选择的方向。从这个意义上讲，说性格决定命运是有一定道理的。

2. 影响性格的因素

（1）遗　传

遗传并不直接影响人的性格，而是以间接的方式潜在地影响性格的形成。遗传奠定了性格赖以生存的物质基础，影响人的体格、体质、力量、耐力、速度、灵活性等气质性品质，正是这些品质影响了一个人对外界刺激的反应模式，而这些内容恰恰是构成性格的心理基础。性格中的很多特质都是可以遗传的，一些针对双胞胎的研究表明，50%～55%的个性特质是可以遗传的。这就解释了为什么家庭成员之间的性格有许多相似之处。

（2）环　境

环境是影响性格形成的重要因素。有许多环境因素对性格起着塑造作用。这些环境因素包括家庭教养方式、习惯、文化、教育背景、生活环境、社会经济基础、人际关系与群体规范及个人体验等。

（3）情　境

除了遗传和环境这两个在性格形成过程中起到重要作用的因素之外，情境也是一个不可忽视的因素。具体的态度和行为模式的表现往往是由具体情境所引发的，在处理具体问题中得以体现。性格一旦形成，就具有稳固的特性。性格是相对稳定的，具有相对的恒定性，但这不是说它以刻板不变的方式保持唯一的形态。性格的稳定性，并不是狭义上的时间和空间（情境）上的一致性，而是指它在性质上不变。例如，雷锋同志对待同志像春天般的温暖，对待敌人像秋风扫落叶般的无情。这就是在不同情境中，随条件的改变而采取不同的态度与行为反应方式，这种性质的不变性通过对不同情境做出不同的反应而实现，并维系着性格的本质特征。然而，这种"事随境迁"的做法，并不是说一个人的性格在时刻变化着，一个人工作时很严肃、谨慎，而闲暇娱乐时，可能表现得非常活泼、随意，这仅仅是随情境的变化而做出不同的反应而已。

3. 谈判人员的性格构成

谈判往往不仅仅在两个人之间进行。进行商务谈判的两个公司会各自组成一个较为合理而完整的谈判代表团或谈判小组。在一个理想的谈判人员组合中，谈判人员的性格应该是互补和协调的。尤其是大型的谈判活动，这个谈判集体则需要考虑应该由多种性格的人员组成，通过"性格的补偿作用"，使每个人的才能得到充分发挥，不足得到弥补。

（1）独立型

具有独立型性格的人乐于承担独立性强和充分发挥个性的工作，处事果断，有较强的责任心与上进心。他们的特点是性格外露，善于交际，善于洞察对方心理。

（2）顺应型

具有顺应型性格特点的人独立性较差，但由于他们性格柔和，为人随和，具有较强的亲和力，如果安排他们从事按部就班的工作，他们往往可以完成得很好，但独当一面对他们来讲则具有一定的难度。

（3）活跃型

交际性的工作对于具有活跃型性格的人来讲是件轻而易举的事情。由于他们思维敏捷、情感丰富、性格外露，非常适合在谈判中活跃谈判气氛，当谈判陷入僵局的时候打破僵局，使得谈判得以继续。

（4）沉稳型

与活跃型性格的人相反，沉稳型的人性格内向、不善交际，但由于他们非常有耐心、做事沉着稳健，在谈判中善于观察和独立分析，在具有持久性的谈判中具有一定的优势。

(5) 急性型

急性型的人性情急躁、情绪波动性大、容易激动、待人热情，适于从事简单的、易于快速完成的工作，缺点是较为浮躁。

(6) 精细型

精细型的人做事有条不紊、沉着冷静，在谈判中能够捕捉到细微变化并能细致分析。

独立型、活跃型、急性型都属于外向型，而顺应型、精细型、沉稳型则属于内向型。不同性格特征的人可以在商务谈判中发挥各自不同的作用，应安排其去从事适宜发挥其性格积极方面的工作，使其各展所长。例如，针对外向型的谈判人员侃侃而谈的性格特点，可以安排他们为主谈或给他们分派一些收集信息的交际性强的工作。针对内向型的谈判人员沉着稳重的性格特点，可以安排他们从事内务性工作，如对资料、信息进行处理和加工。

4. 与不同性格类型对手谈判的禁忌

在谈判过程中，必须了解不同性格谈判者的心理特征，根据不同的心理采取不同的对策，极力避免触犯他们的禁忌，伤害他们的感情，造成不必要的心理隔阂，阻碍谈判的进行。

(1) 与迟疑的人进行谈判的禁忌

这种人的心理特点是：①不信任对方：这种人不信任你，没有特殊的理由，只是怕受骗上当，怀疑是他们保护自己的一种手段，如果想让他们相信，就要拿出确切的证据；②不让对方看透自己：希望自己有一块领地不被人知晓，对方稍有靠近，他们就会敏锐地感觉到，并采取一些行动，误导对方的看法；③极端讨厌被说服：你想一下子说服他们是不可能的，即便你的话是真的，并没有骗他们，你说得越多，他们越不相信；④不立即做出决定：这种人从来不仓促行事，做事要经过全面考虑才采取行动，不轻易相信别人，以至于有时延误了时机。这类人的特点是完全根据自己的感觉、自己的意志来行事。他们头脑清晰，考虑问题多。

与这类人员谈判的禁忌：①在心理上和空间上过分接近他们；②强迫他们接受你的观点；③喋喋不休地说服；④催促他们做出决定，不给予充分的考虑时间。

(2) 与唠叨的人进行谈判的禁忌

这类人的心理特点是：①具有强烈的自我意识：喋喋不休地说，谈到最后也说不出个所以然，内心深处却有不堪一击的弱点，尽力想用说话来弥补这个弱点；②爱刨根问底：凡事想通过自己来弄个明白，坚持自己的看法，好与人争辩；③好驳倒对方。

与这类人员谈判的禁忌：①有问必答：这样会没尽头；②和他们辩论：即使在道理上能胜过他们，但买卖依然不能成交；③表现出不耐烦：不妨听之任之；④胆怯、想开溜。

(3) 与沉默的人进行谈判的禁忌

这类人的心理特点是：①不自信：由于不善言辞，生怕被别人误解或被小看，常常闷闷不乐，具有自卑感；②想逃避：对于说话一事感到很麻烦，从来不会因没有说话而感到不自在，自然而然地以听者自居，表现欲差，不愿在人多的场合出头露面，对事物的认识依赖直觉，对好恶反应极为强烈；③行为表情不一致：当他们面带微笑时，可能内心正处于一种焦虑和不耐烦的心态；④给人不热情的感觉：这些人看似态度傲慢，其实内心深处也有一种愿为人做些事情的想法，因为答应不爽快，被误认为是爱理不理的。

与这类人员谈判的禁忌：①不善察言观色；②感到畏惧；③以寡言对沉默；④强行与之接触。

(4) 与顽固的人进行谈判的禁忌

这类人的心理特点是：①非常固执：你说东，他们谈西，你越想说服他们，他们却更加固执地抵抗，这种人很难后退一步，合作起来会不愉快；②自信自满：自以为无所不能，认识事物带有片面性，只按自己的标准行事，往往听不进别人的意见；③控制别人：对某事拘泥于形式，深信自己的所作所为是绝对正确的，怕自己深信的一切被别人修正，相反，想让别人也按他的意志行事；④不愿有所拘束：个性外向者居多，精力充沛，做起事来很有魄力。

与这类人员谈判的禁忌：①缺乏耐心，急于达成交易；②强制他们，企图压服他们；③对产品不加详细说明；④太软弱。

(5) 与情绪型的人进行谈判的禁忌

这类人的心理特点是：①容易激动：看到新东西，有好奇心，如果很合他们的意，马上就会表露出来，一般说来，很难掩饰内心的变化；②情绪变化快、兴趣和注意力容易转移：高兴时有股莫名的冲动，沉不住气，对谁都笑容可掬，而心情不好时，敏感的情绪会迅速变化，有时甚至失去控制，恶语伤人；③任性、见异思迁：什么事情都希望由着他们的性子办，情绪不稳定，一般没有知心的朋友，较为孤寂。

与这类人员谈判的禁忌：①不善察言观色，抓不住时机；②找不到他们的兴趣所在；③打持久战。

5.4　商务谈判思维

谈判被现代人誉为“软脑力体操”，是一项充满科学性和艺术性的复杂活动。商务谈判作为经济活动的重要手段，是现代生活中最普遍、最重要的谈判类型。人的思维活动贯穿其中，是整个谈判的灵魂。谈判思维的正确与否，关系着商务谈判的成败，因此，谈判者必须能够理解、掌握并灵活运用一些基本的思维知识和技巧。

5.4.1　商务谈判思维的概念

从思维形式来说，人的思维过程就是运用概念进行判断、推理、论证的过程。在这个过程中，概念是思维的出发点，并由它组成判断，由判断组成推理，再由推理组成论证。这四个逻辑范畴既是谈判思维过程的四个环节，也是谈判思维的四个基本要素。商务谈判思维是商务谈判前的准备阶段的思维活动与谈判过程中的临场思维活动的总称。成功的商务谈判对双方来说，也是正确的、合理的思维结果。

1. 概　念

概念是反映事物的本质和内部联系的思维形式。在谈判中，概念是抓住论题本质及其内部联系的基础。如果概念混淆则抓不住对方的实际弱点，还会使谈判失去方向。若在任一论题展开之前，先从概念入手，那么谈判双方则可在同一事物上寻找解决的办法或方案。

2. 判　断

判断是对客观事物的矛盾本性有所断定的思维形式，其主要作用在于它的认识功能。这种动态断定的思维有四个对立统一的方面：同一与差异、肯定与否定、个别与一般、现象与本质。在商务谈判中，这四个对立统一的思维判断无处不在。

3. 推　理

推理是在分析客观事物矛盾运动的基础上，从已有的知识中推出新知识的思维方式。推理的形式有类比、归纳和演绎。

推理的类比形式是最典型的运用，是谈判准备工作中的“比价材料”的准备。出口商要研究国际市场同类商品的价位，进口商也要研究同类商品的市场价位，目的在"类比"，以便做出自我方案的判断。

推理的归纳形式是谈判者在做某个议题或某个阶段的小结时最常用的手法，可以用它廓清谈判双方零散的观点，以判断双方立场，也可以用它理清自己的论述予以，断定自己的结论。

推理的演绎形式，也可以说是谈判思维中的解析式思维方式。

4. 论　证

论证是根据事物的内部联系，应用辩证的矛盾分析方法，以一些已被证实为真的判断来确定某个判断的真实性或虚假性的思维过程，是认识矛盾、解决矛盾的过程。在商务谈判中，每一场论战即一场论证。优秀的谈判者在众多人参加谈判时，通过论证，其表现为一位出色的鼓动家；在人少时，会像朋友在谈心。要达到这种效果，必须谙熟论证之道。

5.4.2　商务谈判中的思维类型

思维是人类的精神活动，是社会实践和文化濡染的产物。谈判实践中，思维的表现形式是异彩纷呈的，下面重点介绍几种商务谈判中的思维类型。

1. 散射思维

散射思维是从多个角度对谈判议题进行全方位的理性确认的思维方式。它的具体方法是，对有关信息进行筛选、过滤、加工、整理和鉴别，筛除与谈判内容无关的信息，留下与谈判密切相关的可靠信息。散射思维贵在从多角度出击，消除思维死角，使论题各部位暴露在谈判桌上，以便各个击破，促进谈判的进行并大幅度提高谈判成功的概率。例如，与某人谈判钢材销售问题。一上谈判桌，对方单枪匹马对我方好几个人，而且让我方门外等候多时。我方该采取什么对策呢？从散射思维角度看，思路的启动可能考虑该人在公司中的地位、权力的大小，该公司是否还有其他谈判，谈判态度是否认真，议程是否完整，是否表达全部核心观点等问题。这种散射思维的目的在于从表面现象尽快掌握商务谈判可能的趋势，同时，也利于采取相应的对策，使谈判有尽可能大的进展。

优秀的谈判者在运用散射思维方式时善于转移思路，犹如快捷变频的雷达，随心所欲地更换频率使路路畅通。若做不到流畅地转移，思路就会呆滞，谈判桌上就会出现暂时的思维死角，从而让对手有喘息的机会，进而影响谈判效果。

2. 超常思维

超常思维是超越常规、打破思维定式，用不同于一般思维方式的方式进行思考的思维形式。在谈判实践中，人们常常有这样的感觉，困难不是来自对方实力的威胁，而是自己谈判思路的枯竭或谈判对手咄咄逼人的思维攻势。在对手快捷的思维攻击下，如果顺其应答就会发现自己十分被动，处处受制于人。而此时，超常思维便是进攻和防卫的最有效的谈判武器。运用超常思维，可以超出对手的想象力，能有效地控制谈判局势，甚至能使对方立刻接受另一方的方案。

超常思维具有不同于一般性思维或逻辑性思维的特点，它的主要特征是机智、灵活、富于创造性。与超常思维相对的思维方式是常规思维，可以通过一个例子来体会它们之间的区别。例如，两个人过河，常规思维认为自然要有桥，无桥则无路，因而思考如何建桥，而超常思维一看建桥有难度，便考虑其他的办法，如乘船等。故常规思维可能会使思维如水过鸭背，点滴不进，从而使谈判陷入僵局，而超常思维则会使思维相互摩擦而产生思维的火花，结出谈判的累累硕果。

3. 跳跃思维

跳跃思维是指在谈判中把事物发展过程的某些内容跳跃过去，而迅速抓住自己想要说明的问题的思维方式。这种思维方式由于能在复杂的事物或大量的信息面前迅速抓住问题的本质，因此被谈判者普遍采用。

跳跃思维的心理基础是找到要害，一举成功，无论是说明问题还是反击对方时，运用这种思维方式均能取得有利的效果。

4. 逆向思维

逆向思维是指从与对手立场及议题结果对立的角度思考、判断、推理的思维方式。逆向思维是一种违反常规思维的思维方式，是一种强迫性的思维方式，主要手段是反问、否定与反证，既可用于进攻，又可用于防守。在商务谈判中运用逆向思维方式容易发现一些在正常思维条件下不易发现的问题，这些问题可以作为与对方讨价还价的条件或筹码。

5. 快速思维

快速思维是指思维的速度快、结论快、反应快。商务谈判中的快速思维，主要指针对论题快速地应答或反击，其对象或为某一枝节，或为某一主体，其效力不在于说服对手，主要在震慑动摇谈判对手的意志。与散射思维不同的是，快速思维可能体现在全方位，也可能仅在于某一点或某一线。快速思维的特点是无论捕捉什么论题，均使思维的羽翼快速启动，迅速有效地攻击对手的某一论点，决不等铺天盖地的信息都收到后再还击。

【本章小结】

商务谈判的心理是指在谈判人员的商务谈判活动中各种心理活动，它是商务谈判人员在谈判活动中对各种情况、条件等客观现实的主观能动的反映。熟悉商务谈判心理，有助于培养谈判人员的心理素质，揣摩谈判对手的心理，实施心理诱导，表达或掩饰谈判人员自身的心理，营造谈判气氛。谈判人员应该具有信心、耐心和诚心等基本心理素质；同时商务谈判人员必须克服谈判中的压力和心理挫折，提高自己的认知能力，客观判断事物发展。

谈判人员应了解气质、性格的相关知识，掌握不同气质、性格的人员在谈判中的行为规律。在商务谈判的过程中，谈判者还要理解、掌握并灵活运用商务谈判思维，由概念组成判断，由判断组成推理，再由推理进行论证。在商务谈判中应灵活地运用辩证思维，用客观而不是主观的、用普遍联系而不是相互割裂的、用全面而不是片面破碎的、用运动发展而不是静止不动的观点来观察世界、认识事物、思考问题，准确地认识问题并有针对性地采取措施，使谈判活动的变化朝着有利于己方的方向发展。

【课后习题】

一、单选题

1. 商务谈判心理的(　　)是指商务谈判心理是商务谈判者的内心活动，藏之于脑、存之于心，别人是无法直接观察到的。

A. 个体差异性　　B. 内隐性　　C. 相对稳定性　　D. 外显性

2. 下面哪项不属于商务谈判人员的心理素质(　　)。

A. 责任心　　B. 幽默感　　C. 意志力　　D. 原则性

3. 气质类型为(　　)的人，由于具有灵活性和较高的可塑性，又称为活泼型，属于敏捷好动的类型。

A. 多血质　　B. 胆汁质　　C. 黏液质　　D. 抑郁质

4. (　　)是多个角度对谈判议题进行全方位的理性确认的思维方式。

A. 散射思维　　B. 超常思维　　C. 跳跃思维　　D. 逆向思维

5. 被知觉对象身上那些首先被发现的特性，即先行的信息，在印象形成过程中起到重要的作用。它会影响人们对后来的其他信息的处理方式，从而可能使一个人的品质受到歪曲，这种现象通常称为(　　)。

A. 晕轮效应　　B. 投射作用　　C. 首因效应　　D. 思维定式

6. (　　)是指人们对某一类人或事物产生的比较固定、概括而笼统的看法，并把这种看法推而广之，认为这个事物或整体都具有该特征，而忽视个体差异。

A. 晕轮效应　　B. 投射作用　　C. 刻板印象　　D. 首因效应

7. (　　)是指从与对手立场及议题结果对立的角度思考、判断、推论的思维方式。

A. 常规思维　　B. 超常思维　　C. 跳跃思维　　D. 逆向思维

二、名词解释

1. 商务谈判心理
2. 心理挫折
3. 气质
4. 商务谈判思维

三、简答题

1. 商务谈判心理的特点有哪些？
2. 研究和掌握商务谈判心理的意义是什么？
3. 针对不同气质类型的谈判对手，谈判者在商务谈判中应该如何应对？
4. 心理挫折对行为的影响有哪些？
5. 人的性格受哪些因素的影响？
6. 在商务谈判中，如何推测谈判对手的心理？
7. 商务谈判中的思维类型有哪些？

【案例分析】

承德避暑山庄的烟雨楼四面环水、风景别致，有一次乾隆皇帝带着新任宰相和绅和三朝元老刘统勋在烟雨楼观景散心。和绅与刘统勋新老不合，关系很不融洽，乾隆想借此机会使二人和解。游览中，乾隆提议赋诗，并随口出了一句："什么高，什么低，什么东，什么西？"学识渊博的刘统勋信手来，接口应对道："君子高，臣子低，文在东来武在西。"答得非常流利。和绅看到刘统勋拖在他的面前，十分不快，马上接着说："天最高，地最低，河(和绅)在东来流(刘统勋)西。"

三人继续前行至一座桥上，乾隆又要每人以水为题，拆一个字，说一句俗语，做成一首诗。刘统勋认为报复和绅的机会已经来临，于是边走边咏道："有水念溪，无水也念奚，单奚落乌变为鸡(繁体字的“鸡”,即“鷄”)。得势的狐狸欢如虎,落魄的凤凰不如鸡。”和绅听到了刘统勋的诗,暗自赞叹他的才华,毫不示弱地送上自己的诗:“有水念湘,无水还念相,雨落相上便为霜。各人自扫门前雪,哪管他人瓦上霜。”乾隆听了新老二臣的唇枪舌剑发出的弦外之音,心中有不小的忧虑,毕竟两个人都是自己的得力助手,可谓左膀右臂,如果这样对峙下去,不但对国家不利,而且很容易出现相互倾轧的结果。于是他决定以一种特殊的方式劝导二人,希望二人能够和解。乾隆想到这里,上前拉住和绅和刘统勋的手,面对湖水和三人的水中倒影,满怀深情地说:“二位爱卿听着,今天看到你俩的文采,果然与众不同,不妨也对上一首:有水念清,无水念青,爱卿共协力,心中便有情。不看僧面看佛面,不看孤情看水情。”二人听了,心中为之一震,深深地为乾隆的循循善诱所感动。二人心想,对抗的局面已被皇上觉察,自古以来帝王最忌讳的就是党争,皇上既然已经给了暗示,哪有不从之理?于是和绅和刘统勋二人拜谢了皇上的赐教,握手言和,从此结为忘年之交,齐心协力辅佐乾隆皇帝治理天下。

这是场以和绅与刘统勋为谈判的双方,乾隆为调解人,以协调谈判双方感情为目的的谈判。在这场谈判中,他们三人互相揣摩对方的心理,领会诗中的涵义,最终取得圆满的结果。

问题:结合案例内容,分析谈判人员应具备的心理素质。

【实战演练】

学生自由分组,每组 4～6 人,对学校附近可自由讨价还价的市场进行考察,与卖方讨价还价,完成交易。重点是要求学生扮演不同心理类型的谈判人员,练习针对不同人员采取的不同心理策略。具体要求如下:

① 记录卖方的地址、主营业务、己方所购商品的基本信息;

② 向卖方询价,记录卖方的报价;

③ 扮演不同心理类型的谈判人员,与卖方进行多次讨价还价,记录双方的沟通过程;

④ 要求认真参演和观察,每个小组推选一个代表在课堂上讲述活动过程,并总结经验。

第6章　商务谈判沟通

学习目标

通过本章的学习，了解商务谈判中主要的语言表达形式和表达原则；掌握商务谈判语言表达各个方面的知识，学会听、问、答、辩、说服以及拒绝的基本技巧。

引导案例

吉拉德的失败教训[①]

乔伊·吉拉德是美国首屈一指的汽车推销员，他曾在一年内推销出1 425辆汽车。然而，这么一位出色的推销员，却有一次难忘的失败教训。一次，一位顾客来找乔伊商谈购车事宜。乔伊向他推荐了一种新型车，一切进展顺利，眼看就要成交，但对方突然决定不要了。

乔伊为此事懊恼了一下午，百思不得其解。到了晚上11点他忍不住打电话给那位顾客："您好！我是乔伊·吉拉德，今天下午我曾经向您介绍一部新车，眼看您就要买下，却突然走了。"

"喂，你知道现在是什么时候吗？"

"非常抱歉，我知道现在已经是晚上11点钟了，但是我检讨了一下午，实在想不出自己错在哪里了，因此特地打电话向您讨教。"

"真的吗？"

"肺腑之言。"

"很好！你用心在听我说话吗？"

"非常用心。"

"可是今天下午你根本没有用心听我说话。就在签字之前，我提到我的儿子吉米即将进入密歇根大学念医科，我还提到儿子的学科成绩、运动能力以及他将来的抱负，我以他为荣，但是你根本没有听我说这些话。"

乔伊不记得对方曾说过这些事，因为他当时根本没有注意。他认为已经谈妥那笔生意了，他不但无心听对方说什么，而且在听办公室内另一位推销员讲笑话。

乔伊·吉拉德没有"站在对方立场思考与行动"。他只是想当然地以为"已经成交了"。

从这件事中，乔伊·吉拉德得到两条教训：第一，倾听顾客的话实在太重要了。因为自己没注意听对方的话，没有对那位顾客有一位值得骄傲的儿子表示高兴，显得对顾客不尊重，所以触怒了顾客，失去了一笔生意。第二，顾客虽然喜欢你的商品，但是他如果不喜欢这个与他谈判的人，他也很可能不买你的商品。

在商务谈判中，沟通是一项重要技能，同样的一桩生意，用不同的沟通方式，会产生不同的

---

① 资料来源：张国良．商务谈判与沟通．北京：机械工业出版社，2015．

效果。可以说沟通水平在一定程度上决定了谈判的结果。在沟通中,不要简单地认为所有人都和自己的认识、看法、高度是一致的。对待不同的人,要采取不同的模式,要用对方“听得懂的语言”与对方沟通。

6.1　商务谈判沟通概述

6.1.1　沟通的含义

沟通,本指开沟以使两水相通。后用以泛指使两方相通连,也指疏通彼此的意见。沟通是指发送者凭借一定的渠道(媒体或通道),将信息发送给既定对象(接收者),并寻求反馈以达到相互理解的过程。沟通有以下几层意思。

① 沟通需要有一个明确的目标。人与人之间的沟通是为了说服对方,还是想与沟通的对象达到情感的融合或思维的共识,沟通者应该有明确的认识。

② 沟通主要是信息的传递。如果信息没有传递到既定对象,则意味着沟通没有发生。在沟通过程中,人们不仅传递信息,而且还表达赞赏等情感思想,或是提出自己的意见和观点。

③ 有效的沟通需要双方达成共同的协议。双方在沟通过程中,会受到各种因素的影响,所以双方需要掌握一定的沟通技巧,进而达成一致的协议。

④ 沟通是一个双向、互动的反馈和理解过程。尽管人们每天都在进行沟通,但这并不表明他们都是成功的沟通者,沟通不是一个纯粹的单向活动,它需要沟通对象准确理解信息,接受信息,使沟通双方的思想达成一致、感情通畅。

6.1.2　沟通的过程

沟通就是传递信息的过程。在这个过程中至少存在一个发送者和一个接受者,即发出信息一方和接受信息一方。信息在二者之间的传递过程一般经历 7 个环节,如图 6-1 所示。

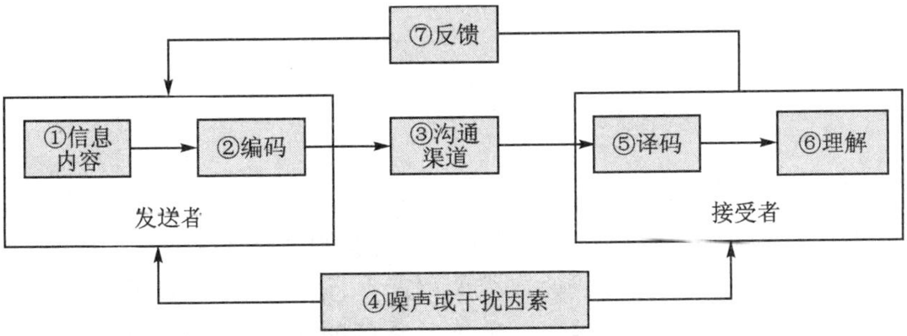

图 6-1　沟通过程图

① 发送者需要向接受者传递信息或者需要接受者提供的信息。这里所说的信息是一个广义的概念,它包括观点、想法、资料等内容。

② 发送者将所要发送的信息译成接受者能够理解的一系列符号。为了有效地进行沟通,这些符号必须适应媒体的需要。例如,如果媒体是书面报告,符号的形式应选择文字、图表或照片;如果媒体是讲座,就应选择文字、电子稿件和板书。

③ 发送的符号传递给接受者。由于选择的符号种类不同,传递的方式也不同。传递的方式可以是书面的,如信、备忘录等;也可以是口头的,如交谈、演讲、电话等;甚至还可以通过身

体动作来表述,如手势、面部表情、姿态等。

④ 接受者接收符号。接受者根据发送来的符号的传递方式,选择相应的接受方式。例如,如果发送来的符号是口头传递的,接受者就必须仔细地听,否则,符号就会丢失。

⑤ 接受者将接收到的符号译成具有特定含义的信息。由于发送者翻译和传递能力的差异,以及接受者接受和翻译水平的不同,信息的内容和含义经常被曲解。

⑥ 接受者理解被翻译的信息内容。

⑦ 发送者通过反馈来了解他传递的信息是否被对方准确地接受。一般来说,由于沟通过程中存在着许多干扰和扭曲信息传递的因素(通常把这些因素称为噪声),使得沟通的效率大为降低。因此,发送者了解信息被理解的程度也是十分必要的。沟通过程中的反馈,构成了信息的双向沟通。

6.1.3 有效沟通的原则

要进行真正有效的沟通,就必须遵循一定的原则,只有遵循这些原则,沟通才能及时、完整、准确的完成。一般来说,一个有效的沟通过程应该遵循以下原则。

1. 及时性原则

及时性是指信息从发送者传递到接收者的及时程度。及时性意味着沟通双方要在尽可能短的时间内进行沟通,并使信息发生作用。

2. 完整性原则

完整性是指信息的发送者必须发送完整的信息,要全面、适量,避免根据自己的意愿进行取舍、以偏概全,而应该适量充分。信息的接收者也不能断章取义。

3. 准确性原则

准确性是指信息从发送者到接收者那里,保持信息完整而不被歪曲、失真的程度。信息的准确性是有效沟通的最基本要求。有效沟通必须保证信息在传递的过程中准确,既能够准确地反映发送者的意图,同时也要保证接收者准确地理解信息,只有按照准确的、不失真的信息采取行动才能取得预期效果。

6.2 商务谈判的语言

语言是传递信息的媒介,是人与人之间进行交际的工具。商务谈判则是人们运用语言传达意见、交流信息的过程。而谈判中的信息传递与接受则需要通过谈判者之间的听、看、问、答、叙、辩以及劝和、拒绝等方式来完成。在很大程度上,语言的应用效用往往决定了谈判的成败。因此,谈判人员必须十分注意捕捉对方思维过程的蛛丝马迹,及时跟踪对方动机的线索,认真倾听对方的发言,注意观察对方的每个细微动作,综合运用听、看、问、答、叙、辩以及劝和、拒绝等方面的技巧,以便准确地把握对方的行为与想法,传递自己的意见与观点,进而达到谈判预期的目的。

6.2.1 商务谈判语言的类别

商务谈判的过程是谈判者的语言交流过程。语言在商务谈判中有如桥梁,占有重要的地位,它往往决定了谈判的成败。因此,在商务谈判中如何恰如其分地运用语言技巧、谋求谈判的成功是商务谈判必须考虑的主要问题。商务谈判语言各种各样,根据不同角度可以分为不同的语言类型。

1. 根据语言表达方式分为有声语言和无声语言

① 有声语言是指通过人的发音器官来表达的语言，一般理解为口头语言。这种语言借助于人的听觉交流思想、传递信息。

② 无声语言是指通过人的形体、姿势等非发音器官来表达的语言，一般解释为行为语言。这种语言借助于人的视觉传递信息、表示态度。

在商务谈判过程中巧妙地运用这两种语言，可以产生珠联璧合、相辅相成的效果。

2. 根据语言表达特征分为专业语言、法律语言、外交语言、文学语言、军事语言等

(1) 专业语言

它是指有关商务谈判业务内容的一些术语，不同的谈判业务，有不同的专业语言。例如，产品购销谈判中有供求市场价格、品质、包装、装运、保险等专业术语，在工程建筑谈判中有造价、工期、开工、竣工、交付使用等专业术语。这些专业语言具有简单明了、针对性强等特征。

(2) 法律语言

它是指商务谈判业务所涉及的有关法律规定用语，不同的商务谈判业务要运用不同的法律语言。每种法律语言及其术语都有特定的含义，不能随意解释使用。法律语言具有规范性、强制性和通用性等特征。通过法律语言的运用可以明确谈判双方的权利、义务、责任等。

(3) 外交语言

它是一种弹性较大的语言，其特征是模糊性、缓冲性和幽默性。在商务谈判中，适当运用外交语言既可满足对方自尊的需要，又可以避免失去礼节；既可以说明问题，还能为进退留有余地。但过分使用外交语言，会使对方感到缺乏合作诚意。

(4) 文学语言

它是一种富有想象的语言，其特点是生动活泼、优雅诙谐、适用面宽。在商务谈判中恰如其分地运用文学语言，既可以生动明快地说明问题，还可以缓解谈判的紧张气氛。

(5) 军事语言

它是一种带有命令性的语言，具有简洁自信、干脆利落等特征。在商务谈判中，适时运用军事语言可以起到坚定信心、稳住阵脚、加速谈判进程的作用。

【案例 6-1】

谈判较量①

两公司谈判投资项目，其间双方对原工厂的财务账目反映的原资产总值有分歧。

A 方：B 方财务报表上有模糊之处。

B 方：A 方可以核查。

A 方：核查也难，因为被查的依据就不可靠。

B 方：A 方不应该空口讲话，应有凭据证明查账依据不可靠。

A 方：所有财务凭证均系 B 方工厂所造，我作为外国人无法一一核查。

B 方：那贵方可以请信得过的 B 国机构协助核查。

A 方：目前尚未找到可以信任的 B 国机构帮助核查。

B 方：那贵方的断言只能是主观的不令人信服的。

① 资料来源：国际商务谈判案例，http://www.docin.com/p-57649315.html.

A方：虽然我方没有法律上的证据证明贵方账面数字不合理，但我们有经验，贵方的现有资产不值账面价值。

B方：尊敬的先生，我承认经验的宝贵，但财务数据不是经验，而是事实。如果贵方诚意合作，我愿意配合贵方查账，到现场一一核对物与账。

A方：不必贵方做这么多工作，请贵方自己纠正后再谈。

B方：贵方不想讲理？我奉陪！

A方：不是我方不想讲理，而是与贵方的账没法说理。

B方：贵方是什么意思，我没听明白，什么“不是、不想；而是、没法”？

A方：请原谅我方的直率，我方感到贵方欲利用账面价值来扩大贵方所占股份。

B方：感谢贵方终于说出了真心话，给我指明了思考方向。

A方：贵方应理解一个投资者的顾虑，尤其像我公司与贵方诚心合作的情况下，若让我们感到贵方账目有虚占股份之嫌，实在会使我方却步不前，还会产生不愉快的感觉。

B方：我理解贵方的顾虑。但在贵方面前，我方不能只申辩这不是“老虎账”，来说它“不吃肉”。但愿听贵方有何“安神”的要求。

A方：我通过与贵方的谈判，深感贵方代表的人品，由于账面价值让人生畏，不能不请贵方考虑修改问题，或许会给贵方带来麻烦。

B方：为了合作，为了让贵方安心，我方可以考虑账面价值的问题.至于怎么做账是我方的事。如果，我没理解错的话，我们双方将就B方现有资产的作价进行谈判。

A方：是的。

在本次谈判中，双方均运用了商业法律语言、外交语言、军事用语和文学用语，最终达到了一定的语言沟通效果。

6.2.2 语言技巧在商务谈判中的地位和作用

商务谈判的过程是谈判双方运用各种语言进行洽谈的过程。在这个过程中，商务谈判对抗的基本特征，如行动导致反行动、双方策略的互动性等都通过谈判语言集中反映出来。因此，语言技巧的效用往往决定着双方的关系状态，乃至谈判的成功。其地位和作用主要表现在以下几个方面。

1. 语言技巧是商务谈判成功的必要条件

美国企业管理学家哈里·西蒙曾说，成功的人都是一位出色的语言表达者。同时，成功的商务谈判都是谈判双方出色运用语言技巧的结果。在商务谈判中，同样一个问题，恰当地运用语言技巧可以使双方听来饶有兴趣，而且乐于合作，否则可能让对方觉得是陈词滥调，产生反感情绪，甚至导致谈判破裂。面对冷漠的或不合作的强硬对手，通过超群的语言及艺术处理，能使其转变态度，这无疑为商务谈判的成功迈出了关键一步。因此，成功的商务谈判有赖于成功的语言技巧。

2. 语言技巧是处理谈判双方人际关系的关键环节

商务谈判对抗的行动导致反行动这一特征，决定了谈判双方的语言对彼此的心理影响及其对这种影响所做出的反应。在商务谈判中，双方人际关系的变化主要通过语言交流来体现，双方各自的语言都表现了自己的愿望、要求，当这些愿望和要求趋向一致时，就可以维持并发展双方良好的人际关系，进而达到皆大欢喜的结果；反之，则可能解体这种人际关系，严重时导致双方关系的破裂，从而使谈判失败。因此，语言技巧决定了谈判双方关系的建立、巩固、发展、改善和调整，从而决定了双方对待谈判的基本态度。

3. 语言技巧是阐述我方观点的有效工具，也是实施谈判技巧的重要形式

在商务谈判过程中，谈判双方要把己方的判断、推理、论证的思维成果准确无误地表达出来，就必须出色地运用语言技巧这个工具，同样，要想使自己实施的谈判策略获得成功，也要出色地运用语言技巧。

6.2.3　商务谈判语言表达的原则

语言表达是非常灵活、非常具有创造性的。因此，几乎没有哪种语言的表达技巧适合所有的谈话内容。就商务谈判来讲，应做到准确、正确地运用语言，不伤害对方的自尊，以及有利于交易的达成。

1. 客观坦诚、有的放矢

在商务谈判中运用语言艺术表达思想、传递信息时，必须以客观事实为依据。以产品的购销谈判为例，产品的销售方对企业的情况和产品的情况进行介绍时就要遵循客观真实的原则，恰如其分地介绍产品的性能、质量等。为了表现出真实感，可以通过现场试用或演示，还可以加上用户对该产品的评价。作为产品的购买方，也应实事求是地对产品进行评价，介绍自己的购买力时不要夸大、失实，还价要充满诚意，而且最好加上还价的理由。

针对某类谈判、某次谈判的具体内容，针对不同的谈判对手以及对手的不同要求，要做到有的放矢、对症下药。谈判的内容千变万化，仅以贸易谈判为例，就包括商品买卖谈判、劳务买卖谈判、租赁谈判等。商品的种类不同，谈判的内容就自然会截然不同。在每次谈判的内容确定下来后，除了认真准备有关资料外，还要针对谈判内容的差异考虑谈判时使用的语言。不同的谈判内容和谈判场合要根据不同的谈判对手使用不同的谈判语言，而且应当围绕重点、言简意赅、态度鲜明。

2. 符合逻辑、具体灵活

在商务谈判过程中运用语言艺术时应做到概念清楚、判断准确、证据确凿、符合逻辑。逻辑性的原则反映在问题的陈述、提问、回答、辩论及说服等各个方面。提问要察言观色、把握时机；回答问题要切题准确，一般不要答非所问；试图说服对方时，要使语言充满强烈的感染力和强大的逻辑力量，真正打动对方，使对方心悦诚服。

灵活性指的是尽管在谈判前可以进行充分的准备，制定对策，但是在谈判的过程中，对方要说什么或做出什么反应却无法预知，仍然需要谈判者临场组织、随机应变，及时灵活地调整语言，转移或继续话题。如有必要，重新设定说话的内容、方式，甚至终止谈判，切不可拘泥于既定的对策，否则必将在谈判中失去优势、处于被动。

3. 规范流畅、文明礼貌

谈判过程中所用的语言应做到文明礼貌、清晰易懂、流畅严谨并不伤及对方的面子与自尊。首先，谈判语言必须坚持文明、礼貌的原则，符合商界的特点和职业道德要求。无论出现何种情况，都不能使用粗鲁、污秽或攻击辱骂的语言。其次，所用的语言必须清晰易懂，口音应当标准化，不能用地方方言或黑话、俗语。再次，应当注意抑扬顿挫、轻重缓急，避免吐舌挤眼、语不断句、大吼大叫、感情用事。还有，谈判的语言应当准确严谨，特别是在讨价还价时更要注意言语的准确性。最后，在谈判中维护自尊是一个极其敏感而又重要的问题。许多专家指出，在谈判中，如果一方感到失去了自尊，即使是最好的交易，也会留下不良的后果。当一个人的自尊受到威胁时，他就会全力防卫，对外界充满敌意。这时，要想与他沟通是十分困难的。而在大多数情况下，伤自尊是由语言不慎造成的，因此，谈判人员应特别注意。

4. 适应环境、具说服性

掌握谈判的语言艺术就必须重视语言的环境因素，如果不看场合，说话随心所欲，那么不仅不能发挥语言的效果，甚至还会使人反感、产生副作用。传说大诗人歌德当过律师，他在法庭上以诗一般的语言发言时，却招来了哄堂大笑，法官当场禁止他这样讲话。因此，谈判者说话必须考虑环境因素，适应特定的语言环境的要求。

此外，无论语言的表达形式如何，都应具有令人信服的理由和力度。谈判语言的说服性，不仅仅是指语言的客观性、针对性和逻辑性的统一，它还要求声调的抑扬顿挫、语气的恰如其分、语言的轻重缓急等都要适时、适地、适人。

6.2.4 商务谈判中应避免的语言

在谈判中，语言的选择运用十分重要，有些语言应尽量少用、不用或禁用。

1. 伤人、好斗、威胁的语言

成功的谈判是双方利益的协调与满足。参加谈判的双方都是具体的人，每个人都有自尊心、荣辱感和个性。谈判中如果能相互尊重、说话和气，就可以增进友谊和信任，便于双方的沟通，使谈判较为顺利地进行；如果视对方为敌，出口伤人、出言不逊、争强好斗，或者使用有损对方自尊心、涉及对方隐私甚至威胁性的语言就可能伤害对方的感情，引起对方的反感、反击，从而可能会使对方更加固执。这不仅无助于改变对方的观点，反而可能会使谈判更加僵硬。

2. 过头、赌气、固执的语言

诚恳、谨慎、适度的语言不仅能够准确地表达自己的愿望，而且给人以信任感和安全感。话说过头可能产生歧义、误解、怀疑、猜测，造成信息沟通的困难。因此，在谈判中说话应有分寸，事先应考虑一下哪些话该说，说到什么程度合适，要注意适可而止，应尽量沉着、避免冲动。另外，谈判是一个十分复杂的过程，许多情况都处于频繁的变化之中。因此谈判中应始终做好各种应急准备，要多准备几种备选方案和表达方式。如果固执己见、赌气、钻牛角尖，语言没有任何变化，就会失去灵活性，使谈判陷入僵局。也不要使用“肯定如此”“绝对不是那样”“上次交易你们已经赚了五万，这次不能再占便宜了”等极端性或赌气性的语言，即使自己的看法正确，也不应使用这样的词汇。

3. 啰唆、模棱两可的语言

谈判都有一定的时限，要讲求实效、重视速度。这就要求谈判双方的交流应当简明扼要、准确明白。如果说话啰唆、言之无物、毫无意义，就会浪费时间，引起对方的反感和厌恶。此外，在通常情况下，应尽量避免使用“可能是”“大概如此”“好像”“听说”“似乎”等模棱两可的语言。在一些特殊的情况下，这种模糊的语言可以帮你实施某些计策，但如果对方要你回答一些关键问题，你还用这些语言则很可能会使你失去生意。

4. 武断、针锋相对的语言

武断、针锋相对的语言常给人一种傲慢自大、盛气凌人、唯我独尊的感觉，这类语言特别容易引起双方的争论、僵持，造成关系紧张，使谈判空气弥漫着火药味，也就往往因为没有商量的余地而失去交易的机会。精明的谈判者在表达意见时往往表现出谦让、克制，通常不会使用偏激、绝对、武断、针锋相对的语言，而是委婉地阐述自己的意见，促使谈判气氛融洽，达成一致。

【案例6-2】

特金会不欢而散[①]

2019年2月27日，美朝领导人第二次会晤在越南首都河内举行。谈判进行的第二天是关键的一天，特朗普递给了金正恩一张纸条，很贴心地既有英文也有朝语。按照消息人士的说法，这是特朗普本人第一次直接向对方明确界定，他所说的无核化的含义。按照路透社的报道，美方要求对方全面废除核基础设施，允许美国及国际社会进行全面核查，而且，应把所有核武器及裂变材料移交给美国。这其实就是"利比亚模式"，但卡扎菲的后果大家也清楚，朝方早就明确且一再拒绝这一模式。但美国仍提出这样的要价，用美国专家的话说，确实显得无礼了。此次会谈的结果是不欢而散，双方没有签订协议，就连原先定好的午宴也取消了。

6.3 商务谈判的沟通技巧

谈判沟通包括两个方面：一是倾听，二是表达。倾听是实现正确表达的基础和前提。富兰克林曾经说过，与人交往取得成功的重要秘诀就是多听。倾听是了解对方需要、发现事实真相的最简捷的途径。谈判是双方信息了解和沟通的过程，掌握信息是十分重要的。人们不仅要了解对方的目的、意图、打算，还要掌握不断出现的新情况、新问题。因此，谈判人员必须注意收集整理对方的情况，力争了解和掌握更多的信息而没有什么方式能比倾听更直接、更简便地了解对方的信息了。倾听可以给对方留下良好的印象，可以更真实地了解对方的立场、观点、态度，了解对方的沟通方式、内部关系，甚至小组内成员的意见分歧，从而掌握谈判的主动权。

6.3.1 沟通中的"听"

1. "听"的障碍

在商务谈判中，人们彼此频繁地进行着微妙、复杂的信息交流。有时候，由于谈判者的疏忽，会失去不可再得的信息。为了能够听得完全、听得清晰，就必须了解"听"的障碍。

(1) 判断性障碍

人们通常都喜欢对别人的话进行判断、评价，而且是从自己的立场出发进行判断，然后决定是否赞成，这是造成不能有效倾听的重要原因之一。一般来说，听者的反应会干扰对方说话，打乱对方的思维过程，这样就不可避免地引起对方采取防御手段，结果很可能使对方坚持自己的观点，而去掩饰自己的思想和感情。即使是赞美对方的言辞，也会造成听的障碍，因为赞美往往使人陶醉其中，从而使人不能保持原来的思维过程。

(2) 精力分散或观点不一致而造成少听、漏听

商务谈判往往十分耗费精力。如果谈判日程安排得太紧张，谈判人员得不到充分休息，特别是在谈判的中后期，如连日作战，则消耗更大，此时即使是精力十分旺盛的人，也会出现因精力不集中而少听或漏听的现象。通常，谈判人员的精力和注意力的变化是有一定规律的：在谈判开始

① 资料来源：这才是特金会不欢而散的原因！特朗普悄悄递了一张纸条，https://military.china.com/news2/569/20190401/35560513.html.

时精力比较充沛，但持续时间较短；谈判快要达成协议时，又会出现精力的充沛期，因为人们意识到双方达成协议的时刻就要来到时精力就会突然复苏、高涨，但通常时间也都很短。

（3）带有偏见的听

在谈判中几种比较普遍的偏见也会造成倾听的障碍。

① 先把别人要说的话做个标准或价值上的估计，再去听别人的话。在别人正在讲话时，有这种偏见的人往往会在心理上判断：他接下来要说的是不重要的、没有吸引力的，或太复杂的内容。于是就会一边听一边希望对方赶紧把话题转入重点或者结束讲话。有偏见的听话者常常会按自己的好恶对传进耳朵里的话进行曲解。他们会根据自己过去的经验把别人的话限制在自己所设的某种条件中，也就是自以为是地把某些话附加上自己的理解，这样就不能真正理解对方的话。

② 因为讨厌对方的外表而拒绝听对方讲话的内容。即使对方的话很重要或者有很多值得注意的地方，也会因为讨厌其外表而不想听其讲话的内容，故不能从其中获得确实有用的信息。

③ 有的谈判者喜欢假装自己很注意听。尽管心里在想别的事情，却为了使讲话者高兴而假装自己很注意听。伪装实际上也是一种偏见，因为他们把注意力都集中在伪装的姿态上，而根本没有什么心思去专心倾听。还有的人喜欢试着去记住别人所讲的每句话，却忽视了话题的主要意义。这些伪装者常使讲话者以为他们是在专心倾听，因此，这种伪装的“听”很容易使双方产生误会，影响沟通。

（4）受听话者文化知识、语言水平等的限制

受听话者文化知识、语言水平，特别是受专业知识和外语水平的限制而听不懂对方讲话的内容。商务谈判总是针对某一具体业务而言的，自然就会涉及大量的专业知识。如果谈判人员对相关的专业知识掌握得有限，那么在谈判中一旦涉及这方面的知识，就会造成倾听障碍。另外，由于语言上的差异，如果对某些业务知识掌握得不够全面而需要进行全过程的翻译，则很容易出现对某些细节一带而过或者只翻译个大概的意思。实际上，有时这些细节往往是理解对方讲话内容、把握对方立场和观点的关键。

【案例 6-3】

秀才买柴[①]

有一个秀才去买柴，他对卖柴的人说：“荷薪者过来！”卖柴的人听不懂“荷薪者”（担柴的人）三个字，但是听得懂“过来”两个字，于是把柴担到秀才前面。秀才问他：“其价如何？”卖柴的人听不太懂这句话，但是听得懂“价”这个字，于是就告诉秀才价钱。秀才接着说：“外实而内虚，烟多而焰少，请损之（你的木材外表是干的，里头却是湿的，燃烧起来，会浓烟多而火焰小，请减些价钱吧）。”卖柴的人因为听不懂秀才的话，于是担着柴就走了。

在谈判过程中，要考虑到对方的文化水平和理解能力，最好用简单的语言、易懂的词汇来传达信息，而且对于说话的时机要有所掌握，有时过分的修饰反而达不到想要的目的。

（5）环境干扰而形成的听力障碍

由于各地环境不同，商务谈判的环境也千差万别。由于环境的干扰，如天气突然变化而电闪雷鸣、建筑噪声或过往行人及车辆等，也常常会使人们的注意力分散，而形成倾听障碍。

① 资料来源：如何正确与客人沟通，http://www.360doc.com/content/18/0315/23/31326041_737370741.shtml.

2. “听”的技巧

(1) 要专心致志、集中精力地听

谈判人员在倾听对方讲话时应做到聚精会神，同时要以积极的态度去倾听。精力集中地听，是倾听最基本的要求。据统计，一般人的说话速度为每分钟 120～200 个字，而听话及思维的速度则大约要比说话的速度快 4 倍。往往讲话者的话还没说完，听话者就基本能够理解了。因此，听者常常由于精力的富余而“开小差”，也许恰在这时，讲话人的内容与听话者理解的内容出现了偏差，或者传递了一个重要的信息，因此，应当时刻集中精力并用积极的态度去倾听。可以主动与讲话者进行目光接触，并做出相应的表情以鼓励讲话者，如可以扬一下眼眉，或赞同地点点头，或否定地摇摇头，也可以不解地皱皱眉头等，这些动作的配合可以帮助集中精力，起到良好的收听效果。作为一名商务谈判人员，应该养成耐心倾听对方讲话的习惯，这是商务谈判人员良好个人修养的一个标志。

【案例 6-4】

意外的收获①

美国有一家汽车公司想选购一种装饰汽车内部的布料。有 3 家公司为其提供样品。汽车公司请这 3 家公司作说明。这 3 家厂商中，有一家的业务代表患有严重的喉炎，无法流利地讲话，只能由汽车公司的董事长代为说明，董事长介绍该产品的优点后，有关人员纷纷发表意见，董事长代为回答，而布料公司的业务代表则以微笑、点头等动作表示谢意。结果他博得了好感，获得了布料的订单。后来，这个业务员总结说，如果他当时没有生病，嗓子还可以说话的话，是不会获得这笔大数目订单的。

(2) 要通过记笔记来集中精力

绝大多数人即席记忆并保持的能力是有限的，为了弥补这一不足，应当在养成倾听别人讲话时做笔记的习惯。一方面，笔记可以帮助自己回忆和记忆，而且有助于在对方讲完话以后就这些问题向对方提出质询，同时可以帮助自己做充分的分析，理解对方讲话的确切含义与精神实质；另一方面，通过记笔记可以给讲话人一个重视其讲话内容的印象，当听话人停笔抬头看看讲话者时，又会对其产生一种鼓励的作用。对于商务谈判来说，一般情况下，信息量都很大，所以一定要动笔做记录，而不能相信自己的记忆力而很少记笔记。因为在谈判的过程中，人的思维高速运转，大脑接受和处理大量的信息，加上谈判现场的气氛又很紧张，每个议题都必须认真对待，所以只靠记忆是办不到的。实践证明，即使记忆力再好，也只能记住一个大概的内容，有的干脆忘得干干净净。因此，记笔记是必不可少的，它也是比较容易做到的用来清除倾听障碍的一个很好的方法。

(3) 要有鉴别地倾听对方的发言

人们说话时通常是边说边想，来不及整理，有时表达一个意思要绕着弯子讲许多内容，也根本谈不上什么重点突出。因此，听话者就需要在用心倾听的基础上，鉴别传递过来的信息的真伪，去粗取精、去伪存真，这样才能抓住重点，获得良好的倾听效果。

(4) 要克服先入为主的倾听习惯

先入为主地倾听，往往会扭曲说话者的本意，忽视或拒绝与自己心愿不符的意见。这种倾

① 资料来源：陈汉明．商务谈判理论与实务．长沙：湖南师范大学出版社，2013．

听方法不是从谈话者的立场去分析对方的讲话内容，而是按照自己的主观意识来听取对方的讲话。其结果往往是所听到的信息变形地反映到自己的脑中，从而导致自己所接受的信息不准确、判断失误，最终造成选择性的错误。所以，在谈判中，必须克服先入为主的倾听做法，将讲话者的意思听全、听透。

【案例 6-5】

林克莱特的访问[①]

美国知名主持人林克莱特一天访问一名小朋友，问他说："你长大后想要当什么呀？"小朋友天真的回答："嗯……我要当飞机驾驶员！"林克莱特接着问："如果有一天，你的飞机飞到太平洋上空，所有引擎都熄火了，你会怎么办？"小朋友想了想："我会先告诉坐在飞机上的人绑好安全带，然后我挂上我的降落伞跳出去。"当在现场的观众笑的东倒西歪时，林克莱特继续着注视这孩子，想看他是不是自作聪明的家伙。没想到，接着孩子的两行热泪夺眶而出，这才使林克莱特发觉这孩子的悲悯之情远非笔墨所能形容。于是林克莱特问他说："为什么要这么做？"小孩的答案透露出一个孩子真挚的想法："我要去拿燃料，我还要回来！"

在谈判的过程中，切忌听话听一半，也不要把自己的意思投射到别人所说的话上，要保持充分的耐心，把对方的话听完。

(5) 不要因轻视对方而抢话、急于反驳而放弃听

如果一个人轻视对方，常常会自觉不自觉地表现在行为上。比如，对对方的谈话充耳不闻，甚至抢话的现象时有发生。抢话不仅会打乱别人的思路，也会耽误自己倾听对方的全部讲话内容。另外，谈判人员有时也会出现在没有听完对方讲话的时候就急于反驳对方的某些观点的情况，这样势必会影响倾听的结果。事实上，把对方的讲话听得越详细、全面，反驳对方时就越准确、有力。相反，如果对对方谈话的全部内容和动机尚未全面了解时，就急于进行反驳，不仅会显得自己浅薄，而且常常会使自己陷于被动，对自己十分不利。

(6) 不要为了急于判断问题而耽误倾听

在谈判中，当听了对方陈述的有关内容以后，不要急于判断其正误，因为这样会分散精力而耽误倾听其下文。虽然人的思维速度快于说话的速度，但是如果对方还没讲完就去判断它的正误，无疑会削弱己方听话的能力和质量，从而影响倾听的效果。因此，切不可因为急于判断问题而耽误了倾听。

(7) 不要回避难以应付的话题

有时谈判的话题往往会涉及一些如政治、经济、技术以及人际关系等方面的问题，可能会令谈判人员一时回答不上来。但在这个时候，切记不可持充耳不闻的态度。因为这样回避对方，恰恰是暴露了己方的弱点。在遇到这种情况时，要有信心、有勇气去迎接对方提出的每个问题。只有用心去领会对方提出的每个问题的真实用意，才能找到摆脱难题的真实答案。另外，为了培养自己急中生智、举一反三的能力，应多加训练和思考，以便在遇到问题时不慌不乱。其实，作为一个倾听者，不管在什么情况下，如果不明白对方说出的话是什么意思，就应该用各种方法使他知道这一点。可以向对方提出问题加以核实，或者积极地表达出自己听到了

① 资料来源：如何正确与客人沟通，http://www.360doc.com/content/18/0315/23/31326041_737370741.shtml.

什么，或者让对方纠正自己的听错之处。

知识链接

谈判中“类语言”的区分

在商务谈判中，类语言是指一种有声而无固定语义的语言。其形式主要有语调、重音和笑声等。

① 语调。语调即贯穿整个句子的调子，主要可以分为升调和降调两种基本类型。一般来说，升调表示惊讶和不满，降调表示遗憾和灰心。波动的语调反映谈判者在思考、在犹豫，平静的语调反映出自信和果断。

② 重音。在谈判中，人们经常根据表达的需要，故意把某句话、某个词或词组的发音说得重一些，这就是所谓的重音。重音主要起强调的作用。如“这个价格我们不能接受”，如果重音落在“这个价格”上，强调的是这个价格，而不是另一种价格；如果重音落在“我们”上，强调的是我们而不是别人；如果重音落在“不能接受”上，强调的是不要，而不是要多少的问题。有时，重音表示的意思与该词本身完全相反的意思。例如“您可真会报价”，如果重音落在“真会”上，意思就由赞美变成了不满。

③ 笑声。笑声与微笑不同，它是通过主体出声的笑来传递信息的。在谈判中，笑声既可传递正面的信息，也可传递负面的信息。例如，仰头大笑，可能表示“高兴”“赞同”，也可能表示“不怀好意”。因此，谈判人员要善于从不同的笑声中揣摩出对方所传递出来的真实含义。

④ 咳嗽。交谈时，咳嗽常有许多含义，有时是焦躁不安的表现，有时是稳定情绪的缓冲，有时是掩饰说谎的手段，有时是对说话人态度过于自信或自夸表示怀疑或惊讶，也可用假装清清喉咙表示不信任。

6.3.2　沟通中的“问”

商务谈判中，精妙的提问不仅能获取所需的信息，而且还能促进双方的沟通。谈判人员通过不断地向对方提出各种问题，以试探虚实、获取信息。

1. 提问的类型

(1) 封闭式提问

封闭式提问是一种在特定领域中带出特定答复（“是”或“否”）的提问方式。例如，“售后服务是否有改进的可能？”“贵方第一次发现包装破损是在什么时候？”这样的提问可以使提问者获得特定的资料，而答复这种问题并不需要太多的思索即能给出答案。

(2) 澄清式提问

澄清式提问通常是一种针对对方的答复，重新提出问题以便对方进一步澄清或补充原先答复的提问方式。例如，“您刚才说这笔交易还可以再商量，这是不是意味着该商品的价格还有下浮的空间？”这种问句可以确保谈判双方可以进一步沟通，而且是针对对方的话语进行信息回馈的有效方法，是双方密切配合的理想方式。

(3) 强调式提问

强调式提问是一种旨在强调自己观点和立场的提问方式。例如，“我们怎能忘记你我双方之间过去几年友好而愉快的合作呢？”“按照贵方的要求，我们的观点不是已经很清楚了吗？”

(4) 探索式提问

探索式的提问是一种针对对方的答复,要求引申或举例说明,以便探索新问题、新方法的提问方式。例如,"你们说可以按期交货,有什么可以作为保证? 如果我们采用第二套方案结果会怎样?"这种方式的提问不但可以进一步探求更为充分的信息,而且可以显示提问者对对方答复的重视。

(5) 借助式提问

借助式提问是一种借助第三者的意见来影响或改变对方观点的提问方式。例如,"张先生,您对这个问题是怎么看的呢?""张先生是怎么说的?"采用这种提问方式,应当注意这个第三者必须是对方所熟悉而且最好是他们十分尊重的人,这样就一般会对他们产生很大的影响力。但如果向一个对方不熟悉的人或谈不上尊重的人提问这样的问题,则可能会引起对方的反感。

(6) 强迫选择式提问

强迫选择式提问是一种旨在将己方的意见抛给对方,让对方在一个规定的范围内进行选择回答的提问方式。例如,"请对方注意,我们从其他供应商那里都可以得到2%~5%的佣金。""只有今天可以,上午还是下午?"按理说,在提出这一问题之前,提问者应先得到对方将付佣金的承诺。但是这种提问却将这一前提去掉,直接强迫对手在给出的狭小范围内进行选择,可谓咄咄逼人。但使用这种提问方式要特别慎重,一般应在己方掌握充分的主动权的情况下使用,否则很容易出现僵局甚至导致谈判的破裂。即使选用这种提问方式,也要尽量做到语调温柔、措辞得体,以免给人留下专横跋扈、强加于人的不良印象。

(7) 开放式提问

开放式提问是一种在广泛的领域引出广泛答复的提问方式。例如,"您对我公司的印象如何?""您对当前的销售状况有什么看法?"由于开放式的提问不限定答复的范围,答复者可以畅所语言,提问者也可以得到广泛的信息。

(8) 婉转式提问

婉转式提问是一种在没有摸清对方虚实的情况下,采用婉转的语气或方法,在适宜的场合和时机向对方提出问题的提问方式。例如,"这种产品的功能还不错吧? 您能评价一下吗?"如果对方有意,他定会接受,如果不满意,他的拒绝也不会使我方难堪。

(9) 诱导式提问

诱导式提问是一种旨在开渠引水,对对方的答案给予强烈暗示,使对方的回答符合己方预期目的的提问方式。例如,"贵方如果违约是应该承担责任的,对不对?""我们谈到现在,我看给我方的折扣可以定为3%,您一定会同意的,是吗?"这类提问几乎是对方毫无选择余地而按提问者所设计好的答案进行回答。

【案例6-6】

祈祷与抽烟[①]

有一位教徒问神甫:"我可以在祈祷时抽烟吗?"他的请求遭到神甫的严厉斥责。而另一位教徒又去问神甫:"我可以吸烟时祈祷吗?"后一个教徒的请求却得到允许,悠闲地抽起了烟。这两个教徒发问的目的和内容完全相同,只是谈判语言表达方式不同,但得到的结果却相反。

① 资料来源:https://wenku.baidu.com/view/711d1351360cba1aa811daf4.html.

（10）协商式提问

协商式提问是一种为使对方同意己方的观点，采用商量的口吻向对方提问的提问方式。例如，“您看是否可以分三批交货？”“您看佣金定为 3% 是否合适？”这种提问，语气平和，对方容易接受。而且，即使对方没有接受你的条件，但是谈判的气氛仍能保持融洽，双方仍有继续合作的可能。

此外，还有证明式提问（要求对方做出证明或解释）、多层次式提问（一个问句包括多种内容）等。

【案例 6－7】

咖啡还是牛奶[①]

某商场休息室经营咖啡和牛奶，一开始服务员问顾客：“先生，喝咖啡吗？”或者是：“先生。喝牛奶吗？”其销售平平。后来，老板要求服务员换一种问法，“先生，喝咖啡还是牛奶？”结果其销售大增。原因在于，第一种是“封闭式”提问，容易得到否定回答，第二种是“选择式”提问，大多数情况下，顾客会选择一种。

2. 提问的时机

（1）在对方发言停顿、间歇或完毕之后

在对方发言的时候，一般不要急于提问。因为打断别人的发言是不礼貌的，容易引起别人的反感。在对方发言时，要认真倾听，即使发现了对方的问题，很想立即提问，也不要打断对方，可先把发现的和想到的问题记下来，待对方发言完毕之后再提问。这样不仅体现了自己的修养，而且能全面、完整地了解对方的观点和意图，从而可以避免操之过急，曲解或误解对方的意图。

当然，如果对方的发言冗长、不得要领，或纠缠细节、离题太远而影响谈判的进程，那么可以借对方停顿或间歇时提问。这是掌握谈判进程、争取主动的要求。例如，当对方停顿时，可以借机提问：“您刚才说的意思是……”或“细节问题我们以后再谈，请谈谈贵方的主要观点好吗？”

（2）在议程规定的辩论时间

重要复杂的谈判，一般都事先商定谈判的议程，设定辩论时间。在双方各自介绍情况或阐述的时间里也不宜向对方提问。只有在辩论时间中，双方才可以自由提问，进行辩论。在这种谈判中，通常要做好准备，可以设想对方可能出现的几种方案，准备己方的对策，然后再提问。在辩论的开始阶段，要做好记录，最好是归纳出双方的分歧，再进行提问。不问便罢，一问就要问到点子上。

（3）在己方发言的前后

在谈判中，当轮到己方发言时，可以在谈自己的观点之前，针对对方的发言进行提问，不必要求对方回答，而是自问自答。这样可以争取主动，防止对方接过话茬，影响自己发言。例如，“您刚才的发言要说明什么问题呢？我的理解是……对这个问题，我谈几点看法。”在充分表达己方的观点之后，为了使谈判沿着己方的思路发展从而主导这场谈判，通常还可以进一步提出要求，让对方回答。例如，“我们的基本观点和立场就是这些，您对此有何看法呢？”

（4）要注意对方的心境

谈判者受情绪的影响再所难免。因此，应随时留心对方的心境，在适当的时候提出相应的

① 资料来源：销售的谈判技巧，https://www.docin.com/p-1471835639.html.

问题。例如，对方心境好的时候，常常会轻易地满足你所提出的要求，而且会变得粗心大意，透露一些相关的信息。此时，抓住机会，提出问题，通常会有所收获。

3. 提问的要诀

(1) 要预先准备好问题

谈判之前应当对预计要提出的问题进行充分的准备，最好能准备一些对方无法迅速做出适当应对的问题，以期收到意想不到的效果。同时，预先进行准备，也可以预防对方反问。有些有经验的谈判人员，往往是先提出一些看上去很一般并且比较容易回答的问题，而这个问题恰恰是随后所要提出的比较重要的问题的前奏。这时，如果对方思想比较松懈，突然面对所提出的较为重要的问题时往往会措手不及，从而收到出其不意的效果。因为对方在回答无关紧要的问题时就已经暴露了他的思想，这时再让对方回答重要的问题，对方只好自成体系、自圆其说，按照原来的思路来回答问题，而这个问题或许正是我方所需要的。

(2) 不要强行追问

如果对方的答案不够完整，甚至回避不答，这时不要强行追问，而是要有耐心和毅力等待时机的到来再进行提问。这样做可以表现出对对方的尊重，同时继续回答问题也是对方的义务和责任，因为时机成熟，对方自然不会推卸。

此外，如果必要的话，己方还可以在适当的时候将一个已经发生的并且答案是己方所知道的问题提出来，验证一下对方的诚实程度及其处理问题的态度。同时，这样做可以给对方一个暗示，即己方对整个交易的行情是了解的，有关的信息也是充分掌握的，进而帮助己方考虑下一步的打算及决策。

(3) 避免提出那些可能会阻碍对方让步的问题

商务谈判中所提问的问题应时刻同绕着谈判的主题及谈判的顺利进行来展开。提问时，不仅要考虑自己的退路，同时要考虑对方的退路，要把握好时机和火候，切记不要提出那些可能会阻碍对方让步的问题，否则就会影响谈判的效果，对谈判的顺利进行产生不利的影响。

(4) 提问后应闭口不言，等待对方回答

商务谈判中，当一方提出问题以后，通常应闭口不言，如果这时对方也沉默不语，则无形中给对方施加了一种压力。由于一方提出了问题，对方就必须以回答问题的方式来打破沉默，或者说打破沉默的责任应当由对方来承担。

(5) 态度要诚恳，言辞应简短

当直接提出某个问题而使对方不感兴趣或不愿进行回答时，可以换一个角度并且用十分诚恳的态度来问对方，以此来激发对方回答问题的兴趣。这样做通常可以使对方乐于回答，也有利于双方感情上的交流以及谈判的顺利进行。另外，在商务谈判的过程中，所提出的问题越简短越好，而由问题引出的回答则是越长越好。因此，应尽量用简短的句式来向对方提问。

知识链接

一般不应提问的问题如下。

① 不应提出带有敌意的问题。不应抱着敌对的心理进行谈判，应尽量避免那些可能会刺激对方产生敌意的问题，否则，就会损害双方的关系，最终会影响交易的成功。

② 不应提出有关对方个人生活、工作方面的问题。对于大多数国家和地区的人来讲，回避个人生活和工作方面的问题已经成为一种习惯。例如，对方的收入、家庭情况，女士的年龄、对方国家的政党以及宗教等问题都是应当回避的。

③ 不要直接指责对方品质和信誉方面的问题。这样做不仅会使对方感到不快，而且会影响彼此之间的真诚合作，甚至会引起他的不满和怨恨。如果发现对方在某些方面不够诚实，可以把已经掌握或了解到的真实情况告诉对方，对方自然就会明白我方的用意了。

④ 不要为了表现自己而故意提问。为了表现自己而故意提问很容易引起对方的反感，特别是不能提出与谈判内容无关的问题，以显示自己的"好问"。故作卖弄的结果往往会弄巧成拙。

此外，还应根据对方的特点进行提问，避免使用威胁性、讽刺性的语言，特别要注意不能像法官那样进行盘问、审讯。像法官一样询问谈判对手，会造成对方的敌对与防范心理和情绪。谈判需要双方心平气和地提出和回答问题。另外，重复连续地发问，往往会导致对方厌倦而不愿回答，有时即使回答也是马马虎虎，甚至答非所问。

6.3.3 沟通中的"答"

谈判中的回答是一个证明、解释或推销己方观点的过程。谈判中的回答应该是基于谈判的需要，准确把握该说什么、不该说什么，以及应该怎样说。

1. 回答问题的原则

谈判者在回答对方提问的时候，要把握以下原则。

(1) 让自己获得充分的思考时间

一般来说，对问题答复的好坏与思考的时间成正比。在谈判中，提问者提出问题，很自然会给答话人带来一种压力，似乎非马上回答不可，否则可能会给对方一个缺乏准备的感觉。正因为如此，有些提问者会不断地催问，迫使答复者在对问题没有进行充分思考的情况下仓促作答。其实，对问题回答得好坏，并不是看答复者回答速度的快慢。作为答复者应保持清醒的头脑，沉着稳健，不慕所谓"对答如流"的虚荣，也不必顾忌对方的催问，而应当让自己获得充分的思考时间。可以通过喝一口水、调整一下自己坐的姿势和椅子、整理一下桌子上的资料或翻一翻笔记本等动作来考虑一下对方的问题，之后再作答。这样做既显得自然、得体，又可以让对方看得见，从而减轻、消除对方认为你缺乏准备的那种感觉。当然，也不能间隔太长。

(2) 不要全盘托出

通常，面对对方的提问，不要"全盘托出"，不能毫无保留地回答，"底牌"不能轻易地亮出。在谈判中，有的问题不值得回答，有些问题只需做出局部回答，如果"全盘托出"，就难免暴露自己，使己方处于被动的地位。同时，当"全盘托出"之后，对方无须继续提问就获得了对他们有用的信息，这样就失去了对方向己方继续反馈和与己方进行进一步交流的可能。

(3) 不要随便回答

谈判者为了获取信息、占据主动，往往会利用提问的方式来获取他所需要的信息，因此对方的问话中有时会深藏杀机，如果贸然回答，很可能会掉进陷阱。所以，在不了解问话的真正含义之前不要随便回答，以免把不该说的事情说了出来。在谈判中，答话一方的每句话都近似于一句诺言，一旦说出，一般情况下很难收回。因此，对问题一定要考虑充分以后，斟句酌字、慎重回答。

(4) 尽量减少对方的追问

提问者常常会采取连续提问的方式，环环相扣、步步紧逼，使答复者陷于被动，而落入他们的圈套。因此，谈判者在答复时尽量不要留下话柄，让对方抓住某些东西继续提问。要尽量遏制对方的进攻，使对方找不到继续追问的借口。例如，在答复中，用“我们考虑过，情况没有你说的那么严重”“现在讨论这个问题还为时过早”等回复，可以有效地抑制对方的追问。

(5) 要有针对性地回答

通常，回答问题要有针对性，要明确、具体。不要在回答中含糊其辞，让对方捉摸不定。这就需要认真倾听对方的谈话，摸清对方提问的目的，然后进行分析、判断，最后做出有利于自己的答复。此外，还应根据对方提问的类型、对方的态度、对对方的印象和期望值等各个方面有区别地进行回答。

2. 回答问题的技巧

(1) 针对提问者的真实心理答复

谈判者提问的动机往往是多种多样的，有着各不相同的目的。有时提问者会有意识地含糊其辞，使所提的问题模棱两可，让回答者判断失误。如果己方在没有弄清对方的动机和目的之前，就贸然进行回答，结果往往是效果不佳，甚至会出现漏洞，使对方有机可乘。只有周密思考，准确判断对方的意图，才可能做出高水平的回答。例如，如果对方在谈判中提的问题是：“请您谈谈产品价格方面是如何考虑的?”己方应首先要弄清对方要了解价格的哪一方面的问题再酌情回答，是对方觉得价格太高，还是对不同规格产品的价格进行探询。如果对方是因为己方所报价格太高，那么己方就可以依据对方这一真实心理，回答定价原则。如果己方想当然地告诉对方价格的计算方法、成本的高低，就可能落入对方的陷阱，给对方压价提供了理论依据。

(2) 避正答偏、顾左右而言他

有时对方提出的问题可能很难直接从正面回答，但又不能以拒绝的方式来逃避问题，这时谈判高手往往用“答偏”的办法来回答，即在回答这类问题时，故意避开问题的实质，而将话题引向歧路，借以破解对方的进攻。例如，可以跟对方讲一些与所提问题及有关系而又没有实际关系的问题。看上去回答了问题，其实并没有回答。

(3) 以问代答

以问代答是用来应付那些一时难以回答或不想回答的问题而采用的方法，即把对方踢过来的球再踢回去。例如，谈判进展不是很顺利的情况下，一方问道：“您对合作的前景怎么看?”对方可采用以问代答的方式：“那么，您对合作的前景又是怎么看呢?”“至于……那就取决于您的看法如何了。”这时双方自然会认真加以思考，对于打破窘境会起到良好的作用。商务谈判中，运用以问代答的方式回答问题有时是非常有效的。

(4) 将提问的范围缩小后进行不彻底的回答

这一方法是将所提出问题的范围有意缩小后回答或者不做正面答复，或对答复的前提加以修饰和说明。例如，对方询问己方产品质量如何，己方不必介绍产品所有的质量指标，只要回答其中几个主要指标，从而造成质量很好的印象即可。又如，对方询问己方某种产品的价格，如果己方的价格本来就较高，直接回答可能招致被动，所以应先避开对方的注意力，可以先介绍能够支持价格的有利因素，如服务方式、质量特性等。比如，“我相信产品的价格会令你们满意的，请允许我先把这种产品的几种性能做一个说明，我相信你们会对这种产品感兴趣的。”

(5) 将提问的范围扩大后进行回答

在谈判过程中，对对方提出的问题如照实回答会有损己方的形象、泄露商业机密或涉及无聊的话题，就可以将问题提升到一个新的高度后再回答，这样就可以回避难以回答的问题。比如，对方询问技术费是多少，就可以回答整个合同的价格如何适当，技术费所占的比重如何合理等。

(6) 可采取推卸责任的方法或不确切地回答

有时候面对毫无准备的问题，人们往往不知所措，或者即使能够回答，但由于某种原因而不愿回答。在这种情况下，可以这样回答："对这个问题，我虽没有调查过，但曾经听说过……"或"贵方的问题提得很好，我曾经在某份资料上看过有关这一问题的记载，就记忆所及，大概是……"这样对那些为了满足虚荣心及自己也不明确提问目的的提问者常能收到较好的效果。另外对于某些问题，可以模棱两可地、富有弹性地进行回答，不把话说死。例如，"对类似的问题，我们过去是这样处理的……""对这个问题，那要看……而定。"

(7) "重申"和"打岔"

对于一些棘手的问题，要求对方再次阐明其所问的问题，实际上是为己方争取思考问题时间的好方法。在对方再次阐述时，己方可以根本不去听，而只是考虑如何做出回答。当然，这种心理不应让对方察觉到，以防其加大进攻的力度。有经验的谈判者常先安排某人在谈判的节骨眼上打岔，以赢得己方思考一时难以回答而又必须回答的问题。例如，"有紧急文件需要某某先生出来签字"或"外面有某某先生的电话"。有时回答问题的人也可以自己借口去洗手间等。

(8) 找借口拖延答复

在谈判中，当对方提出问题而己方尚未考虑出满意答案并且对方又追问不舍的时候，可利用资料不全或需要请示等借口来拖延答复。例如，"对您所提问的问题，我没有第一手资料来做答复，我想您是希望我们为您做详尽而圆满的答复的，但这需要时间，您说对吗？"不过延迟答复并不是拒绝答复，因此，谈判者还需进一步思考如何来回答问题。

(9) 礼貌地拒绝不值得回答的问题或干脆保持沉默

对于某些不值得回答的问题，可以礼貌地加以拒绝。例如在谈判中，对方可能会提一些与谈判主题无关或基本无关的问题，回答这种问题不仅是浪费时间，而且会扰乱你的思路，甚至有时对方有意提一些容易激怒你的问题，其用意在于使你失去自制力。回答这样的问题，只会损害自己的利益，可以一笑了之。对于那些不便回答的问题，还可以采取沉默的方式，有时同样可以得到奇妙的效果。因为沉默往往会给对方一种无形的压力，使对方感到不安。为了打破沉默，有时对方只好中止自己的要求，或提出新的方案，或自己转移话题。当然，使用沉默这种方式一定要十分慎重，因为有时这样做会显得不太礼貌，或者让人觉得软弱可欺，甚至可能意味着放弃发言权。

(10) 委婉地进行回答

在谈判中，当你不同意对方的观点时，不要直接使用"不"这个具有强烈对抗色彩的字眼，而应适当运用"转折"技巧，巧用"但是"，先予以肯定、宽慰，再用委婉的表示否定的语句来阐述自己不可动摇的立场，这样就会赢得对方的同情和理解。例如，"我完全懂您的意思，也赞成您的意见，但是……""我理解您的处境，但是……""我也明白价格再低一点会更好，但是……"

【案例 6-8】

狗可以坐公交车吗[①]

有一次，一位贵夫人打扮的女人，牵着一条狗登上公共汽车。

她问售票员："我可以给狗买一张票，让它也和人一样有个座位吗？"

① 资料来源：商务沟通案例，https://wenku.baidu.com/view/254832cb5fbfc77da269b1b6.html.

售票员回答:"可以,不过它也必须像人一样,把双脚放在地上。"

售票员没有否定答复,而是提出一个复加条件:"像人一样,把双脚放在地上。"却限制了对方,从而制服了对方。

6.3.4 沟通中的"辩"

辩论是商务谈判的必经环节,在讨价还价的过程中体现得尤为明显,可以说,谈判双方是通过反复不断的辩论,争取双方各自的利益,推动谈判的进行。具体的辩论方法有以下几种。

1. 辩论的方法

(1) 归纳法

归纳法是一种以个别的、特殊的事实推理出一般性结论的逻辑论证方法。

(2) 类比法

由两个或两类以上事物在某些属性上相同推出它们在另一属性上也相同的结论,简称类比或类推。它具有经验性、形象性和生动性的特点,能起到举一反三、触类旁通的作用,具有很大的感染力。

(3) 归谬法

归谬法即为了反驳对方的观点,充分利用条件假言判断,进行归纳或演绎推理,得出对方的观点是错误的。这种辩论方法不从正面反击对方,而是以退为进,先认为对方之言为真,再推出一个谬论,使对手的观点不攻自破。

【案例 6-9】

牛奶与血统①

加拿大外交官切斯得·朗宁在竞选省议员时,因幼年时吃过中国奶妈的奶水而受到政敌的攻击,说他身上一定有中国血统。朗宁反驳道:"你们是喝牛奶长大的,那身上一定有牛的血统了。"切斯特·朗宁用反嘲斥谬法驳斥了对方的攻击,也捍卫了自己的尊严。

2. 辩论的技巧

(1) 态度要客观公正,措辞要准确严谨

谈判中的辩论要充分体现现代文明的谈判准则,无论观点如何不同、如何针锋相对,双方都必须以客观公正的态度、准确严谨的措辞进行沟通,切忌用侮辱诽谤、尖酸刻薄的语言进行人身攻击。否则,只会损害自己的形象,降低谈判的质量,并且会给对方留下话柄和攻击的软肋,甚至可能会置谈判于破裂的边缘。

(2) 观点要明确,立场要坚定

商务谈判中的辩论,就是要论证己方观点,反驳对方观点。辩论的过程就是通过摆事实、讲道理,说明自己的观点和立场。因此,辩论时首先要亮出己方的观点,阐述己方的立场,接着运用客观的材料和其他的证据来支持、说明自己的观点、立场的正确性和公正性,反驳对方的观点。

(3) 具有战略眼光,不纠缠细枝末节

在辩论的过程中,要有战略的眼光,掌握大的方向、前提及原则,把精力集中在主要问题

① 资料来源:了解类比推理,http://edu.sina.com.cn/exam/2005-11-15/112011356.html.

上，把握主动，而不要陷入枝节问题的纠缠之中。论证自己的观点时，要重点突出、层次分明、简明扼要，不要东拉西扯、言不对题。在反驳对方的观点时，要抓住要害、有的放矢，而不能采取断章取义、强词夺理的方法。

(4) 辩论要敏捷、严密，具逻辑性

商务谈判中的辩论往往是在双方进行磋商遇到难题时才发生的。优秀的谈判者应该头脑冷静、思维敏捷、论辩严密且富有逻辑性。只有这样，才能应对各种局面，摆脱困境，以便在谈判中以不变应万变。特别是在谈判双方条件和实力差不多的情况下，谁在辩论中思维敏捷、逻辑严密，谁就能赢得谈判的成功。

(5) 掌握好进攻的尺度

辩论的目的是为了证明己方观点、立场的正确性，反驳对方观点、立场的不足，争取说服对方，以便能够争取有利于己方的谈判结果，切不可认为辩论是一场对抗赛，而把对方置于死地。因此辩论中要掌握好进攻的尺度，一旦达到了目的，就应适可而止，不要得理不饶人、穷追不舍。否则，对方可能会产生更强的敌对心理，甚至反击的念头更加激烈。这样即使对方暂时口头认可某些事情，事后也不会善罢甘休，最终会对双方的合作不利。

(6) 辩论中占优时不可轻狂，居劣时不必慌乱

在商务谈判的辩论中，可能一会儿己方居于优势，一会儿对方居于优势，谈判人员处于两种不同的状态时必须处理好辩论中的优劣势关系。处于优势状态时，要注意以优势压顶，并且可以语调、手势的配合，渲染自己的观点，维护己方的立场。但是要切记，处于优势时不能表现出轻狂、放纵和得意忘形。因为谈判中的优势和劣势是相对而言的，而且是可以转化的。相反，在处于劣势时，应沉着冷静、从容不迫，既不怄气，又不沮丧、泄气、慌乱不堪。只有这样，才有可能保持己方的阵脚不乱，才会对对方的优势构成潜在的威胁。

(7) 具有良好的举止和优雅的气度

辩论中，谈判人员良好的举止和优雅的气度不仅能给对方留下良好的印象，而且在一定程度上可以左右谈判气氛的健康发展。一个人良好的举止和优雅的气度可能会比语言更有影响力。因此，谈判人员一定要注意自己辩论时的行为，如语调高亢、唾沫四溅、指手画脚等，都是没有气质的表现，更无气度可言。

(8) 辩论中不能以势压人、歧视揭短，也不能本末倒置、喋喋不休

辩论双方是平等的。因此，要心平气和、以理服人，而不能唯我独尊、大发脾气。另外，不管对方来自哪个国家，都应一视同仁、没有歧视。不管辩论多么激烈，都不应进行人身攻击，不揭人家的短处。谈判不是争高比低的竞赛，因此要尽量避免发生无关大局的细节之争，远离实质问题的争执不但浪费时间和精力，还可能使双方的立场更加对立，导致不愉快的结局。辩论人员也不能口若悬河、独占讲坛。要知道，谈判桌前不是炫耀表达能力的地方。

6.3.5 沟通中的“说服”

说服常常贯穿于商务谈判的始终，它综合运用“听”“问”“答”及“辩”等各种技巧，是谈判中最艰巨、最复杂，也是最富技巧性的工作。

1. 创造说服对方的条件

(1) 建立良好的人际关系，取得对方的信任

要说服对方改变初衷，就应当首先改善与对方的人际关系，要做到动机良好、态度真诚，并且能站在对方的角度设身处地地与对方谈论问题。通常，当一个人在考虑是否接受说服之前，

他会先衡量说服者与他的熟悉程度和亲善程度，实际上就是对说服者的信任度。如果对方在情绪上和你对立，则很难接受你的劝说。

(2) 要把握说服的时机

在对方情绪激动或不稳定时，在对方喜欢或敬重的人在场时，在对方的思维方式极端定势时，暂时不要进行说服。这时，你应设法安定对方的情绪，避免让对方失去面子，然后再寻找机会进行说服。此外，还要注意向对方讲述你之所以选择他作为说服对象的理由，以便使对方重视与你交谈的机会。

2. 说服的技巧

(1) 寻找双方的共同点，强调利益的一致性

寻找双方的共同点，这是人与人之间心灵沟通的桥梁，也是说服对方的基础。寻找共同点可以从工作、生活、爱好以及双方共同熟悉的第三者开始。当然，谈判者要说服对方，更应努力寻求并强调与对方立场一致的地方，进一步赢得对方的信任，消除对方的对抗情绪。同时说服工作要立足于强调彼此利益的一致性，淡化相互之间的矛盾性，以双方立场的一致性为跳板，因势利导地解开思想的扭结，说服才能奏效。这样对方就比较容易接受你的观点。

(2) 说明你的意见可能导致的影响，特别是对方接受意见后的益处

在与人沟通时，应向对方诚恳地说明要他接受你的意见的充分理由，以及对方一旦被你说服将产生什么利弊得失，特别是对方接受你的意见后的益处。人都有趋利避害的心理，在谈判中，谈判者最关心的问题是：接受对方的意见，能否给我方带来利益？能带来多大利益？如果说服工作不能为对方解开这个疑团，便是失败的。因此，说服工作必须能给对方开出一张光明的“保票”，使对方对接受你的意见定会获利的光明前途深信不疑。

同时，也要坦率地承认如果对方接受你的意见，你将获得一定的利益。这样，对方会觉得你诚实可信，会自然而然地接受你的意见；反之，如果你不承认你能从谈判中获得一定的利益，对方必定认为你话中有诈、缺乏诚意，从而将你拒于门外，你也很难收到说服对方之功效。

(3) 说服要有耐心，由浅入深，不可胁迫

首先，说服必须耐心细致。谈判者应不厌其烦地动之以情、晓之以理，把接受你的意见的好处和不接受你的意见的弊端讲深、讲透，一直到对方能够听取你的意见为止。在谈判实践中，常有这样的情况：对方的工作已经做通，但对方基于面子或其他原因，一时还下不来台。这时谈判者不能心急，要给对方时间，直到瓜熟蒂落。

其次，由浅入深、从易到难。谈判中的说服，其实是一种思想工作，因此也应遵照循序渐进的方针。开始时应避开重题、难题，先从那些容易说服对方的问题谈起，打开缺口、逐步扩展，并且恰当地把正在争论的问题与已经解决的问题联系起来。一时难以解决的问题可以暂时抛开，等待适当时机再议。此外，不能用胁迫或欺诈的方法说服，否则会给谈判埋下危机的种子。

最后，还应当避免过多地使用以我为中心的语言。例如，“我的看法是……”“如果我是您的话……”必要的情况下，应尽量把“我”变成“您”，一字之差，效果会大不相同。

(4) 取得对方的信任，抓住对方的心理进行诱导劝说

要说服对方，就要站在对方的角度设身处地地谈论问题，为对方想一想，从而使对方对你产生一种“自己人”的感觉，消除对方的戒心、成见。这样对方就会信任你，然后抓住对方的心理动态，迎合其心理，先说什么、后说什么，该说什么、不该说什么，心中必须有数。只有这样，才可能使对方按照自己的意图改变立场、观点，进而最终达到说服的目的。

知识链接

说服"顽固者"的方法

所谓"顽固者"，是指那些固执己见、难以说服的对手。其实，这种人的"顽固"大多是由于倔强的性格所致，并非他们不懂道理。他们有时心肠很软，但表面上不轻易投降，甚至还会十分强硬。说服"顽固者"通常可采取以下一些方法。

1. "下台阶"法

当对方自尊心很强、不愿意承认自己的错误，而你的说服无济于事时，你不妨先给对方一个"台阶"下，说一说他正确的地方，或者说一说他错误存在的客观依据，也就是给对方提供一些自我安慰的条件和机会，这样他就会感到没有失掉面子，因而也就容易接受你善意的说服。

2. 等待法

有一些人可能一时难以说服，不妨等一段时间，对方虽没有当面表示改变看法，但事后会对你的态度和你所讲的话加以回忆和思考。任何事情，都要给人留有思考和选择的时间。同样，在说服他人时，也不可急于求成，要等时机成熟时再与之交谈，效果往往比较好。

3. 迂回法

当正面的道理已经很难令对方听进去时，不要强行地进行说服，而应采取迂回前进的方法。即暂时避开主题，谈论一些他感兴趣的事情，从中找到他的弱点，然后针对他的弱点，发表我方的看法，让他感到你的话对他是有用的，使他感到你是可信服的。这时，你再逐渐把话转入主题，晓之以利害，他会更加冷静地考虑你的意见，容易接受你的说服。

4. 沉默法

对于一些纠缠不清的问题，如果又遇上了不讲道理的人，可以当做没有听见，不予理睬，对方就会觉得他所提出的问题可能没什么道理，人家根本就没有在意，于是自己也就感到没趣了，这样可能就不会再坚持自己的意见了，从而达到说服对方的目的。

说服的技巧和方法还有很多，例如：不要直截了当地反驳对方；不要过多地纠缠某一个问题；先谈好的信息、好的情况，再谈坏的信息、坏的情况。在商务谈判中，谈判者应结合谈判的实际情况，按照谈判的情势变化，灵活使用不同的说服技巧，这样才能让对方心悦诚服，接受你的观点或条件，从而达成我方的目的，推动谈判双方合作的进行。

3. 拒绝的技巧

商务谈判中，经常会出现拒绝对方的建议或提案的情况，最佳处理方式是不直接说"不"，而是通过沉默、转折、诱导等方法加以否定。常用的方法有以下几种。

(1) 沉默拒绝

倾听是对对方的尊重。沉默作为面部表情的一种，往往包含着许多令人难以琢磨的信息和情感。在商务谈判中，沉默是一种艺术，并不一定是一种消极行为，正所谓"此时无声胜有声"。但是在不同的文化中，沉默的含义不尽相同，甚至差别很大。

(2) 诱导否定拒绝

在商务谈判中，对于对方的提议不要马上回答，而是先讲一些理由，提出一些条件或反问一些问题，诱使对方自我否定，从而达到拒绝对方的目的；同时使对方认识到自己提议的不成熟，接下来往往会使对方按照自己的思路来思考问题，进而接受己方的提议。

(3) 委婉拒绝

拒绝的艺术在于把由于拒绝而带来的不快和失望控制在最小限度以内。有时候可以采用“是，然而……”的方式委婉地拒绝对方，这样做表面看起来没有直接拒绝对方，给对方留足了面子，而己方又提出了一些限制性条件，看起来更像有条件的接受。这样，既表明了己方谈判的诚意，又迫使对方做出更大的让步。

(4) 提一定的条件拒绝

直截了当地拒绝对方势必会恶化双方的关系，甚至导致对方对你的攻击。如果在拒绝对方之前，先要求对方满足你的某个条件，如对方能满足，你就可以满足对方的要求，如果对方不能满足，那你也无法满足对方的要求，从而达到拒绝对方的目的。

(5) 扮演弱者形象拒绝

感情丰富的谈判人员还可以扮演一种弱者的形象，以“老实”的态度、“无奈”的表情、“脆弱”的眼泪来打动对方，换取对方的同情，从而达到拒绝的目的。比如，谈判人员可以说“如果……，我会被撤职的”“这是公司的政策所禁止的”“如果……，是需要很高费用的”。但要注意运用这种方法时，要根据谈判对手的经验和态度灵活运用。

【本章小结】

商务谈判沟通贯穿商务谈判工作的始终。商务谈判语言是商务谈判沟通的重要工具，其从不同的角度可以分为不同的类型：按语言表达方式可以分为有声语言和无声语言；按语言表达内容可以分为专业语言、法律语言、外交语言、文学语言和军事语言等。

在商务谈判的过程中，要了解有声语言与无声语言运用的方法和技巧，掌握好听的技巧、问的技巧、答的技巧、辩的技巧、说服的技巧、拒绝的技巧，才能在商务谈判沟通中做到游刃有余，达到谈判的目的，实现我方的目标。

【课后习题】

一、单选题

1. 既能获得新的信息又能证实我方以往判断的谈判技巧是(　　)。

A. 多听少说　　B. 只听不说　　C. 有问必答　　D. 巧提问题

2. 为使对方同意我方的观点，采用商量的口吻向对方提问。例如，“你看是否可以分三批交货?”这种提问方式是(　　)。

A. 封闭式发问　　B. 证明式发问　　C. 诱导式发问　　D. 协商式发问

3. “您对我公司的印象如何?”“您对当前的销售状况有什么看法?”这类问句属于(　　)。

A. 引导性提问　　B. 开放式提问　　C. 封闭性提问　　D. 协商式提问

4. 为了反驳对方的观点，充分利用条件假设判断，进行归纳或演绎推理，得出对方的观点是错误的辩论方法是(　　)。

A. 归谬法　　B. 归纳法　　C. 类比法　　D. 假设法

5. 谈判人员在叙述的过程中，有时候会由于种种原因而出现叙述上的错误，在这种情况下谈判者应(　　)，以防造成不应有的损失。

A. 将错就错　　B. 及时进行纠正　　C. 想办法自圆其说

6. 一个做事虚伪或者当场撒谎的人，经常(　　)，以此来掩饰其内心的秘密，这是一个共同的特征。

A. 瞳孔放大　　B. 眼镜闪烁不定　　C. 眨眼频繁　　D. 眼睛凝视对方

7. 人们的(　　)往往是最先表露潜意识情感的部位。

A. 上肢　　B. 眼睛　　C. 腿脚　　D. 神态

8. (　　)是一种带有命令性的语言，具有简洁自信、干脆利落等特征。在商务谈判中，适时运用可以起到坚定信心、稳住阵脚、加速谈判进程的作用。

A. 文学语言　　B. 军事语言　　C. 专业语言　　D. 法律语言

二、名词解释

1. 沟通
2. 有声语言
3. 无声语言

三、简答题

1. 商务谈判中有哪几种典型的语言类别？
2. 商务谈判中语言表达的原则是什么？
3. 商务谈判中应避免使用哪些语言？
4. 商务谈判中"听"的障碍有哪些？
5. 商务谈判中如何克服"听"的障碍？
6. 提问的类型有哪些？
7. 在商务谈判中应把握哪些提问的时机？
8. 商务谈判中回答问题的技巧是什么？
9. 商务谈判中辩论有哪些方法和技巧？
10. 商务谈判中说服的技巧有哪些？
11. 商务谈判中拒绝的技巧有哪些？

【案例分析】

柯伦泰的巧妙回答

1923 年 5 月，柯伦泰被任命为苏联驻挪威的全权贸易代表。当时，苏联国内急需大量食品，柯伦泰奉命与挪威商人洽谈购买鲱鱼。挪威商人十分清楚苏联的情况，索价十分高。

柯伦泰竭力与挪威商人讨价还价。由于双方距离较大，谈判陷入僵局。柯伦泰心急如焚，怎样才能打破僵局，以较低的价格成交呢？低三下四地向对方哀求是无用的，态度强硬更是只能使谈判破裂，冥思苦索，终于想出一条可行之计。

这天，她又与挪威商人会晤，以和解的姿态，主动做出让步。她十分慷慨地说："好吧，我同意你们提出的价格。如果我的政府不批准这个价格，我愿意用自己的薪金来支付差额。"

挪威商人被她的态度惊呆了。

柯伦泰继续说："不过，我的工资有限，这笔差额要分期支付，可能要支付一辈子。如果你们同意的话，就这么决定吧！"

挪威商人们从来未听说过这样的事,也没有见过这样全心全意为国效力的人,他们被她的言行感动了,经过一阵商讨后,终于同意降低鲱鱼的价格,按照柯伦泰原先的出价签署了协议。

柯伦泰的忠诚和才干,特别是她在不利的谈判形势下采取的绵里藏针、出其不意的谈判策略,不仅赢得了这场鲱鱼谈判的胜利,而且赢得了苏联政府和人民的赞扬。第二年,柯伦泰被任命为苏联驻挪威大使,成为世界上第一位女大使。

问题:结合此案例,分析谈判中沟通技巧的重要性。

美国钢铁大王戴尔·卡耐基的沟通艺术

有一段时间,卡耐基每个季度都有10天租用纽约一家饭店的舞厅举办系列讲座。在某个季度,他突然接到这家饭店的一封要求提高租金的信,将租金提高了2倍。当时举办系列讲座的票已经印好了,并且已经都发出去了。卡耐基当然不愿意支付提高的那部分租金。几天后,他去见饭店经理。他说:"收到您的通知,我有些震惊。但是,我一点也不埋怨你们。如果我处在你们的地位,可能也会写一封类似的通知。作为一个饭店经理,您的责任是尽可能多为饭店谋取利益。如果不这样,您就可能被解雇。如果您提高租金,那么让我们一起来拿一张纸,写下将给您带来的好处和坏处。"接着,他在纸中间画了一条线,左边写"利",右边写"弊",在利的一边写下了"舞厅供租用"。然后说:"如果,舞厅空置,那么可以出租供舞会或会议使用,这是非常有利的,因为这些活动给你带来的利润远比办系列讲座的收入多。如果我在一个季度中连续20个晚上占有你的舞厅,这意味着你失去一些非常有利可图的生意。"

"现在让我们考虑弊。首先您并不能从我这里获得更多的收入,只会获得的更少,实际上您是在取消这笔收入,因为我付不起您要求的价,所以我只能被迫改在其他的地方办讲座。"

"其次,对您来说,还有一弊。这个讲座吸引力很多有知识、有文化的人的人来您的饭店。这对您来说是个很好的广告,是不是?实际上,您花5 000美元在报上登个广告也吸引不了比我讲座更多的人来这个饭店。"

卡耐基把两项"弊"写了下来。然后交给经理说:"我希望您能仔细考虑一下,权衡一下利弊,然后告诉我您的决定。"第二天,卡耐基收到一封信,通知他租金只提高原来的1.5倍,而不是2倍。

问题:

(1) 此案例中,饭店经理为何改变了自己的决定?

(2) 分析卡耐基的谈判艺术。

【实战演练】

每两个学生组成一个小组,每两个小组组为一个大组,成为谈判的双方,结合生活中的实际经历,确定谈判背景进行模拟谈判,注意运用倾听、提问、回答、说服、拒绝等谈判技巧。

要求:每组谈判时间不少于15分钟,结束后推选代表进行总结并写出书面报告。

第7章 商务谈判礼仪

学习目标

通过本章学习，了解并掌握商务谈判过程中不同场合的礼仪与礼节；了解世界各国日常交往的禁忌及主要习俗等，以便谈判双方沟通顺畅，增进彼此的感情，从而有利于谈判的顺利进行。

引导案例

不懂礼仪，错失机会①

在一个下雨的星期一的早晨，王经理浑身湿漉漉，上气不接下气的赶到对方公司的前台说："你们头儿在吗？我与他有个约会。"

前台冷淡地看了他一眼说："我们李总在等你，请跟我来。"

王经理拿着雨伞和公文包进了李总办公室。穿着比王经理正式许多的李总从办公桌后出来迎接他，并把前台接待又叫进来，让她把王经理滴水的雨伞拿出去。

两人握手时王经理随口说："我花了好大工夫才找到地方停车！"

李总说："我们在楼后有公司专用停车场。"

王经理说："哦，我不知道。"

王经理随后拽过一把椅子坐在李总办公桌旁边，一边从公文包拿资料一边说："哦，老李，非常高兴认识你。看来我们将来会有很多方面可以合作。我有一些关于产品方面的主意。"

李总停顿了一下，好像拿定了什么主意似地说："好吧，我想具体问题你还是与赵女士打交道吧。我现在让她进来，你们两个可以开始了。"

7.1 商务谈判礼仪概述

商务谈判是交易双方为了各自的目的就一项涉及双方利益的标的物进行洽商，最终消除分歧、达成协议、签订合同的过程。商务谈判要面对的谈判对象来自不同国家和地区，每个国家和地区的政治经济制度不同，有着迥然不同的历史、文化传统和风俗习惯，各国商人的文化背景、价值观念和逻辑思维方式也存在着明显的差异。因此，他们在商务谈判中的风格也各不相同。在涉外商务谈判中，如果不了解这些不同的谈判风格，就可能产生误解，轻则引起笑话，重则可能失去许多谈判成功的契机。因此，礼仪在商务谈判中占有十分重要的地位。在谈判中以礼待人，不仅体现着自身的教养与素质，而且还会对谈判对手的思想、情感产生一定的影响。因此，礼仪是商务谈判的重要组成部分，是每个参与者必须掌握和遵守的规则。

① 资料来源：商务沟通案例，https://wenku.baidu.com/view/254832cb5fbfc77da269b1b6.html.

7.1.1 礼仪与商务礼仪

礼仪是指在人际交往中，自始至终以一定的、约定俗成的程序、方式来表现的律己、敬人的完整行为。所谓商务礼仪，是指人们在从事商品流通的各种经济行为中应当遵循的一系列礼仪规范，是在长期的商务交往中，为迎合文化的适应性而形成的一系列行为或活动准则。商务礼仪的核心是一系列行为准则，用来约束日常商务活动的方方面面；其作用是为了体现人与人之间的相互尊重。用一种简单的方式来概括商务礼仪，即它是商务活动中对人的仪容仪表和言谈举止的普遍要求。

商务礼仪虽然理解起来相对容易，但真正掌握起来却很难。之所以说它容易理解，是因为商务礼仪并没有什么高深的、难以理解的理论，它是在日常商务活动中，经过长期的积累和总结，达成了共识的一种行为准则；而说它难以掌握，是因为商务礼仪贯穿在日常工作生活的方方面面，有时候虽然知道怎么做，但在具体实践中却往往疏忽或者运用得很不自然。因此，要养成良好的商务礼仪习惯，需要长期不懈地努力。

商务礼仪，是人们在商务运作中必须遵循的礼节，它对促进商务活动的顺利开展，起着越来越重要的作用。商务礼仪主要包括商贸活动中接待、拜访、洽谈、签约及庆典等方面的内容。

商务礼仪具有明显的自身特点，主要表现如下。

① 从礼仪的范围看，商务礼仪具有规定性。商务礼仪的适用范围是从事商品流通的各种商务活动，凡不参与商品流通的商务活动，都不适用商务礼仪。

② 从礼仪的内涵看，商务礼仪具有信用性。从事商务活动，都有双方利益上的需要，而不是单方面的利益需求，因此，在商务活动中，诚实、守信非常重要。所谓诚实，即诚心诚意地参加商务活动，力求达成协议。所谓守信，就是言必信、行必果。签约之后，一定履行；如果实在出了意外而不能如期履约，那就应给对方一个满意的结果来弥补。

③ 从礼仪的行为看，商务礼仪具有时机性。商务活动的时机性很强，有时时过境迁，失去良机；有时在商务活动中，说话做事恰到好处，问题就会迎刃而解；有时商务从业人员坚持“不见兔子不撒鹰”，对方也可能被拖垮，从而失去了一次成功的机会。

④ 从礼仪的性质看，商务礼仪具有文化性。商务活动虽然是一种经济活动，但是商务活动中文化含量较高，商务从业人员要体现文明礼貌、谈吐优雅、举止大方的风貌，必须不断提高自身文化素质，从而在商务活动中表现得文明典雅、有礼有节。

7.1.2 商务礼仪的基本原则

在商务谈判中，礼仪非常重要，甚至可以说关系到商务谈判的成功与否，因此，掌握商务谈判中礼仪的一些基本原则是非常重要的。

1. 相互尊敬原则

自古以来，“人敬我一尺，我敬人一丈”一直为人们所尊奉。尊敬是礼仪的情感基础。在当今人际交往中，人与人是平等的，无论职务高低、年龄长幼、民族大小、种族强弱，人格上没有贵贱之分。尊敬领导、尊敬长辈、尊敬客户、尊敬宾朋不但不卑下，而且是一种讲究礼仪的表现。只有尊敬对方，才能获得对方的尊敬。只有相互尊敬，才能建立和保持和谐愉快的人际关系，才会给事业上的合作提供良好的基础。所谓和气生财，就是这个道理。以礼待人还是一种自重的表现，任何时候都应该以礼待人、以理服人。

2. 入乡随俗原则

商务谈判是涉及不同国家不同文化间的商业活动。不同的国家有着不同的政治背景、宗教信仰、文化背景、风土人情和风俗习惯，形成了不同的商业习惯。要真正做到尊重交往对象，就必须了解和尊重对方所独有的风俗习惯。首先，应该掌握民族禁忌；其次，应该掌握宗教禁忌；再次，对于不同地区、不同国度具体的、特殊的民俗与禁忌也应了如指掌，以便区别对待。

3. 谦虚适度原则

在商务谈判中，要做到不卑不亢，反对一味地抬高自己，但也绝对没有必要妄自菲薄。谦虚适度原则就是要把握好各种情况下的社交距离及彼此间的感情尺度，也就是说，待人既要彬彬有礼，又不低三下四；既要殷勤接待，又不失庄重；既要热情大方，又不轻浮谄谀。例如在握手时，如果毫不用力，对方会产生一种被冷淡或不被重视的感觉；如果用力过大，对方会觉得粗俗；只有用力适中，对方才会感到热情真诚。

4. 尊重隐私原则

在商务谈判中，一定要把尊重隐私作为国际礼仪的一项原则来看待。在和别人交谈与沟通时要主动回避与隐私相关的问题。但是“十里不同风，百里不同俗”，在国际交往中，各国的文化和习俗差异很大，关于隐私的理解也大不一样。只有明白什么是隐私才能把握好分寸，充分做到尊重他人的个人隐私，也保护好自己的隐私。一般来说，在对外交往中不要涉及与收入、年龄、健康、婚姻、信仰和政见等相关的话题，这些都属于隐私的范畴。

5. 注意细节原则

俗话说，“细节决定成败”。在商务谈判中，一定要时刻注意自己的言行，有时候往往由于自己平时的不良生活习惯而引起客户的反感，从而导致谈判的失败。

【案例 7-1】

细节决定成败①

美国福特公司名扬天下，不仅使美国汽车产业在世界占据鳌头，而且改变了整个美国的国民经济状况，谁又能想到该奇迹的创造者福特当初进入公司的“敲门砖”竟是“捡废纸”这个简单的动作？

那时侯福特刚从大学毕业，他到一家汽车公司应聘，一同应聘的几个人学历都比他高，在其他人面试时，福特感到没有希望了。当他敲门走进董事长办公室时，发现门口地上有一张纸，很自然地弯腰把他捡了起来，看了看，原来是一张废纸，就顺手把它扔进了垃圾篓。董事长对这一切都看在眼里。福特刚说了一句话：“我是来应聘的福特。”董事长就发出了邀请：“很好，很好，福特先生，你已经被我们录用了。”这个让福特感到惊异的决定，实际上源于他那个不经意的动作。从此以后，福特开始了他的辉煌之路，直到把公司改名，让福特汽车闻名全世界。

7.2　着装礼仪

着装礼仪在商务谈判中非常重要，得体的着装，不仅体现着个人的仪表美，而且是对他人的尊重，直接影响着谈判的成败。在国际商务谈判中，一般要求穿着传统、庄重、高雅。

① 资料来源：http://www.360doc.com/content/17/0309/23/7378380_635412863.shtml.

7.2.1 着装的原则

俗话说,人靠衣裳马靠鞍。与人交往,首先注重的是对方的着装。人们常常发现,一件漂亮的衣服穿在不同的人身上,其效果和感觉并不相同。成功的着装与仪表是有着紧密联系的。商务人士在着装时应遵循以下几个原则。

1. 不盲目追求潮流或模仿

现代人容易受潮流的影响,经常为了追求时尚而忽视了自己的职业与身份。时装设计师们为了刺激大众的购买欲望,每年都推出各式新款时装,这些时装或许是很出色的晚装、舞台装,却未必是合适的职业装。再者,一个人的身材、五官、气质不同,着装风格也不会相同,穿在别人身上漂亮得体的服装,穿在自己身上则不合适。许多女性发现自己的同事、朋友买了一件衣服穿着很漂亮,马上也效仿买一件,有的发现某歌星、影星穿了一件衣服很新颖,也马上效仿做一件,但穿在自己身上未必好看。

2. 着装应与自身条件相适应

选择服装首先应该与自己的年龄、身份、体形、五官、性格和谐统一。就形体条件而言,一般来说,身材矮胖、颈粗脸圆的人,宜穿深色低 V 字形或大 U 字形领套装,浅色高领服装则不适合;而身材瘦长、颈细长、长脸形的人宜穿浅色高领或圆形领服装;方脸形者则宜穿小圆领或双翻领服装;身材匀称、形体条件好的人,着装范围则较广。

3. 着装应与职业、场合、交往目的和对象相协调

着装要与职业、场合相宜,这是不可忽视的原则。正式社交场合,着装宜庄重大方,不宜过于浮华;参加晚会或喜庆场合,服饰则可明亮、艳丽些;节假日休闲时间着装应随意、轻便些。

7.2.2 女士着装

在商务谈判场合,女士一般应穿着西服套装(西服配长裤,如图 7-1 所示)或套裙(西服配半身裙,如图 7-2 所示)。套装或套裙的颜色应当以冷色和暗色为主,如藏青色、炭黑色、棕色、土黄色等。穿着套裙时,应该注意裙子的长度最长应达到小腿中部,最短应在坐下时裙边距膝盖不超过 10 厘米。还应该注意穿肉色的长筒或连裤式丝袜。目前裙式套装已被公认为职业女性最适当的职业装,既不失其女性本色,又能切合庄重与大方的原则。一般来说,在国际商务谈判中,女士着装要注意以下要点。

1. 避免过分前卫的服饰

在国际商务谈判中,女士要显得稳重大方,不穿花哨、夸张的服装,也不要过于追求流行的服饰,尤其是怪异的装扮。

【案例 7-2】

精心打扮为何失败?[①]

小黄去一家外企进行最后一轮总经理助理的面试。为确保万无一失,这次她做了精心的打扮。一身前卫的衣服、时尚的手环、造型独特的戒指、亮闪闪的项链、新潮的耳坠,身上每一处都是焦点,简直是无与伦比、鹤立鸡群。况且她的对手只是一个相貌平平的女孩,学历也并不比她高,所以小黄觉得胜券在握。但结果却出乎意料,她并没有被这家外企所认可。主考官抱歉地说:"你确实很漂亮,你的服装配饰无不令我赏心悦目,可我觉得你并不适合干助理这份工作。实在很抱歉。"

---

① 资料来源:商务谈判与礼仪案例分析,https://www.docin.com/p-2053583568.html.

2. 避免极端保守的服饰

太过保守的着装会使人显得呆板，因此，可以在套装上配饰、点缀一些丝巾或小饰物，使其免于呆板；也可以将几组套装做巧妙的搭配，这样既不显得呆板，又符合经济节约的原则。

图7-1　女式西服套装

图7-2　女式套裙

3. 坚持"品质第一"的原则

"品质第一"是说职业女性在选择套装时质料要讲究。所谓质料，是指服装采用的面料、裁剪、做工和外形轮廓等的精良与否。

4. 忌穿过分性感或暴露的服装

过分性感或暴露的服装会给人以轻浮、不稳重的感觉。尤其在正式场合中，随意和过分暴露的服装会令人产生不够专业的感觉，从而对谈判产生不利的影响。

【案例7-3】

礼仪决定成败①

某公司招聘文秘人员，由于待遇优厚，应聘者很多。中文系毕业的小张同学前往面试，她的背景材料可能是最棒的：大学四年，在各类刊物上发表了3万字的作品，内容有小说、诗歌、散文、评论、政论等，还为6家公司策划过周年庆典，英语口语也极为流利，书法也堪称佳作。小张五官端正，身材高挑、匀称。面试时，招聘者拿着她的材料等她进来。小张穿着迷你裙，露出藕段似的大腿，上身是露脐装，涂着鲜红的唇膏，轻盈地走到一位考官面前，不请自坐，随后跷起了二郎腿，笑眯眯地等着问话。孰料，三位招聘者互相交换了下眼色，主考官说："张小姐，请你回去等通知吧。"她喜形于色："好！"挎起小包飞跑出门。

5. 注意"整体美"

职业女性还必须注意，除了穿着考究以外，从头至脚的装扮也应强调"整体美"。例如，发型、佩饰、鞋袜、挎包等要与服装相协调，颜色要搭配。一般来说，着装配色和谐的保险做法有三种：一是上下装同色——套装，以饰物点缀；二是同色系配色，利用同色系中深浅、明暗度不

① 资料来源：商务谈判与礼仪案例分析，https://www.docin.com/p-2053583568.html.

同的颜色搭配，整体效果比较协调；三是利用对比色搭配，即运用明亮度对比或相互排斥的颜色对比，会产生相映生辉、令人耳目一新的效果。

7.2.3 男士着装

在国际商务谈判中，西装是男士最理想的职业装，它美观大方，穿起来稳重、潇洒，因此，男士在国际商务谈判中一般应穿西装。

1. 西装的选择

① 面料。西装属于礼服，一般要求在正式场合穿，因此，对西装面料的要求也比较高。高档西装应选择纯毛料或含毛量较高的面料，这些面料厚重、舒软、有弹性。

② 颜色。公认的商界人士西装的颜色是藏蓝色。另外，也可以选择浅灰色（适合年轻人穿）和深灰色（适合年长的人穿）。

③ 图案。西装面料一般宜选择无图案面料，有时也可选择带隐形细竖条的面料。花点、方格等图案不宜选择，只适合做休闲西装。

④ 款式。西装款式在国际上有欧式、英式、美式、日式四种不同款式。而在我国则习惯将西装款式分为双排扣和单排扣两种。双排扣又分为四粒扣和六粒扣，单排扣又分为两粒扣和三粒扣等。

2. 西装的穿着

西装是一种国际性服装，在穿着上有一套约定俗成的规范和要求。若穿着不当，不仅影响自己的形象，对别人也是一种失礼的行为。男士穿西装时必须注意以下问题。

① 西装的长度。西装的上衣长度包括衣长和袖长。衣长应该在垂下臂时衣服下沿与虎口处相齐，袖长应在距于腕处1～2厘米为宜。西装穿着后，其前襟和后背下面不能吊起，应与地面平行。裤子长度以裤脚接触脚背为宜。

② 西装的领子。西装的领子有枪驳头和平驳头之分，应根据脸形和西装款式选择。穿着后西装领子应紧贴衬衣领，并低于衬衣领约1厘米（见图7-3）。这样，一是可起到保护西装领子的作用，二是可显示出穿着的层次。

③ 西装的扣子。双排扣西装，应将扣子全部扣上；单排扣西装，两粒扣西装扣上边的一粒，三粒扣西装扣中间的一粒；休闲西装一般不扣扣子。

④ 西装的口袋。西装上衣胸部的口袋是放折叠好的装饰手帕的，其他东西不宜装入。两侧的衣袋也只做装饰用，不宜装物品。物品可装在上衣内侧衣袋里。裤子两边的口袋也不宜装东西，以求裤型美观。

⑤ 巧配衬衣。正式场合穿西装，内应穿单色衬衣，最好是白色衬衣。衬衣的领子大小要合适，领头要挺括、洁净，衬衣的下摆要塞在裤子里。领口的扣子要扣好，不系领带时应不扣。衬衣内一般不穿内衣，若要穿，也应注意从衬衣外看不出穿了内衣。

⑥ 选配领带。穿西装在正式场合一定要打领带。佩戴领带时，除了要注意选择质地、款式、色彩、图案等几个要点外，还要掌握领带的系法。领带系好后，领带结大小要适中，造型要漂亮。领带的长短要得当。其最佳长度是，领带的大箭头应正好抵达腰带扣，过短、过长都不雅观（见图7-4）。另外，领带的颜色应尽量与衬衣和西服颜色协调。如是多色领带，尽量不要超过三种颜色。

图 7-3 男式西装

图 7-4 男式西装-领带

⑦ 袜子和鞋。袜子的颜色应以深色为主，也可与裤子或鞋的颜色相同，不宜穿白袜子，最好穿纯棉袜，无光感，不宜穿尼龙丝袜。鞋子要穿皮鞋，最好是牛皮鞋，而且光感、硬度要好，不宜变形。休闲鞋不适合与西装配套。皮鞋的颜色最好为黑色，棕色皮鞋往往也不太适合。在正式场合穿的皮鞋，应当没有任何图案和装饰。打孔皮鞋、拼图皮鞋、带有文字或金属扣的皮鞋均不应考虑。

⑧ 配备公文包。公文包被称为"移动式办公桌"，是男士外出办公不可离身之物。对穿西装的男士而言，外出办事时如果不带公文包，会使其神采和风度大受损害。公文包多以牛皮、羊皮为佳，颜色以黑色或深色为主，最好与皮鞋的色彩一致。最标准的公文包是手提式的长方形公文包，箱式、夹式、挎式、背式等都不太适合。

⑨ 其他注意事项。例如，购买西装后要拆除衣袖上的商标，穿后要熨烫平整再挂起来，穿时不要挽起袖子，尽可能不穿羊毛衫，即使穿也不要穿带图案的羊毛衫，而且颜色要与西装协调。

【案例 7-4】

不注意着装礼仪，错失合作机会①

郑伟是一家大型国有企业的总经理。有一次，他获悉有一家著名的德国企业的董事长正在本市进行访问，并有寻求合作伙伴的意向。于是他想尽办法，请有关部门为双方牵线搭桥。让郑总经理欣喜若狂的是，对方也有兴趣同他的企业进行合作，而且希望尽快与他见面。到了双方会面的那一天，郑总经理对自己的形象刻意进行了一番修饰，他根据自己对时尚的理解，上穿夹克衫，下穿牛仔裤，头戴棒球帽，足蹬旅游鞋。无疑，他希望自己能为对方留下精明能干、时尚新潮的印象。

然而事与愿违，郑总经理自我感觉良好的这一身时髦的行头，却偏偏坏了他的大事。

① 资料来源：社交礼仪，https://wenku.baidu.com/view/5d65d7127dd184254b35eefdc8d376eeaea17df.html.

7.3 接待礼仪

7.3.1 迎接礼仪

迎来送往是商务接待活动中最基本的形式和重要环节，是表达主人情谊、体现礼貌素养的重要方面。尤其是迎接，它是给客人良好第一印象的最重要的工作。迎接客人要有周密的部署，应注意以下事项。

1. 接待规格要恰当

对前来访问、洽谈业务、参加会议的外国、外地客人，应首先了解对方到达的航次、航班，安排与客人身份、职务相当的人员前去迎接。若因某种原因，相应身份的主人不能前往，前去代为迎接的人应向客人做出礼貌的解释。

2. 礼貌待人

主人到车站、机场去迎接客人，应提前到达，恭候客人的到来，绝不能迟到让客人久等。接到客人后，应首先问候“一路辛苦了”“欢迎您到我们公司”等，然后向对方做自我介绍。如果有名片，可送给对方。

3. 服务周到

迎接客人应提前为客人准备好交通工具，不要等客人到了才匆忙准备。提前为客人准备好住宿，帮客人办理好一切手续并将客人领进房间，同时向客人介绍住处的服务、设施，将活动的计划、日程安排交给客人，并把准备好的地图或旅游图、名胜古迹等介绍材料送给客人。将客人送到住地后，主人不要立即离去，应陪客人稍作停留，热情交谈。谈话内容要让客人感到满意，如客人参与活动的背景材料、当地风土人情、有特点的自然景观等。考虑客人一路旅途劳累，主人不宜久留，让客人早些休息。分手时将下次联系的时间、地点、方式等告诉客人。

7.3.2 介绍礼仪

介绍一般是双方主谈各自介绍自己小组的成员。顺序是女士优先，职位高的优先。称呼通常为“女士”“小姐”“先生”，对一般男子用“先生”，对未婚女子用“小姐”，对已婚女子用“女士”，对有头衔的则应冠以头衔，也可用职称或职务替代。被介绍时一般应起立面向对方，但在谈判桌上可不必起立，被介绍者只要微笑点头，距离较近者可以握手，远者可举右手致意。

我国有一个称呼叫“同志”，在某些国家其含义是“同性恋”，所以为避免误会，在商务谈判中应禁用此词。

7.3.3 握手礼仪

握手是最常用的一种见面礼节，也是国际上通用的礼节。它可以传达理解、信任、尊敬、祝贺、鼓励、感谢、致歉、惜别等感情。在商务谈判场合正确地与人握手，能够促进谈判活动的开展。

1. 正确的握手方式

在问候前，双方各自伸出右手，彼此之间保持一步左右的距离，手略向前下方伸直，双手常平行相握，同时注意上身稍向前倾，头略低，面带微笑地注视对方的眼睛，以示认真和恭敬（见图 7－5）。握手时不可东张西望或面无表情。东张西望显得心不在焉，面无表情显得不友好，二者都缺乏对别人的尊重。在握手时，伸手的先后顺序为职位高者优先，长辈优先，女士优先，主人优先。

图 7－5　握手的姿势

2. 握手的禁忌

① 不能用左手。在很多国家，用左手握手或递给别人名片被认为是不礼貌的行为。

② 一般不戴手套握手。按国际惯例，身穿军服的军人可以戴手套与人握手，地位高的人或女士可以戴手套与人握手。

③ 握手时眼睛要注视对方，不可东张西望。

④ 握手的力度要适中。如果是一般关系或初次见面，只需稍用力握一下即可；如果关系密切，双方握手时则可略用力，并上下轻摇几下。

⑤ 握手的时间以 2～3 秒为宜，不宜时间过长。

⑥ 当别人伸出手来时，切忌迟迟不伸手。

当然，在有些国家见面时并不握手，至于选择采用何种见面礼仪，应视不同文化而定，入乡随俗是上策。

【案例 7－5】

握手礼仪①

国内某厂长去广交会考察，恰巧碰上出口经理和一位外国客户在热烈地洽谈。见厂长来了，出口经理忙向客户介绍，厂长因右手拿着公文包，便伸出左手握住对方伸出的右手。谁知刚才还笑容满面的客人忽然笑容全无，并且就座后也失去了先前讨价还价的热情，不一会便声称有其他约会，匆匆地离开了摊位。因为，在某些国家，左手是不能用来从事如签字、握手、拿食物等干净的工作的，否则会被看作粗鲁的表现。这次商务谈判失败，就是因为厂长不了解这一礼仪文化差异导致的。

7.3.4　名片礼仪

名片是自己的替身，是商务活动中不可缺少的。名片上印有公司名称、头衔、联系电话、地址等，互换名片已经成为谈判双方相互介绍并建立联系的一个重要步骤。

1. 准备工作

自己的名片应放于容易拿出的地方，建议用名片夹（不与杂物混在一起、不将别人的名片与自己的放在一起），若穿西装则宜将名片置于左上方口袋，若有手提包可放于包内伸手可得的部位。

【案例 7－6】

小名片，大学问②

王女士奉派随团出访，前去欧洲开展招商引资工作。因为出国之前时间匆忙，她忘记重新印制一套新名片，而因为调换办公室，旧名片上的信息已经失效了。所以，每次到送

① 资料来源：国际商务谈判礼仪，http://www.doc88.com/p－9327127380145.html.

② 资料来源：国际商务谈判礼仪，http://www.doc88.com/p－9327127380145.html.

名片的时候,为了让对方能找到自己的最新的电话和住址,她都赶紧在名片上临时用钢笔加注了几个有用的电话号码和住址,半个月跑下来,王女士累得筋疲力尽,却未见有外商与其有过实质性的接触,后来经人指点,才明白问题出在哪里,原来她自己送给外商的名片不合规范。为了图省事,王女士临时用钢笔在自己名片上标注了几个有用的电话号码。本想这样联系更方便和更有效,可是在外商看来,名片犹如一个人的"脸面",对其任意涂涂改改,只能表明她的为人处世敷衍了事,马马虎虎。

2. 递送名片

① 递送名片的时机:初次相识自我介绍或别人为你介绍时;当双方谈得较融洽表示愿意建立联系时;当双方告辞时并表示愿结识对方希望能再次相见时。

② 递送名片的顺序:地位低的先向地位高的人递名片;男士先向女性递名片;当对方不止一人时应先将名片递给职务高者或年龄长者,如分不清职务高低、年龄大小,宜先和自己左侧的人交换名片,然后按顺时针进行。

③ 递送名片的礼节:起立或欠身用双手递送名片,面带微笑,注视对方,双臂自然伸出,四指并拢,用双手的拇指和食指分别持握名片上端的两角送给对方,名片正面朝上文字内容正对对方,递送时可以说"我叫××,这是我的名片,请多关照"之类的客气话;自己的名字如有难读或特别读法的,在递送名片时不妨加以说明,忌目光游移或漫不经心。

3. 接收名片

① 如尊者、长者不主动交换名片,可委婉提出,不宜直接索取。

② 接收名片时应起身或欠身,面带微笑,用双手接住名片的下方两角,接过名片后应致谢,认真地看一遍表示对对方的重视,可将对方的姓名职衔念出声来,并抬头看看对方的脸,使对方产生一种受重视的满足感,若有不会读的字,应当场请教。

③ 如果交换名片后需要坐下来交谈,此时应将名片放在桌子上最显眼的位置,十几分钟后自然地放进名片夹,切忌用别的物品压住名片和在名片上做谈话笔记,离开时勿漏带。

④ 第一次见面,依次同时接收几张名片,千万要记住哪张名片是哪位先生或小姐的,如果是在会议席上,在休息时可以拿出来排列次序,和对方的座位一致,这种动作同样会使对方认为受到你的重视,而且帮助你准确地认人。

⑤ 接受对方名片后,如没有名片可交换,应向对方表示歉意、主动说明,告知联系方式。"很抱歉,我没有名片""对不起,今天我带的名片用完了,过几天我会寄一张给您"。

7.3.5 乘车礼仪

在涉外接待中,如遇乘车,必须遵循上下车的先后顺序和座位的尊卑,否则,不仅会表现得不礼貌,还会贻笑大方。一般来说,座位的尊卑以座位的舒适和上下车的方便为标准。

1. 小轿车

① 小轿车的座位,如有司机驾驶时,以后排右侧为首位,左侧次之,中间座位再次之,前排右侧为末席。

② 如果由主人亲自驾驶,以驾驶座右侧为首位,后排右侧次之,左侧再次之,后排中间座为末席。

③ 主人夫妇驾车时,则主人夫妇坐前座,客人夫妇坐后座,男士要服务于自己的夫人,宜开车门让夫人先上车,然后自己再上。

2. 越野吉普车

越野吉普车功率大、底盘高,安全性也较高,但通常后排比较颠簸,而前排副驾驶的视野和舒适性最佳,因此越野吉普车无论是主人驾驶还是司机驾驶,都应以前排右座为尊,后排右侧次之,后排左侧为末席。上车时,后排位低者先上车,前排尊者后上。下车时前排客人先下,后排客人再下。

3. 商务旅行车

在接待团体客人时,多采用商务旅行车接待客人。此类汽车上座位的确定,一般考虑乘客的乘坐舒适性和上下车的便利性。因此,商务旅行车以司机座后第一排靠近车门的位置即前排为尊,后排依次为小。其座位的尊卑,依每排右侧往左侧递减。

7.3.6 谈判座次礼仪

1. 座次排序的基本原则

在国际商务谈判中,座次的排序非常重要,一般情况下,座次排序的基本原则是:

① 以右为上,遵循国际惯例;

② 居中为上,中央高于两侧;

③ 前排为上,适用所有场合;

④ 以远为上,远离房门为上;

⑤ 面门为上,良好视野为上。

2. 商务谈判的座次安排

下面分别就双边谈判和多边谈判两种情况进行介绍。

(1) 双边谈判的座次安排

① 使用长桌或椭圆形桌子,主客分坐于桌子两侧。

② 若谈判桌横放,面门位置属于客方,背门位置属于主方。

③ 若谈判桌竖放,以进门方向为准,右侧为客方,左侧属主方。

④ 谈判时,主谈人员应在自己一方居中而坐,其他人员遵循右高左低的原则,按照职位的高低自近而远地在主谈人员两侧就座。

⑤ 翻译人员就座于仅次于主谈人员的右边位置。

双边谈判座次安排如图 7-6 和图 7-7 所示。

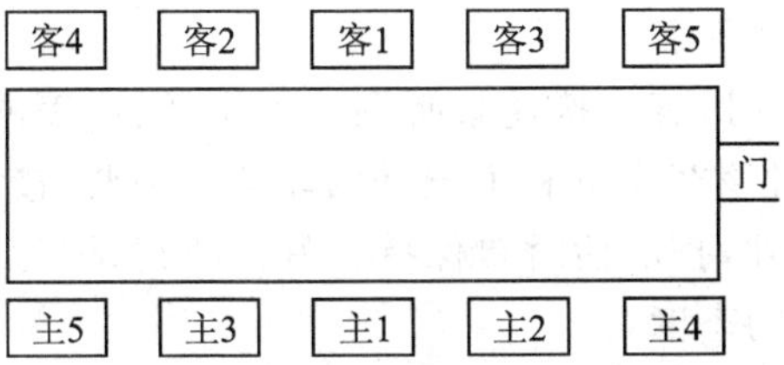

图 7-6 谈判桌横放座次安排

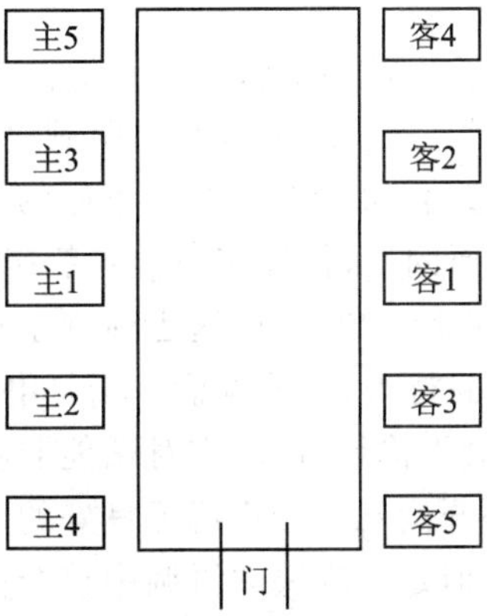

图 7-7 谈判桌竖放座次安排

(2) 多边谈判的座次安排

参加谈判各方自由落座。面对正门设主位,发言者都去主位发言,其他人面对主位,背门而坐。

7.4 信函与电话礼仪

7.4.1 信函礼仪

在商务谈判中,信函的往来非常频繁。为了促成交易,必须掌握一定的商业信函写作技巧。一般来说,商务信函写作的礼仪要求如下。

1. 称谓要有礼貌

称谓是对收信人的尊称语,总是写在信笺的左边,大约在信头下面 1 cm 左右的地方。在撰写商务信函时,要注意称谓符合收信人所在国家的风俗习惯与收信人的实际情况。此外,收信人姓名前一般需加尊称:对一般男子用“先生”,对未婚女子用“小姐”,对已婚女子用“女士”,对有头衔的则应冠以头衔;如不知收信人姓名,可用职称或职务替代。

2. 正文要通俗易懂

正文是信函的核心部分,包含发信人要告诉收信人的话。信的正文应该在称谓下面一行开始,信纸的左边要留有 2.5 cm 左右的空白。商务信函要严谨、规范,段落清楚,意思明确、恰当,通俗易懂;切忌词不达意,生硬无礼。

3. 结束语和谦称要妥当

信的正文写完后,应有致敬的结束语和谦称。结束语通常为几个常用的词或词组,写在信的正文下面。谦称有尊卑亲疏之分,要与收信人的称谓相配合。确切的措辞应取决于发信人对收信人的友谊深浅程度。现代商务信函一般都由电脑打印,但即使是打印的信函,结束语也最好手写,这样可以给人一种亲切、郑重的感觉。

4. 信函格式要正确

涉外交往中的信函除了称谓礼貌、正文通俗易懂、结束语和谦称运用妥当外,还要注意格式正确以及外在形式的美观。

7.4.2 电话礼仪

1. 接听电话的礼仪

① 听到铃响,迅速接听。听到电话铃声后应迅速拿起听筒,最好在三声之内接听。若很长时间才接听,会给对方留下不好的印象,因而接听后最好先道歉。

② 先要问好,再报家门。一般接听后的第一句话是“您好”,然后再报出自己的名字,让对方知道接听的对象是谁,这也体现了对对方的尊重。

③ 礼貌待人,微笑说话。当打电话给客户时,若一接通就听到对方亲切、优美的招呼声,心里一定会很愉快,使双方对话能顺利展开,对该客户也有了较好的印象。因此,接电话时要有礼貌,一开始就给客户留下良好的印象。此外,打电话时要保持良好的心情,因为即使对方看不见你,但是从欢快的语调中也会体会到你的态度。

④ 姿态端正,声音清晰。打电话过程中绝对不能吸烟、喝茶、吃零食,即使是懒散的姿势对方也能够“听”得出来。因此,打电话时,即使对方看不见,也要当做对方就在眼前,尽可能注

意自己的姿势。同时，在说话时语调要稍高一些，吐字要清楚，便于对方听清。

⑤ 礼貌应答，认真记录。回答对方要有礼貌，讲话应尽量简练，只要把意思说清楚即可。如遇到需要记录的内容，应一边拿话筒一边记录。认真听取并记录对方的谈话内容也体现了对客户的尊重。

⑥ 礼告结束，后挂轻放。挂电话前为了避免错误，应重复一下电话中的重要事项，再次明确对方目的之后，向对方说一声“谢谢”。另外，要等对方挂了电话后，再轻轻放下听筒。

接听电话的顺序、基本用语和注意事项如表 7－1 所列。

表 7－1　接听电话的顺序、基本用语和注意事项

顺　序	基本用语	注意事项
1. 拿起听筒，并告知自己的姓名	“您好，××公司×××” 铃响 3 声以上：“让您久等了，我是××公司×××”	电话铃响 3 声之内接起 电话机旁准备好记录用的纸笔 音量适度，不要过高 告知对方自己的姓名
2. 确认对方	“×先生，您好！”	必须与对方进行确认
3. 听取对方来电用意	用“是”“好的”“明白”等回答	必要时应进行记录 谈话时不要离题
4. 进行确认	“请您再重复一遍”	确认时间、地点、对象和事由
5. 结束语	“清楚了”“请放心”“我一定转达”“谢谢”“再见”等	—
6. 挂机	—	等对方放下电话后再轻轻挂机

2. 拨打电话的礼仪

拨打电话的基本礼仪与接听的基本礼仪差不多，不再赘述。拨打电话的顺序、基本用语和注意事项如表 7－2 所列。

表 7－2　拨打电话的顺序、基本用语和注意事项

顺　序	基本用语	注意事项
1. 准备	—	确认对方的姓名、电话号码 准备好要讲的内容、说话的顺序 明确通话所要达到的目的
2. 问候、告知自己的姓名	“您好！我是××公司××”	一定要报出自己的姓名 讲话时要有礼貌
3. 确认对象	“请问××部的×××先生在吗？”	必须要确认电话的对方 与要找的人通话后，应重新问候
4. 电话内容	“今天打电话是想……”	应先将想要说的结果告诉对方 时间、地点、数字等传达准确
5. 结束语	“谢谢”“麻烦您了”“那就拜托您了”等	语气诚恳、态度和蔼
6. 放下电话	—	等对方放下电话后再轻轻放下

注：打电话时，如果发生掉线、中断等情况，一般应由打电话方重新拨打。

7.5 宴请礼仪

在正式的商务谈判中，往往会涉及商务宴请，因此在商务用餐时应注意一些宴请礼仪方面的问题。

7.5.1 宴会的种类

商务用餐的形式分成两大类：一类是比较松散的自助餐和酒会；另一类是正式的宴会，即商务宴会。

1. 自助餐和酒会

自助餐是一种不分桌次、席位，由主人准备各种食品（如点心、菜肴、牛奶、咖啡、汽水等）、由客人自行取用的进餐方式。这种方式便捷、轻松，主客欢聚一堂，气氛热烈。酒会与自助餐相比较为庄重，但比宴会要轻松自由，主要是以酒、饮料和冷餐为主招待客人。在这种场合，宾主可以自由组合，不分桌次席位，可以站着进食，食物也是宾主自由选用。参加自助餐和酒会时，如遇嘉宾或主办方发言，应该尽量停止手中的一切活动，包括正在取餐或进餐。

知识链接

通常自助餐和酒会不涉及座次的安排，大家可以在餐厅内来回走动。在和他人进行交谈时，应该注意尽量停止咀嚼口中的食物。公司采用商务自助餐或酒会这种宴请形式，最突出的一点是体现公司的勤俭节约，因此，我们在用餐时，要注意避免浪费。

2. 商务宴会

商务宴会是比较正式的宴会形式，一般分为中式宴会和西式宴会两种。在商务谈判中，两种形式的宴会都会遇到，是需要重点掌握的礼仪，下面就以商务宴会为例来介绍宴请礼仪的基本常识。

7.5.2 座位的礼仪

商务宴会，主人必须安排客人的座位，随便坐的方式会引起主客及其他客人的不满。下面分别就中餐和西餐宴会的座位礼仪进行介绍。

1. 中餐宴会的座位礼仪

具体来说，座位的礼仪包括桌次顺序和每桌座次的安排，现分述如下。

(1) 排序基本原则

① 面门为上，以远为上。即以正对门、远离门为上座。

② 居中为上，居右为上。即中间最尊，右边次之，左边再次之。

③ 靠墙为上，开阔为上。即以背靠后墙和视野开阔为尊。

(2) 桌次排序

一般的小型宴会，如果只有一张圆桌，则无桌次顺序的区分；如果宴会规模较大，有两桌或两桌以上时，则必须定其尊卑。其定位原则是：

① 以背对餐厅或礼堂为正位，以右旁为尊，左旁为卑；

② 如有三桌，则以中间为尊，右旁次之，左旁为卑；

③ 如有三桌以上，以主桌位置作为基准，同等距离，右高左低；同一方向，近高远低。

(3) 座次排序

① 面门居中位置为主位,由主人中地位最高者即主陪入座。

② 越接近首席,一般位次越高。

③ 其他宾客按照同等距离,右高左低的顺序入座。

中餐座次情况一:一位主人作陪。宴请时主要是照顾好主宾。主人坐主位,主宾坐主位右手位置。其他的随员和宾客可以对面坐也可以交错坐,如图 7-8 所示。

中餐座次情况二:两位主人作陪。此时主位为面门位置,副主位为背对人口位置。1 号、3 号客人分别坐主位右手和左手,2 号、4 号客人分别坐在副主位右手和左手,其他客人位置类推,如图 7-9 所示。

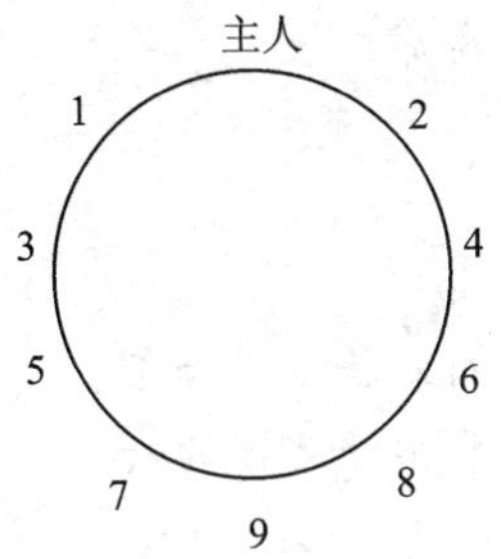

图 7-8　一位主人作陪

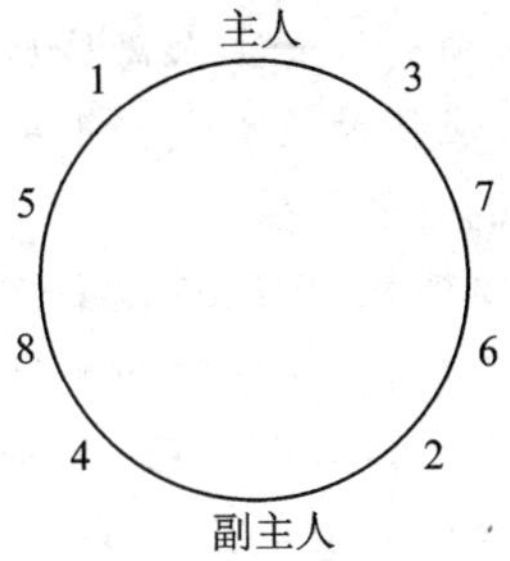

图 7-9　两位主人作陪

2. 西餐宴会的座位礼仪

(1) 西餐座次原则

① 女士优先,女主人坐第一主位,男主人坐第二主位。

② 恭敬主宾,主宾靠近主人,副主宾靠近副主人。

③ 以右为尊,男主宾坐于女主人右侧,女主宾坐于男主人右侧。

④ 距离定位,其他人距主位越近,地位越高。

⑤ 面门为上,面对门口座位高于背对门口座位。

⑥ 交叉排列,男女交叉落座,生人与熟人交叉落座。

(2) 西餐座次排序

① 主人居中而坐时的座次排序如图 7-10 所示。

② 主人分别坐于两端时的座次排序如图 7-11 所示。

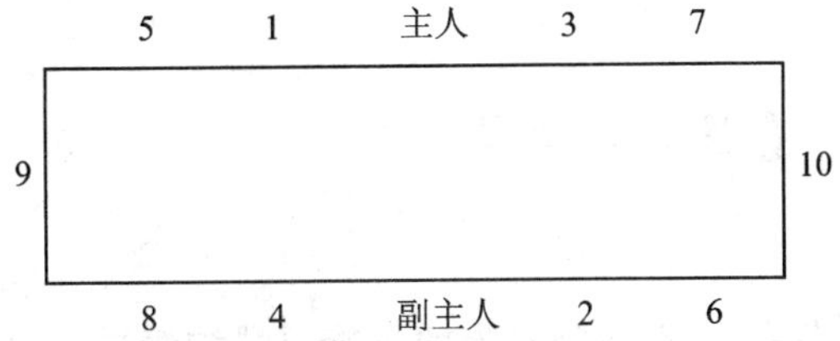

图 7-10　餐桌横放

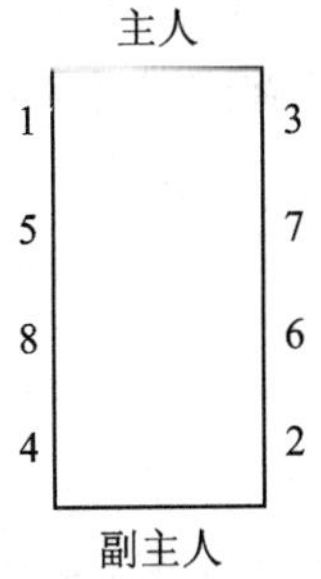

图 7-11　餐桌竖放

知识链接

餐桌礼仪

在商务宴请中，餐桌上有许多应注意的礼仪，必须谨记。

1. 就座和离席

① 应等长者坐定后，方可入座。

② 应等女士坐定后，方可入座。

③ 坐姿端正，与餐桌保持适当的距离，脚踏在自己座位下，不可任意伸直，不得将手放在邻座椅背上。

④ 用餐后，须等男女主人离席后，其他宾客方可离席。

⑤ 离席时，应帮助长者或女士拖拉座椅。

2. 餐桌上的一般礼仪

① 用餐时要温文尔雅，从容安静。

② 餐巾打开后，放在双膝和大腿上，不要系入腰间或挂在衣领下。

③ 在餐桌上不能只顾自己，也要关心别人，尤其要招呼两侧的女宾。

④ 口内有食物时应避免说话。

⑤ 自用餐具不可伸入公用餐盘夹取菜肴，取菜舀汤，应使用公筷公匙。

⑥ 进餐时不宜抽烟。

⑦ 进餐的速度宜与男女主人同步，不宜太快或太慢。

⑧ 餐桌上不要谈悲伤、恐惧的事情，否则会破坏欢愉的气氛。

⑨ 用餐后，餐具摆放整齐，不要零乱放置。

【本章小结】

商务礼仪是人们在从事商品流通的各种经济行为中应当遵循的一系列礼仪规范，是商务谈判中必须具备的基本素质。商务谈判中的礼仪体现着谈判双方的基本素养和合作态度，甚至关系着谈判的成败。在商务谈判中，礼仪主要包括着装礼仪、接待礼仪、信函与电话礼仪、宴请礼仪等。

在商务谈判中掌握一定的礼仪与礼节是十分必要的，同时，要根据谈判双方关系、谈判议题、谈判场合等客观具体情况对谈判中的礼仪与礼节的禁忌充分把握，做到心中有数，从而起到推动谈判进程的作用。

【课后习题】

一、单选题

1. 在商务谈判中应该掌握民族禁忌，尊重谈判对象的民族习惯和禁忌。以上体现的是商务礼仪的(　　)原则。

A. 相互尊敬　　B. 入乡随俗　　C. 谦虚适度　　D. 尊重隐私

2. 女士着装的注意事项不包括(　　)。

A. 避免过分前卫　B. 避免性感和暴露　C. 避免品质第一　D. 注意整体美

3. 男士着西装时，物品可放在(　　)。

A. 上衣胸部口袋　B. 两侧衣袋　C. 裤子口袋　D. 上衣内侧衣袋

4. 男士领带的长短要得当。其最佳长度是，领带的大箭头，应正好抵达(　　)，过短、过长都不雅观。

A. 上腹部　B. 衬衣第五粒扣子　C. 腰带扣　D. 小腹部

5. 以下哪项握手方式是不符合商务礼仪的(　　)。

A. 用右手握手　B. 握手时男士先伸手

C. 握手力度适中　D. 握手时眼睛注视对方

6. 小轿车的座位，如由司机驾驶时，以(　　)为首位。

A. 前排右侧　B. 后排右侧　C. 后排左侧　D. 后排中间

7. 听到电话铃声后应迅速拿起听筒，最好在(　　)之内接听。

A. 一声　B. 两声　C. 三声　D. 四声

8. 中餐宴请中，有两位主人作陪的情况下，3 号客人应坐在(　　)。

A. 主座位左手　B. 主座位右手　C. 副座位左手　D. 副座位右手

二、简答题

1. 什么是商务礼仪？国际商务礼仪的基本原则是什么？
2. 女士着装应注意什么问题？男士着装应注意什么问题？
3. 商务活动中，介绍他人时有哪些礼仪？
4. 商务活动中，握手时应注意什么礼仪？
5. 商务活动中，乘车时应注意什么礼仪？
6. 商务谈判中座次如何排序？
7. 撰写商务信函有哪些注意事项？
8. 接听和拨打电话有哪些礼仪？
9. 商务宴请中，中餐座次和桌次安排的原则是什么？
10. 商务宴请中，西餐宴会的座位礼仪有哪些？

【案例分析】

1. 王峰在大学读书时，成绩非常优秀，年年都拿奖学金，同学们给他起了个“超人”的绰号。毕业后去美国攻读硕士学位，并进入美国的一家公司工作。八年过去了，王峰带着妻儿回国探亲。有一天他在大剧院看音乐剧，就发现有三个人向他走来，其中一个人边走边大声叫到：“喂！这不是‘超人’吗，你怎么回来了？”这时王峰认出说话的人是他的高中同学 A。A 没有考上大学，自己跑到南方做生意赚了些钱，回到上海当上了老板。今天正好陪着两位香港来的生意伙伴来看音乐剧。

此时，王峰和 A 彼此都很高兴，A 大声寒暄之后，才想起了王峰身边还站着一位女士，就问王峰她是谁，王峰这时才想起向 A 介绍自己的妻子。介绍完毕，A 高兴地走上去，给了王峰妻子一个拥抱礼。这时 A 也想起该向老同学介绍他的生意伙伴了。

问题：上述场合的见面礼有无不符合礼仪的地方？并说明正确的做法是什么？

2. 某照明器材厂的业务员金先生按原计划，手拿企业新设计的照明器材样品，兴冲冲地冲上六楼，脸上的汗珠还未来得及擦一下，便直接走进了业务部张经理的办公室，正在处理业务的张经理被吓了一跳。“对不起，这是我们企业设计的新产品，请您过目。”金先生说。张经理停下手中的工作，接过金先生递过的照明器，随口赞道：“好漂亮啊！”并请金先生坐下，倒上一杯茶递给他，然后拿起照明器仔细研究起来。金先生看到张经理对新产品如此感兴趣，如释重负，便往沙发上一靠，跷起二郎腿，一边吸烟一边悠闲地环视着张经理的办公室。当张经理问他电源开关为什么装在这个位置时，金先生习惯性地用手挠了挠头皮。虽然金先生作了较详尽的解释，张经理还是有点半信半疑。谈到价格时，张经理强调：“这个价格比我们预算高出较多，能否再降低一些？”金先生回答：“我们经理说了，这是最低价格，一分也不能再降了。”张经理沉默了半天没有开口。金先生却有点沉不住气，不由自主地拉松领带，眼睛盯着张经理，张经理皱了皱眉：“这种照明器的性能先进在什么地方？”金先生又挠了挠头皮，反反复复地说：“造型新、寿命长、节电。”张经理借故离开了办公室，只剩下金先生一个人。金先生等了一会，感到无聊，便非常随便地抄起办公桌上的电话，同一个朋友闲谈起来。这时，门被推开，进来的却不是张经理，而是办公室秘书。

问题：

(1) 请结合案例分析，金先生的生意没有谈成的礼仪缺陷有哪些？

(2) 在商务活动中，金先生应该如何注意自己的个人礼仪问题？

【实战演练】

学生自由分组，每组4～6人，自行选择谈判背景进行模拟谈判，一方为主方一方为客方，模拟双方迎接、会面、洽谈、欢送等方面的情景。其他各小组组长对模拟谈判表现进行打分。目的是使学生了解和掌握商务谈判中的仪态礼仪，学会得体地与对方称呼、寒暄和介绍，掌握握手、名片等基本要领。具体考察如下：

① 着装礼仪；

② 介绍礼仪、握手礼仪、名片礼仪；

③ 乘车礼仪、座次礼仪、宴会礼仪；

④ 电话礼仪；

⑤ 每组谈判时间不少于20分钟，结束后每个小组推选代表进行总结并写出书面报告。

第8章 国际商务谈判

学习目标

通过本章的学习，掌握国际商务谈判的含义、原则和特征；掌握国际商务谈判成功的基本要求；熟悉不同国家和地区商人的谈判风格；了解文化差异对国际商务谈判的影响。

引导案例①

中国桂林风情旅行社邀请马来西亚一家旅行社洽谈一笔国际旅游业务，经双方约定于某日上午十点在桂林榕湖饭店进行洽谈。风情旅行社派车接马来西亚旅行社代表来榕湖饭店进行洽谈，由于他们是第一次到桂林，对桂林的美景流连忘返，以致路上耽搁了时间，晚到了一个小时。后在商讨价格时，因双方提出的交易条件与期望相差较大，中方代表有点不悦，谈判中失去耐心来了情绪，说话声音过高，且在条件与价格方面不肯做出让步，而马方代表年纪较大，认为中方代表的言语举动对他们不礼貌、不尊重。

中国和马来西亚都是亚洲国家，但对时间和日程安排的观念也各有差异。中国是个恪守时间的民族，比较强调日程的安排和遵守，而马来西亚属于灵活时间文化，对时间的观念比较淡薄，他们认为谈判时间的具体安排与谈判的最终结果相比，谈判时间安排是微不足道的。本案中，马来西亚代表由于迷恋桂林美景耽误了谈判时间，对于他们来说是无关紧要的，而中方认为对方一开始对双方约定的谈判时间就不信守，不够重视这次谈判，那以后签署的协议、合同他们能信守吗？为此就认为对方没有合作的诚意。由于中方对对方文化了解不足，误解了马来西亚代表的时间观念，为谈判陷入僵局埋下了伏笔。

8.1 国际商务谈判概述

8.1.1 国际商务谈判的含义

国际商务谈判是对外经济贸易活动中普遍存在的一种十分重要的经济活动，是调整和解决不同国家和地区政府及商业机构之间不可避免的经济利益冲突的一种必不可少的手段。

国际商务谈判既具有一般商务谈判的特点，又具有国际经济活动的特殊性，表现为：政治性强、以国际商法为准则、坚持平等互利的原则，以及谈判的难度大等。

8.1.2 国际商务谈判的原则

1. 平等性原则

平等是国际商务谈判得以顺利进行和取得成功的重要前提。在国际经济往来中，企业间的洽谈协商活动不仅反映着企业与企业的关系，还体现着国家与国家的关系，相互间要求在尊重各自权利和国格的基础上，平等地进行贸易与经济合作事务。在国际商务谈判中，平等性要

① 资料来源：https://wenku.baidu.com/view/2fd125a37375a417876f8f73.html.

求包括以下几方面内容。

(1) 谈判各方地位平等

国家不分大小贫富,企业不论实力强弱,个人不管权势高低,在经济贸易谈判中的地位一律平等。

(2) 谈判各方权利与义务平等

各国之间在商务往来的谈判中权利与义务是平等的,既应平等地享受权利,也要平等地承担义务。谈判者的权利与义务,具体表现在谈判各方的一系列交易条件上,包括涉及各方贸易利益的价格、标准、资料、方案、关税、运输、保险等。

(3) 谈判各方签约与践约平等

商务谈判的结果是签订贸易及合作协议或合同。协议条款的拟订必须公平合理,有利于谈判各方目标的实现,使各方利益都能得到最大程度的满足。谈判合同一经成立,谈判各方面须"重合同,守信用""言必信,行必果",认真遵守、严格执行。签订合同时不允许附加任何不合理的条件,履行合同时不能随意违约和单方面毁约,否则就会以不平等的行为损害对方的利益。

2. 互利性原则

在国际商务谈判中,平等是互利的前提,互利是平等的目的。

(1) 投其所需

在国际商务活动中进行谈判,说到底就是为了说服对方进而得到对方的帮助和配合,以实现自己的利益目标,或者通过协商从对方获取己方所需要的东西。

(2) 求同存异

谈判各方的利益要求完全一致,就无须谈判,因而产生谈判的前提是各方利益、条件、意见等存在着分歧。国际商务谈判,实际上是通过协商弥合分歧使各方利益目标趋于一致进而达成协议的过程。首先,要把谋求共同利益放在第一位;其次,努力发现各方之"同";再次,把分歧和差异限定在适度的范围内。

(3) 妥协让步

在国际商务谈判中,互利不仅表现在"互取"上,还表现在"互让"上。谈判中的得利与让利是辩证统一的。妥协能避免冲突,让步可防止僵局,妥协让步的实质是以退为进,促进谈判的顺利进行并达成协议。

8.1.3 国际谈判与国内谈判的关系

国内商务谈判和国际商务谈判都是商务活动的必要组成部分,它们是企业发展国内市场和国际市场业务的重要手段。国际商务活动是国内商务活动的延伸,因而国际商务谈判也可以视为国内商务谈判的延伸和发展。尽管国内商务谈判和国际商务谈判之间存在着十分明显的区别,但两者之间也有着十分密切的联系,存在着许多共性。

1. 国际谈判与国内谈判的共性特征

(1) 为特定目的与特定对手的磋商

国内商务谈判和国际商务谈判都是商务活动主体为实现其特定的目的而与特定对手之间进行的磋商。作为谈判,其过程都是双方或多方之间进行信息交流,"取"与"予"兼而有之的过程。谈判过程中所使用的大多数技巧并没有质的差异。

(2) 谈判的基本模式是一致的

与国内商务谈判相比,国际商务谈判中必须考虑各种各样的差异,但谈判的基本模式仍是一致的。事实上，由于文化背景、政治经济制度等多方面的差异，谈判过程中信息沟通的方式、需要讨论的问题等都会有很大的不同，但与国内商务谈判一样，国际商务谈判也同样遵循从寻找谈判对象开始，到建立相应关系、提出交易条件、讨价还价、达成协议，直至履行协议结束这一基本模式。

（3）国内、国际市场经营活动的协调

国内商务谈判和国际商务谈判是经济活动主体从事或参与国际市场经营活动的两个不可分割的组成部分。尽管国内谈判和国际谈判可能由不同的人员负责进行，但由于企业必须保持其国内商务活动和国际商务活动的衔接，国内谈判与国际谈判之间就存在着密不可分的联系。在从事国际谈判时，必须考虑相关的国内谈判的结果或可能出现的状况，反之亦然。

2. 国际谈判与国内谈判的区别

在认识到国际谈判与国内谈判的共性特征的同时，对于要取得国际商务谈判的成功而言，认识到这两种谈判之间的区别，进而针对区别采取有关措施，是更为重要的。

国际谈判是跨越国界的谈判。如图 8－1 所示，谈判的根本区别源于谈判者成长和生活的环境、谈判活动与谈判协议履行的环境的差异。

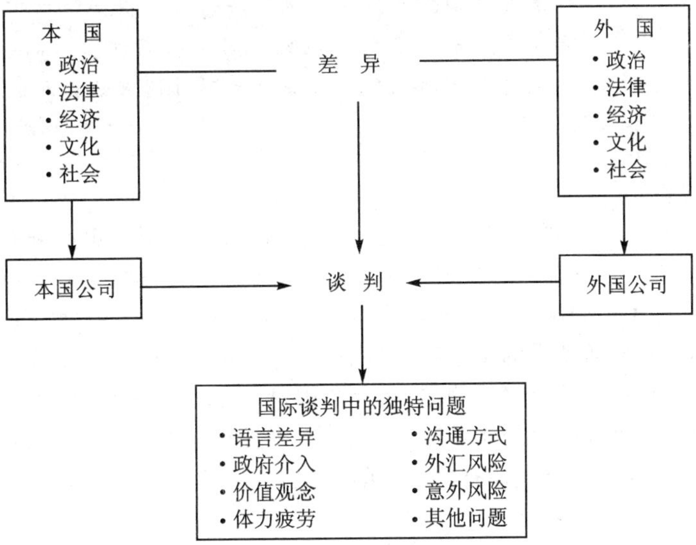

图 8－1　国际谈判与国内谈判的差异

国内商务谈判双方通常拥有共同的文化背景，生活于共同的政治、法律、经济、文化和社会环境之中，谈判者主要考虑的是双方公司及谈判者个人之间的某些差异。而在国际商务谈判中，谈判双方来自不同的国家，拥有不同的文化背景，生活于不同的政治、法律、经济、文化和社会背景之中，这种差异不仅形成了人们在谈判过程中的谈判行为的差异，而且会对未来谈判协议的履行产生十分重大的影响。比较而言，由于上述背景的差异，在国际谈判中，谈判者面临着若干在国内谈判中极少会出现的问题，谈判的难度也大大增加。

（1）语言差异

国内谈判中，谈判双方通常不存在语言差异（谈判者通常均认同并能使用共同的官方语言），从而也就不存在由于使用不同语言而可能导致的信息沟通上的障碍。

但在国际谈判中，语言问题及由此而引起的其他问题始终值得谈判者注意。即便在使用同样语言的国家，如使用英语的美国和英国，在某些表达上仍旧存在着一定的差异。语言差异，特别是在两种语言中都有类似的表达但含义有很大差别时，以及某种表达只在一种语言中存在时，极易引起沟通上的混淆。

（2）沟通方式差异

不同文化的人群有其所偏好和习惯的沟通方式。国际谈判中的双方经常属于不同的文化圈，有各自习惯的沟通方式。习惯于不同沟通方式的双方之间要进行较为深入的沟通，往往就会产生各种各样的问题。有些国家的人，表达方式较为委婉、间接，而有些国家，直截了当的表达则较为常见。来自这两种不同文化的谈判者在进行谈判时，很容易想象的结果是：一方认为对方过于粗鲁；另一方则可能认为对方缺乏谈判的诚意，或将对方的沉默误解为对其所提条件的认可。

知识链接

沟通的差异不仅表现为表达方式的直接或间接，还表现为不同国家或地区人们在表达过程中动作语言（肢体语言）运用上的巨大差异。有些国家或地区的人们在进行口头表达的同时，伴随大量的动作语言；而另一些国家或地区的人们则不习惯在较为正式的场合运用过多的动作语言，特别是身体动作幅度较大的动作语言。值得注意的是，与口头和书面语言一样，动作语言同样也表现出一定的地域性。同样的动作在不同的国家或地区可能出人意料地完全不同，甚至会有截然相反的含义。对动作语言认识和运用的差异，同样会给谈判中的沟通带来许多问题。

（3）决策结构差异

谈判的重要准则之一是要和拥有相当决策权限的人谈判，至少也必须是与能够积极影响有关决策的人员谈判。这就需要谈判者了解对方企业的决策结构，了解能够对对方决策产生影响的各种因素。由于不同国家的政治经济体制和法律制度等存在很大差异，企业的所有制形式存在很多不同，商务活动中的决策结构也有很大区别。以在国内商务活动中的习惯去评判对手，通常会犯各种各样的错误。例如，在有些国家，企业本身对有关事务拥有最终决策权，而在有些国家，最终决策权则可能属于政府有关主管部门，对方企业的认可并不意味着合同一定能合法履行。而同样是在企业拥有决策权的情况下，企业内部的决策权限在不同的国家和地区也会有很大差异。

在注意到不同国家企业决策结构差异的同时，尤其要注意政府介入国际商务活动的程度和方式。政府对国际商务活动的干预包括：通过制定一定的政策或通过政府部门的直接参与，来鼓励或限制某些商务活动的开展。当商务活动涉及国家的政治利益时，政府介入的程度就可能更高。20 世纪 80 年代初跨越西伯利亚的输油管道的建设问题就充分说明了这一点。

【案例 8-1】

被动的局面①

20 世纪 80 年代初，某美国公司的欧洲附属公司与苏联签订了设备供应合同，但美国公司及其欧洲附属公司在美国和欧洲国家的政府分别介入的情况下，处于十分被动的局面。美国政府要求美国公司的附属公司不提供建设输油管道的设备和技术，而欧洲国家

① 资料来源：涉外商务谈判技巧，http://ws.3edu.net/swsw/ws_142078.html.

的政府则要求公司尊重并履行供应合约。争议最终通过外交途径才得以解决。由于国际商务活动中可能面临决策结构差异和不同程度的政府介入，因此国际商务谈判可行性研究中的对手分析远比国内商务谈判中的有关分析复杂。在某些情况下，谈判者不仅要有与对方企业谈判，而且要有与对方政府谈判的打算。

(4) 法律制度差异

基于不同的社会哲学和不同的社会发展轨迹等，不同国家的法律制度往往存在着很大差异。要能保证谈判活动的正常进行、保证谈判协议能够得以顺利实施，正确认识法律制度的差异是不可忽视的。与此同时，一个值得注意的现象是，不仅不同国家的法律制度存在着明显的不同，而且不同国家法律制度得以遵照执行的程度也有很大不同。

(5) 价值观念差异

不同文化中人们对参与谈判的目的及所达成的合同的认识也有很大差异。例如，在美国，人们通常认为，谈判的首要目的也是最重要的目的是与对方达成协议。人们将双方达成协议视为一项交易的结束，至少是有关这一交易的磋商的结束。而在东方文化中，如在日本，人们则将与对方达成协议和签署合同视为正式开始了双方之间的合作关系。对达成协议的这种理解上的差异直接关系到人们对待未来合同履行过程中所出现的各种变化的态度。根据完成一项交易的解释，双方通常就不应修改合同条件。而若将签署协议视为开始合作关系，则随着条件的变化，对双方合作关系做某些调整是十分合理的。

(6) 经营风险差异

在国内商务活动中，企业面临的风险主要是因国内政治、经济、社会、技术等因素变化而可能导致的国内市场条件的变化。在国际商务活动中，企业在继续面临这种风险的同时，还要面对远比这些风险复杂得多的国际经营风险，包括：国际政治风险，如战争、国家之间的政治矛盾与外交纠纷、有关国家政局及政策的不稳定等；国际市场变化风险，如原材料市场和产成品市场供求状况的急剧变化；汇率风险，如一国货币的升值或贬值等。国际商务活动中的这些风险一旦成为现实，就会对合作双方的实际利益产生巨大的影响，会对合同的顺利履行构成威胁。因此，谈判者在磋商有关的合同条件时，就应对可能存在的风险有足够的认识，并在订立合同条款时，即考虑采取某些预防性措施，如订立不可抗力条款，采用某种调整汇率和国际市场价格急剧变化风险的条款等。

(7) 谈判地点差异

在面对面的国际商务磋商中，至少有一方必须在自己相对不熟悉的环境中进行谈判，由此必然会带来一系列的问题，如长途旅行所产生的疲劳、较高的费用、难以便捷地获得自己所需要的资料等。这种差异往往要求谈判者在参与国际谈判时，投入更多的时间进行更充分的准备工作。

(8) 时间和空间概念的差异

大量研究表明，在不同国家或地区，人们的时间概念有着明显的差异。就谈判而言，有些国家和地区的谈判者时间概念很强，将严格遵守时间约定视为一种起码的行为准则，是尊重他人的表现。如在美国，人们将遵守时间约定看作商业活动及日常生活中的基本准则之一。比预定时间更早到达经常被视为急于成交的表示，而迟到则会被看作不尊重对方，至少也是不急于成交的表示。但在有些国家，如果这样去理解对方在谈判桌上的行为，则可能很难达成任何交易。那些地区或国家的谈判者有着完全不同的时间概念。

知识链接

空间概念是与时间概念完全不同的问题。在不同的文化环境中，人们形成了不同的心理安全距离。在与一般人的交往中，如果对方突破这种距离，就会使自己产生心理不适。有关研究表明，在某些国家，如法国、巴西，在正常情况下人们相互之间的心理安全距离较短。而一般美国人的心理安全距离则较法国人长。如果谈判者对这一点缺乏足够的认识，就可能使双方都感到不适。

8.1.4 国际谈判成功的基本要求

以上分析了国际商务谈判与国内商务谈判的异同。从这一分析中，很容易得出这样的结论，即国际商务谈判与国内商务谈判并不存在质的区别。但是，如果谈判者以对待国内谈判对手和国内商务活动同样的逻辑和思维去对待国际商务谈判对手、去处理国际商务谈判中的问题，则显然难以取得国际商务谈判的圆满成功。在国际商务谈判中，谈判者除了要把握谈判的一般原理和方法外，还应注意以下几个方面。

1. 要有更充分的准备

国际商务谈判的复杂性要求谈判者在谈判之前做更为充分的准备。一是充分地分析和了解潜在的谈判对手，明确对方企业和可能的谈判者个人的状况，分析政府介入(有时是双方政府介入)的可能性，及其介入可能带来的问题；二是研究商务活动的环境，包括国际政治、经济、法律和社会环境等，评估各种潜在的风险及其可能产生的影响，拟订各种防范风险的措施；三是合理安排谈判计划，解决好谈判中可能出现的体力疲劳、难以获得必要的信息等问题。

2. 正确对待文化差异

谈判者对文化差异必须有足够的敏感性，要尊重对方的文化习惯和风俗。有一句俗语，“在罗马，就要做罗马人(In Rome，Be Romans)”，即中国的“入乡随俗”。在国际商务谈判中，“把自己的脚放在别人的鞋子里”是不够的，谈判者不仅要善于从对方的角度看问题，而且要善于理解对方看问题的思维方式和逻辑。任何一个国际商务活动中的谈判人员都必须认识到，文化是没有优劣的，必须尽量避免模式化地看待另一种文化的思维习惯。

3. 具备良好的外语技能

谈判者能够熟练运用对方语言，至少双方能够使用一种共同语言来进行磋商交流，这对于提高谈判过程中双方交流的效率、避免沟通中的障碍和误解，有着特别重要的意义。

8.2 国际商务谈判中的文化差异

商务谈判不仅是谈判各方基于经济利益的交流与合作，而且是各方所具有的不同文化之间的碰撞与沟通。在不同国家、不同民族之间进行的国际商务谈判更是如此。国际商务谈判受到各自国家和民族的政治、法律、经济、文化等多种因素的影响，其中最难以把握的就是文化因素。文化上的差异导致了国际商务谈判中的文化碰撞甚至冲突，许多谈判因此而失败，直接影响了国际商务活动的顺利进行。因此，在国际商务谈判中正确把握文化因素显得至关重要。

8.2.1 语言及非语言行为

国际商务活动的语言差异是最直观明了的。解决语言问题的方法也很简单，如雇用一位翻译或者用共同的第三语言交谈。模拟谈判研究表明，谈判人员所使用的语言行为在各种文化中具有较高的相似性。但不管如何，差异也是显而易见的。在不同语言中，作为信息交流技巧的种种语言行为方式的使用频率呈现一定的差异性（见表 8－1），如果不了解这些差异，那么很容易误解谈判对手所传播的信息，从而影响商务谈判目标的实现。

表 8－1　不同语言中各种交流技巧的使用频率比较①

使用频率 技　巧	中国	日本	韩国	俄罗斯	德国	英国	法国	巴西	加拿大	美国
承诺	6	7	4	5	7	11	5	3	7	8
威胁	1	4	2	3	3	5	5	2	2	4
推荐	2	7	1	4	5	6	3	5	5	4
警告	1	2	0	0	1	1	3	12	3	1
报偿	1	1	3	3	4	5	3	2	2	2
惩罚	0	1	5	1	2	0	3	3	2	3
肯定规范评价	1	1	1	0	0	0	0	0	1	1
否定规范评价	0	3	2	0	1	1	0	1	2	1
保证	10	15	13	11	9	13	10	8	11	13
自我泄露	36	34	36	40	47	39	42	39	28	36
提问	34	20	21	27	11	15	18	22	36	20
命令	7	8	13	7	12	9	9	14	8	6

在商务谈判中，谈判人员以非语言的、更含蓄的方式发出或接受大量的比语言信息更为重要的信息，而且所有这类信号或示意总是无意识进行的。因此，当外国伙伴发出不同的非语言信号时，具有不同文化背景的谈判对手极易误解这些信号，而且意识不到所发生的错误。这种不知不觉中所产生的个人摩擦如果得不到纠正，就会影响商业关系的正常发展（见表 8－2）。由表 8－1 及表 8－2 可看出，国际商务谈判中语言及非语言行为之间的差异很复杂。就日本、巴西和法国文化而言，日本商人的交流风格是最为礼貌的，较多地采用正面的承诺、推荐和保证，而较少采用威胁、命令和警告性言论，他们礼貌的讲话风格最突出的是他们不常使用“不”“你”和面部凝视，但经常保持一段沉默。巴西商人使用“不”和“你”字的频率较高，他们在谈判中似乎不甘寂寞，不时地凝视对方并触碰对方。法国商人使用威胁和警告的频率最高。此外，他们有时会频繁地插话，面部凝视以及使用“不”和“你”字。唯有弄清楚这些差异，方能避免对日本人的沉默寡言、巴西人的热心过头或者法国人的威胁产生误解，从而取得国际商务谈判的成功。

表 8－2　不同语言中非语言交流技巧的使用频率①

国家 技　巧	中国	日本	韩国	俄罗斯	德国	英国	法国	巴西	加拿大	美国
沉默时间/%	7.7	8.3	0	12.3	0	8.3	3.3	0	5	5.7
插话间隔时间/分钟	1.75	4.84	1.36	2.26	1.44	5.66	1.45	2.10	1.45	5.88
凝视时间/%	37	13	33	29	34	30	53.3	52	48.7	33.3
每小时接触数/次	0	0	0	0	0	0	0.2	9.4	0	0

① 资料来源：刘园，尹庆双. 国际商务谈判[M]. 北京：中国人民大学出版社，2005.

8.2.2 风俗习惯

在国际商务谈判中，通常有一些正式或非正式的社交活动，如喝茶、喝咖啡、宴请等。活动受文化因素的影响很大，并制约着谈判的进行。谈判人员应充分了解对方的风格习惯，以保证谈判活动的顺利进行。

8.2.3 思维差异

国际商务谈判时，来自不同文化的谈判人员往往会遭遇思维方式上的冲突。基于客观存在的思维差异，不同文化的谈判者呈现出决策上的差异，形成顺序决策方法和通盘决策方法间的冲突。当面临一项复杂的谈判任务时，采用顺序决策方法的西方文化，特别是英美常常将大任务分解为一系列的小任务。将价格、交货、担保和服务合同等问题分次解决，每次解决一个问题，从头至尾都有让步和承诺，最后的协议就是一连串小协议的总和。然而采用通盘决策方法的东方文化则注重对所有的问题整体讨论，不存在明显的次序之分，通常要到谈判的最后，才会在所有的问题上做出让步和承诺，从而达成一揽子协议。

8.2.4 价值观

国际商务谈判中价值观方面的差异远比其他方面的文化差异隐藏得深，因此也更难以克服。价值观差异对国际商务谈判行为的影响主要表现为因客观性、时间观念、竞争和平等性等观念的差异而引起的误解和厌恶。

1. 客观性

商务谈判中的客观性反映了行为人对“人和事物的区分程度”。美国人具有较强的“客观性”，如“美国人根据冷酷的、铁一般的事实进行决策”“美国人不徇私”“重要的是经济和业绩，而不是人”及“公事公办”等话语就反映了美国人的客观性。因此，美国人在国际商务谈判时强调“把人和事区分开来”，感兴趣的主要为实质性问题。相反，有些国家或地区的经济发展往往是在家族控制的领域内实现的，因此，来自这些国家的谈判者不仅作为个人来参与谈判，而且谈判结果往往会影响到个人，个人品行和实质问题成了两个并非不相干的问题，而且实质上两者变得不可分开。

2. 时间观念

不同文化具有不同的时间观念。例如，北美文化的时间观念很强，对美国人来说时间就是金钱；而拉美文化的时间观念则较弱，在他们看来，时间应当是被享用的。

爱德华·T·霍尔把时间的利用方式分为两类：单一时间利用方式和多种时间利用方式。单一时间利用方式强调“专时专用”和“速度”。北美人、瑞士人、德国人具有此类特点。单一时间利用方式就是线性地利用时间，仿佛时间是有形的一样。直率是单一时间利用方式这一文化的表现形式。

而多种时间利用方式则强调“一时多用”。多种时间利用方式涉及关系的建立和对言外之意的揣摩。在多种时间利用方式下，人们有宽松的时刻表，淡薄的准时和迟到概念，意料之中的延期。这就需要有较深的私交和“静观事态发展”的耐性。

因此，在国际商务谈判中，当两个采用不同时间利用方式的经营者遇到一起时，就需要调整，以便建立起和谐的关系，并要学会适应多种时间利用方式的工作方式，这样可以避免由于“本地时间”与“当地时间”不一致所带来的不安和不满。

3. 竞争和平等性

竞争和平等性差异对国际商务谈判的影响，可以借助模拟谈判之类的实验经济学结果得到粗略的反映。模拟谈判实验观察了来自不同文化的商人小组参加同样的买卖游戏所得到的“谈判蛋糕”。这一模拟体现了商务谈判的精华，即竞争和合作。令 N 为 n 个来自不同文化的商人小组进行模拟买卖所得到的“谈判蛋糕”的观察结果所构成的集合，那么：

$$N = N\{N_1, N_2, N_i \cdots N_n\}$$

$$N_i = N_i(V_i, B_i, S_i)$$

其中，N_i 表示来自第 i 种文化的谈判双方的“谈判蛋糕”；V_i 表示买方和卖方在模拟中所得的共同利润；B_i 和 S_i 分别表示共同利润在买方和卖方间的所得百分比减去 50%后的值，即 $B_i + S_i = 0$。

显然，V_i 越大，合作效果越好，反之亦然；$B_i < 0$，$S_i > 0$ 表明利润分配对卖方有利，$B_i > 0$，$S_i < 0$ 表明利润分配对买方有利，且 $|B_i|$ 或 $|S_i|$ 越大，利润分配越不平等。

考察模拟实验的结果如表 8-3 所列。不难发现，就美国文化和日本文化而言，日本人最善于做大蛋糕，而美国人的蛋糕大小一般。相反，美国人对利润的划分相对而言较日本人公平。日本人划分蛋糕的方式对买方较为有利。事实上，在日本，顾客被看作上帝，卖方往往会顺从买方的需要和欲望；而美国的情况完全不同，美国卖方往往将买方更多地视为地位相等的人，这也符合美国社会奉行的平等主义价值观。在许多美国经理看来，利润划分的公平性似乎比利润的多少更为重要。

表 8-3　模拟实验中同一文化内谈判双方的合作效果与利润分配平等程度比较①

观察变量 \ i	日本 1	韩国 2	俄国 3	德国 4	英国 5	法国 6	巴西 7	美国 8
V_i	V_1	V_2	V_3	V_4	V_5	V_6	V_7	V_8
买卖双方合作效果由大到小	$V_1 > V_5 > V_7 > V_6 > V_8 > V_3 > V_2 > V_4$							
B_i	B_1	B_2	B_3	B_4	B_5	B_6	B_7	B_8
利润分配有利于买方程序由大到小	$B_2 > B_1 > B_6 > B_5 > B_4 > B_3 > B_8 > B_7 > 0$							

8.2.5　人际关系

成功的谈判要求始终保持畅通无阻的信息交流，然而不同的文化背景使国际商务谈判者之间的信息交流面临许多障碍和冲突。因此，国际商务谈判人员必须能够在谈判中和对手保持良好的人际关系，保证良好的沟通，以便谈判顺利进行。

对此，美国学者温克勒指出：“谈判过程是一种社会交往的过程，与所有其他社会事务一样，当事人在谈判过程中的行为举止、为人处世，对于谈判的成败至关重要，其意义不亚于一条高妙的谈判策略。”

法国人天性开朗，具有注重人情味的传统，因而很珍惜交往过程中的人际关系。对此有人说，在法国“人际关系是用信赖的链条牢牢地相互连接的”。另外，在与法国商人谈判时不能只

① 资料来源：刘园，尹庆双. 国际商务谈判[M]. 北京：中国人民大学出版社，2005.

想到谈生意，否则会被认为太枯燥无味。

在日本，人们的地位意识浓厚，等级观念很重，因而与日本商人谈判，弄清楚谈判人员的级别、社会地位是十分重要的。在德国，人们重视体面，注意形式，对有头衔的德国谈判者一定要称呼其头衔。澳大利亚商人参与谈判时，其谈判代表一般都是有决定权的，因而与之谈判时，一定要让有决定权的人员参加，否则对方会感到不愉快，甚至中断谈判。

综上所述，包括风俗习惯、语言表达、人际关系、时间观念等因素的文化差异塑造了不同国家各异的谈判风格。要想在国际谈判的战场上纵横驰骋，就必须对此深入了解。

8.2.6 宗教信仰

在国际上有很多国家的人民有宗教信仰，宗教信仰会影响人的价值观和行为习惯。因此，在国际商务谈判中，要了解对方的宗教信仰，也要尊重对方的宗教信仰，不要妄加评论，更不要贬低对方的宗教信仰。

【本章小结】

国际商务谈判是指在国际商务活动中，处于不同国家或地区的商务活动当事人为了达成某笔交易，彼此通过信息交流，就交易的各项要件进行协商的行为过程。国际商务谈判既具有一般贸易谈判的共性，又具有国际商务谈判的特殊性。

做好国际商务谈判工作必须注意的基本要求：树立正确的国际商务谈判意识，做好国际商务谈判的准备工作，正确认识和对待文化差异，熟悉国家政策、国际公约和国际惯例及具备良好的外语技能。

在跨文化谈判中，谈判双方应该了解不同区域和国家商人的谈判风格，互相尊重彼此的风俗文化习惯，从而减少跨文化谈判的风险，提高国际商务谈判的技巧。

【课后习题】

一、单选题

1. 在国际商务谈判中，通过协商弥合分歧使各方利益目标趋于一致并达成协议，体现的是国际商务谈判的(　　)。

A. 平等性原则　　B. 互利性原则　　C. 一致性原则　　D. 统一性原则

2. 国际谈判中的双方由于属于不同的文化圈，有的表达委婉间接，有的表达直截了当，这是国际谈判中的(　　)。

A. 语言差异　　B. 沟通方式差异　　C. 决策结构差异　　D. 法律制度差异

3. 国际商务谈判受到各自国家和民族的政治、法律、经济、文化等多种因素的影响，其中最难以把握的就是(　　)。

A. 政治　　B. 法律　　C. 经济　　D. 文化

4. 在谈判中，谈判人员以含蓄的方式发出或接受大量的比语言信息更重要的信息，而且这类信号或示意总是无意识进行，以上讲的是(　　)。

A. 语言行为　　B. 沟通行为　　C. 非语言行为　　D. 肢体行为

5. (　　)是人们在认识活动中运用概念、判断、推理等思维形式，对客观现实进行间接的、概括的反映的过程。

A. 形象思维　　B. 抽象思维　　C. 印象思维　　D. 感性思维

6.(　　)是国际商务谈判得以顺利进行和取得成功的最基本的重要前提。

A. 商务谈判技能　　B. 对谈判对方的了解C. 平等　　D. 利益

7. 国际商务谈判中(　　)的差异远比其他方面的差异隐藏得深,也更难以克服。

A. 价值观　　B. 风俗　　C. 法律制度执行　　D. 习惯

8. 有些国家的人认为时间就是金钱,有些国家的人认为时间应当是被享用的,这体现了国际商务谈判价值观中的(　　)。

A. 客观性　　B. 时间观念　　C. 竞争和平等性　　D. 效率观念

二、论述题

1. 与国内商务谈判相比,国际商务谈判有哪些特殊性?

2. 国际商务谈判成功的基本要求有哪些?

3. 举例说明不同国家的人们时间观念的差异。

4. 对比分析美、日两国在谈判决策结构方面的差异。

5. 对比分析美、日两国在沟通方式方面有何异同之处。

6. 对比分析德、法、英、俄等国人谈判风格的异同之处。

7. 对比分析韩国人与日本人谈判风格的异同之处。

8. 结合日本商人的谈判特点,总结与日本商人谈判的要诀。

9. 结合美国商人的谈判特点,总结与美国商人谈判应该注意的问题。

【案例分析】

1. 日本航空公司决定从美国麦道公司引进10架新型麦道客机,指定常务董事任领队、财务经理为主谈、技术部经理为助谈,组成谈判小组去美国洽谈购买事宜。

日航代表飞抵美国稍事休息,麦道公司立即来电,约定次日在公司会议室开谈。第二天,三位日本绅士仿佛还未消除旅途的疲劳,行动迟缓地走进会议室,只见麦道公司的一群谈判代表已经端坐一边。谈判开始,日航代表慢吞吞地喝着咖啡,好像还在缓解时差的不适。精明而又讲求实效的麦道方主谈把客人的疲惫视为可乘之机,在开门见山地重申双方购销意向之后迅速把谈判转入主题。

从早上9点到11点,三架放映机相继打开,字幕、图表、数据、电脑图案、辅助资料和航行画面,应有尽有,欲使对方置身于迪士尼乐园的神奇之中,使之不由自主地相信麦道飞机性能及定价都是无可挑剔的。孰料日航三位谈判代表自始至终默默地坐着,一语不发。

麦道的领队大惑不解地问:"你们难道不明白?你们不明白什么?"

日航领队笑了笑,回答:"这一切。"

麦道主谈急切地追问:"'这一切'是什么意思?请具体说从什么时候开始'不明白'的?"

日航助谈歉意地说:"对不起,从拉上窗帘的那一刻开始。"日方主谈随之用连连点头来赞许同伴的说法。

麦道领队泄气地倚在门边,松了松领带后气馁地呻吟道:"那么,你们希望我们再做些什么呢?"日航领队歉意地笑笑说:"你们可以重放一次吗?"别无选择,只得照办。但麦道公司谈判代表重复那两个半小时的介绍时,已经失去了最初的热情。是日本人开了美国人的玩笑吗?不是,他们只是不想在谈判开始阶段就表明自己的理解力。谈判风格素来以具体、干脆、明确而著称的美国人,哪里会想到日本人有这一招呢?

更不知道自己谈判伊始已输了一盘。至此，日方成功利用第一次沟通障碍限制对方进攻，打乱了麦道公司的阵脚。

谈判进入交锋阶段，日航代表忽然显得听觉不灵、反应迟钝，甚至无法明了麦道方在说些什么，让麦道公司代表十分恼火，觉得是在跟愚笨的人谈判，早已准备好的论点、论据和推理根本没用，选择的说服策略也无用武之地。连日来，麦道方已被搅得烦躁不安，只想尽快结束这种与笨人打交道的灾难，于是直截了当地把球踢向对方："我们飞机性能是最佳的，报价也是合情合理的，你们有什么异议吗？"

此时，日航主谈似乎由于紧张，忽然出现语言障碍。他结结巴巴地说："第……第……第……""请慢慢说。"麦道主谈虽然嘴上是这样劝着，心中却不由得又恨又痒。"第……第……第……""是第一点吗？"麦道主谈忍不住问。日航主谈点头说是。"好吧，第一点是什么？"麦道主谈急切地问。"价……价……价……""是价钱吗？"麦道主谈问。日航主谈又点了点头。"好，这一点可以商量。第二点是什么？"麦道主谈焦急地问。"性……性……性……""你是说性能吗？只要日航方面提出书面改进要求，我们一定满足。"麦道主谈脱口而出。

至此，日航一方说了什么呢？什么也没有说。麦道一方做了什么呢？在帮助日方跟自己交锋。他们先是帮日方把想说而没有说出来的话解释清楚，接着问出对方后面的话，就不假思索地匆忙做出许诺，结果，日航制造第二次沟通障碍，有效地限制了麦道在价格磋商阶段的进攻，使麦道把谈判的主动权拱手交给了对方。

麦道轻率地许诺让步，日航就想得寸进尺地捞好处。这是一项价值数亿美元的大宗贸易，还价应按国际惯例取适当幅度，日航的主谈却故意装作全然不知，一开口就要求削价对半。麦道主谈听了不禁大吃一惊，看看对方是认真的，不像是开玩笑，就想既然已经许诺让价，为表示诚意就爽快地让吧，于是便说："我们可以削价5%。"双方差距甚大，都竭力为自己的报价陈说大堆理由，第一轮交锋在激烈的争论中结束。这是日方制造的第二次僵局。经过短暂的沉默，日方第二次报价：削减10%，麦道方还价是5%，于是又唇枪舌剑辩驳，尽管口干舌燥，可谁也没有说服谁。麦道公司的主谈此刻对成交已不抱太大希望，开始失去耐心，提出："我们双方在价格上距离很大，有必要为成交寻找新的方法。你们如果同意，两天后双方再谈一次。"

日航谈判代表这时不得不慎重地权衡得失，价钱还可以争取再低一点，但不能削得太多，否则将触怒美国人，那不仅丧失主动权，而且连到手的5%让价也捞不到，倘若空着两手回日本怎么向公司交代呢？他们决定适可而止。

重新开始谈判，日航一下子降了2%，还价8%；麦道公司增加1%，只同意削价7%。谈判又形成僵局，经过长时间的沉默，麦道公司的主谈决意终止交易，开始收拾文件。恰在这时，口吃了几天的日航主谈突然消除了语言障碍，十分流利地说道："你们对新型飞机的介绍和推销使我们难以抵抗，如果同意降价8%，我们现在就起草购销11架飞机的合同。"（这增加的一架几乎是削价得来的）说完他笑吟吟地起身，把手伸给麦道公司的主谈。"同意！"麦道的谈判代表们也笑了，起身和三位日本绅士握手："祝贺你们，用最低的价钱买到了世界上最先进的飞机。"的确，日航代表把麦道飞机压至前所未有的低价位。

问题：

(1) 日航采用了哪些谈判策略获得了谈判的成功？

(2) 试比较美国商人和日本商人在谈判风格方面的差异。

2. 中方某公司向韩国某公司出口丁苯橡胶已一年，第二年中方又向韩方报价，以继续供货。中方公司根据国际市场行情，将价格从前一年的成交价每吨下调了120美元(前一年1200美元/吨)，韩方感到可以接受，建议中方到韩国签约。中方人员一行二人到了首尔该公司总部，双方谈了不到20分钟，韩方说："贵方价格仍太高，请贵方看看韩国市场的价，三天以后再谈。"中方人员回到饭店感到被戏弄，很生气，但人已来首尔，谈判必须进行。中方人员通过有关协会收集到韩国海关丁苯橡胶进口统计，发现从哥伦比亚、比利时、南非等国进口量较大，中国进口也不少，中方公司是占份额较大的一家。价格水平南非最低但高于中国产品价。哥伦比亚、比利时价格均高于南非。在韩国市场的调查中，批发和零售价均高出中方公司的现报价30%～40%，市场价虽呈降势，但中方公司的给价是目前世界市场最低的价。为什么韩国人员还这么说？中方人员分析，对手以为中方人员既然来了首尔，肯定急于拿合同回国，可以借此机会再压中方一手。那么韩方会不会不急于订货而找理由呢？中方人员分析，若不急于订货，为什么邀请中方人员来首尔？再说韩方人员过去与中方人员打过交道，有过合同，且执行顺利，对中方工作很满意，这些人会突然变得不信任中方人员了吗？从态度看不像，他们来机场接中方人员，且晚上一起喝酒，保持了良好气氛。从上述分析，中方人员共同认为：韩方意在利用中方人员出国心理，再压价。根据这个分析，经过商量中方人员决定在价格条件上做文章。总的讲，态度应强硬(因为来前对方已表示同意中方报价)，不怕空手而归。其次，价格条件还要涨回市场水平(约1000美元/吨)。再者不必用二天给韩方通知，仅一天半就将新的价格条件通知韩方。在一天半后的中午前，中方人员电话告诉韩方人员："调查已结束.得到的结论是：我方来首尔前的报价低了，应涨回去年成交的价位，但为了老朋友的交情，可以下调20美元，而不再是120美元。请贵方研究，有结果请通知我们，若我们不在饭店，则请留言。"韩方人员接到电话后一个小时，即回电话约中方人员到其公司会谈。韩方认为：中方不应把过去的价再往上调。中方认为：这是韩方给的权利。我们按韩方要求进行了市场调查，结果应该涨价。韩方希望中方多少降些价，中方认为原报价已降到底。经过几回合的讨论，双方同意按中方来首尔前的报价成交。这样，中方成功地使韩方放弃了压价的要求，按计划拿回合同。

问题：

(1) 中方的决策是否正确？为什么？

(2) 结合此案例，分析国际商务谈判中的策略使用。

【实战演练】

学生自由分组，每组6～8人，各小组自拟公司名称、公司主营业务，并选择扮演特定国家的商人角色。各小组通过抽签两两组合，进行模拟国际商务谈判。

具体要求如下：

① 各谈判小组拟定谈判目标和谈判计划，对谈判场景进行设计；

② 掌握所选择扮演的国家商人的谈判风格，并在模拟谈判中熟练运用；

③ 掌握模拟谈判对手所扮演国家商人的谈判风格，并在谈判中灵活应对；

④ 运用商务谈判的策略和技巧；

⑤ 每组谈判时间不少于20分钟，结束后每个小组推选代表进行总结，并写出书面报告。

第9章　综合案例与模拟训练

学习目标

通过本章的学习，能够运用所学理论知识对各种商务谈判案例进行分析，能够理解案例中各种谈判策略的运用，探讨案例中谈判问题产生的原因，并对案例中的僵局或矛盾提出可行的建议或策略，提高自身的谈判技巧和能力。

案例一：艾柯卡寻求政府支持

美国汽车业"三驾马车"之一的克莱斯勒汽车公司拥有近70亿美元的资金，是美国第十大制造企业，但自进入20世纪70年代以来该公司却屡遭厄运，从1970年至1978年的9年内，竟有4年亏损，其中1978年亏损额达2.04亿美元。在此危难之际，艾柯卡出任总经理。为了维持公司最低限度的生产活动，艾柯卡请求政府给予紧急经济援助，提供贷款担保。

但这一请求引起了美国社会的轩然大波，社会舆论几乎众口一词：克莱斯勒赶快倒闭吧。按照企业自由竞争原则，政府绝不应该给予经济援助。最使艾柯卡感到头痛的是国会为此而举行了听证会，那简直就是在接受审判。委员会成员坐在半圆形高出地面八尺的会议桌上俯视着证人，而证人必须仰着头去看询问者。参议员、银行业务委员会主席威廉·普洛斯迈质问他："如果保证贷款案获得通过的话，那么政府对克莱斯勒将介入更深，这对你长久以来鼓吹得十分动听的主张（指自由企业的竞争）来说，不是自相矛盾吗？"

"你说得一点也不错，"艾柯卡回答说："我这一辈子一直都是自由企业的拥护者，我是极不情愿来到这里的，但我们目前的处境进退维谷，除非我们能取得联邦政府的某种保证贷款，否则我根本没办法去拯救克莱斯勒。"

他接着说："我这不是在说谎，其实在座的参议员们都比我还清楚，克莱斯勒的请求贷款案并非首开先例。事实上，你们的账册上目前已有了4 090亿元的保证贷款，因此务必请你们通融一下，不要到此为止，请你们全力为克莱斯勒争取4 100万美元的贷款吧，因为克莱斯勒乃是美国的第十大公司，它关系到60万人的工作机会。"

艾柯卡随后指出日本汽车正乘虚而入，如果克莱斯勒倒闭了，它的几十万职员就得成为日本的佣工，根据财政部的调查材料，如果克莱斯勒倒闭的话，国家在第一年里就得为所有失业人口花费27亿美元的保险金和福利金。所以他向国会议员们说："各位眼前有个选择，你们是愿意付出27亿呢，还是将它的一部分作为保证贷款，日后可全数收回？"持反对意见的国会议员无言以对，贷款终获通过。

问题：

（1）艾柯卡在谈判中运用了什么谈判策略？

（2）从商务谈判的意义和目的的角度，分析艾柯卡获得谈判成功的原因。

案例二:该拒绝而不拒绝的代价

罗杰·汤普勒的资本总额不足 14 万美元,在长岛开了一家小小的家电公司,经营日本的电视机、收录机。20 世纪 80 年代初,他见放音机好销,便经向江苏某外贸公司征询,他与常州一家无线电厂挂上了钩,于是三方就来件装配贸易进行谈判。

"我有 1 万台立体声放音机原件,每台的价格是 30 美元,每台我可以出 2 美元装配费,要求在两个月内拿到全部成品。"汤普勒首先开盘。

"按我国组装费的平均价格,每台放音机装配费应在 3 美元左右。我们希望在这个水准上达成交易。"厂方代表当即还盘。

"这一笔生意应该是长期合作的良好开端,希望双方不要有太多的计较,是否都做一些让步,以每台 2.4 美元达成协议如何?"外贸公司代表不偏不倚地开出中间价。双方都表示"同意",在价格上算是意见基本一致了。

接着谈判付款方式,三方立刻出现分歧:"我方在加工价格上首先作了让步,作为对等条件,你们在支付方式上也要有所变通,先付汇后收汇。"汤普勒坚定地提出要求。

"你是说我方先付原件费用,你在装配完毕之后再付整机费,其中的差价就是加工费?"外贸公司代表问。

"是这样的。"汤普勒答。

"按国际惯例,加工方是不能动用外汇的,通常对来件不计价或者计价而不结算,待加工完毕后一并结算。"外贸公司代表拒绝了对方要求。

"我并没有要求你们最终的结果是动用外汇,只是要你们先付后收,在交易完成以后你们不仅没有动用外汇,反而增加了外汇。因此我的要求并不过分,何况我们是第一次合作,对你们能否准时加工完毕、加工质量如何心中都没有底,总不能先让资金停滞在原件上吧?"汤普勒颇似坦诚地说道。

"请放心,我们保证准时交货,保证整机质量可靠。"厂方代表插言道。

"如果真是这样,履行合同就没有任何问题了。既然不存在问题,你们为什么不能在收到原件时付汇,在完成装配后收汇呢?假如你们对我有所担心的话,可以不用托收方式,只以国际贸易最可靠的信用证方式。由你们开信用证收原件,我开回头信用证收整机,贷款由双方的开证银行保障支付,这还能出现什么差错吗?"汤普勒头头是道地说。

"从一般道理上看是不错的,但两份信用证之间有个衔接问题。就是说,在我方信用证的有效期内,您应及时开出回头信用证,使我方付出的外汇不致脱空。"汤普勒好像愤愤不平地嚷道。

"请不要介意,我只是想说明国际贸易中防止付汇脱空的通常做法,也相信您不会违反这些做法的。"外贸公司代表解释道。

"希望我们按常规做成来件加工生意。"厂方代表认为外贸代表有些过分,于是打圆场。

"您既然会及时开回头信用证取货,完成交易就不至于出现意外,我方因此可以先付后收。按惯例,这笔生意的元件进口和成品出口方都将是我们公司。无线电厂为加工方,您是元件出口和成品进口方。我方将委托银行开出远期信用证,请您委托银行开即期回头信用证给我公司,您若要取出我方远期信用证所载 30 万美元款额,必须在开出 32.4 万美元即期信用证后。请您见谅,这种约束性条款是外贸合同中必不可少的。"外贸公司代表慎重地说道。

“这样做实在太繁琐！”汤普勒颇为不屑地说道。

“补充这一限制性条款只是例行公事，请汤普勒先生别介意。我们双方会合作得很愉快的！”厂方代表赶紧缓和谈判气氛。

合同签毕，我外贸公司一星期后开出有效期90天的信用证。汤普勒接到通知之后，立即背靠背地转开信用证给日本厂商，购进1万套原件运往常州。他等于用中方的外汇额转手做这笔来件加工生意。常州某无线电厂提前10天，保质保量地完成了装配任务。货到长岛销售一空，汤普勒轻松地赚进20万美元。他与日方结算完毕，补上2.4美元的加工费，才向中方开出回头信用证。

合同履行顺利，汤普勒二次来华，提出续订10万台立体声放音机装配的新合同。外贸公司见生意扩大10倍很是高兴，无线电厂更是欣喜异常，但都没有想过其中有什么蹊跷。于是三方立即举行第二次谈判。

外贸公司代表坚持一切不变，按前次合同条款续订。汤普勒强调“首次合同履行得很好，证明双方都有成交的诚意，没必要把前次的限制性条款写进新合同”。外贸公司代表指出：“生意就是生意，合同条款必须完备，写进限制性条款不影响彼此友好往来，与双方相互信任也没有关系。”

本次交易货与款分三批流通。合同开始履行，第一批货与款的交付颇为顺利，双方准时交接货物、及时开出信用证，结算得一清二楚。谁知正在此时日本立体声放音机的原件大幅降价，每台跌至20美元，汤普勒却依然要中方外贸公司按30美元一台开远期信用证。我方没有及时了解市场变化，依照合同开了104万美元的远期信用证。汤普勒收到后，以20美元一台背靠背地向日本厂商开信用证，暗中扣下34万美元的原料差价，但由于我方信用证载明的限制条款终于使这笔差价仍然不得动用。汤普勒垂涎这笔巨资，决定要把障碍扫除，于是三次来华谈判。

“你们在信用证上写明附加条款的内容，长岛银行看了就不肯给予资金融通，使我大笔资金压在原件进口上，经营生意非常困难。为了合同的后续执行，我要求取消信用证上的附加条款。”汤普勒欲施偷梁换柱之计，如此这般地说道。

“您提出此项要求，等于修改合同。”外贸公司代表当即指出对方的真意。

“是的，如果不能修改，只能中止合同。对于后面的装配业务，我将另找对象。”汤普勒语气坚定地说。

“取消限制性条款，有可能使我方的收汇脱空。”外贸公司代表说明拒绝的理由。

“你的担心实际上是不存在的。首先，我的原件握在你们手里，用你们的话说叫‘跑得了和尚跑不了庙’。有货物在手，你们还担心什么？其次，我收到成品就能获得利润，我是绝不会放弃这种唾手可得的好处的。”汤普勒振振有词地说道。

“附有限制性条款是国际加工合同的惯例，也是我国的通常做法。这一点是不允许改变的。”外贸公司代表据理力争。

“我知道这些道理，仅仅是要求一点点灵活性，其实取消限制条款对你方并无妨碍，但我可以从长岛银行获得资金融通，这有利于合同的履行，它的结果是对双方都有好处！很遗憾，你们不肯谅解我的经营困难。对不起，我们之间的交易只能就此结束，我将通知长岛银行退回你方的信用证。”汤普勒态度十分坚决地发出最后通牒。

眼看谈判即将破裂，常州某无线电厂代表赶紧要求：“休谈半天，明天再作最后答复。”

送走汤普勒，无线电厂代表与外贸公司代表紧急磋商。外贸公司强调不宜取消限制，而且银行方面也认为风险太大。无线电厂则要求给外商适度的松动，理由是第一笔合同完满履行，第二笔合同的首批业务也顺利兑现，已证明外商有一定的可信度，不应再有过多的顾虑。对此外贸公司代表说不出反对的充分理由，于是在厂方急于获利的促动下，中方一致同意汤普勒修改合同的请求。

此后我方认真履行修改后的合同，准时开出不附限制条款的 104 万美元远期信用证。汤普勒立即从长岛银行取走 34 万美元的原件差额。不久，立体声单放机在国际市场上大幅降价，汤普勒的 3.4 万台卖不出去了。他居心叵测地不再开回头信用证。伪称“在美国运输有困难，请暂缓发货，等第三批装配完毕再一起发出”。我方不知其中有弊，依然按时开出第三批的远期信用证 140 万美元，汤普勒又取走 40 万美元的差价，从日本买进原件后发往中国，携带两批原件差价 74 万美元溜之大吉。

问题：

(1) 结合案例，分析如何正确处理谈判协议的变更、解除、转让与纠纷？

(2) 中方在谈判过程中犯的关键错误是什么？从中可以得出什么经验教训？

案例三：以硬碰硬打破僵局

中国 K 公司与法国 G 公司就计算机制造技术的交易在北京进行谈判，K 公司接触一些厂家后，认为 G 公司的技术很适合，有意与其合作。G 公司也认为自己的技术不错，有竞争性，同意与 K 公司谈判。

经过技术交流后，中方专家表现的赞许态度使法方感到极为自信、自得。当进入商务条件谈判时，G 公司主谈杜诺先生的态度变得非常强硬，而且不大尊重 K 公司主谈邢先生，对邢先生的说理和友善的态度全然不当回事。意思是：我就这条件，同意，就签合同；不同意，就散伙。对此合同，K 公司邢先生不能说同意，更不能说散伙。怎么办呢？

邢先生设计了一个方案：让助手继续与杜诺先生谈判，把参与人员减少了一半，原则是能往前谈就往前谈，谈不拢也陪着杜诺先生谈。一天过去了，杜诺先生没见到邢先生，问其助手：“邢先生去哪儿了？”助手答：“无可奉告。”第二天上午谈判仍无大的进展。杜诺先生要求见邢先生。助手答应下午安排。

下午邢先生见了杜诺先生问：“谈判进展如何？”杜诺说：“不大。”并问邢先生：“为什么不参加谈判？”邢先生一笑说：“我有我的事。”杜诺问：“我们的交易怎么办？”邢先生说：“我的助手有能力与您谈判所有问题。”“可到目前为止进展不大呀！”杜诺先生说。邢先生回答：“原因一定不在我助手这方面。”杜诺一笑，说：“我希望您能参加我们的谈判。”邢先生说：“我也乐意，等我安排好时间再说。”并说：“我还有事，希望您与我的助手合作愉快！”随即告辞。

随后的谈判，中方再调整谈判时间，一天改为半天，半天时间还安排得靠后。这样断断续续又过了两天，杜诺先生要求与邢先生面谈。

邢先生与杜诺见面了。杜诺先生抱怨：“K 公司不重视与 G 公司的谈判。”邢先生认为：“不对。K 公司一直很重视本次谈判，尽管工作很忙，也未中断过与 G 公司的谈判。”杜诺先生反驳说：“如果重视，为什么您本人不参加谈判了？贵公司参加谈判的人都没有决定权，而且时间安排也不紧凑。”邢先生说：“有可能您的问题太复杂，他们一时难以答复。时间不紧凑是误会，我们可是忙得很，没闲着。"杜诺先生追问："您忙什么？有什么比与我们公司谈判更重要的吗？"邢先生诡秘地笑了："杜诺先生，这可是我公司内部的安排，我得服从啊！"杜诺先生沉默了一会儿，很严肃地对邢先生讲："我公司来京谈判是有诚意的，不论贵方有多忙，我希望应先与我公司谈。"邢先生答道："是呀！我最早是与您谈的，不正反映了我方的重视么？""可贵方现在没有这么做。""可当我与贵方谈时，贵方并未注意我方的意见，我公司也不能浪费时间呀！""我希望邢先生给我讲实话，是不是贵公司正在与别人谈。"说着在黑板上画了一幅图：一个大楼写着K公司的名字。楼内有一个乌龟，背上写着E公司。后门等着一个乌龟，背上写着W公司。然后笑着问邢先生："是不是这样？"邢先生乐了，说："您的消息真灵通。"杜诺先生马上严肃起来，庄重地说："邢先生，不管事态是否如此，我公司强烈要求给我们机会，我本人也希望与您本人直接谈判。"邢先生收住笑容，也认真地回答："我理解贵方的立场，我将向上级汇报，调整我的工作，争取能与您配合谈判该项目。"

双方恢复了谈判，一改过去的僵持，很通情达理地进行了相互妥协，最后达成了协议。

问题：

(1) 结合案例内容，分析商务谈判中僵局形成的原因。

(2) K公司运用什么方法打破了僵局？对K公司的谈判策略进行评价。

案例四：有理有节，索赔获胜

我国从日本S汽车公司进口大批FP-148货车，使用时普遍发生严重质量问题，致使我国蒙受巨大经济损失。为此，我国向日方提出索赔。

谈判一开始，中方简明扼要地介绍了FP-148货车在中国各地的损坏情况以及用户对此的反应。中方在此虽然只字未提索赔问题，但已为索赔说明了理由和事实根据，展示了中方谈判威势，恰到好处地拉开了谈判的序幕，日方对中方的这一招早有预料，因为货车的质量问题是一个无法回避的事实，日方无心在这一不利的问题上纠缠。日方为避免劣势，便不动声色地说："是的，有的车子轮胎炸裂，挡风玻璃炸碎，电路有故障，铆钉震断，有的车架偶有裂纹。"中方觉察到对方的用意，便反驳道："贵公司代表都到现场看过，经商检和专家小组鉴定，铆钉非属震断，而是剪断，车架出现的不仅仅是裂纹，而是裂缝、断裂！而车架断裂不能用'有的'或'偶有'，最好还是用比例数据表达，更科学、更准确……"日方淡然一笑说："请原谅，比例数据尚未准确统计。""那么，对货车质量问题贵公司能否取得一致意见？"中方对这一关键问题紧追不舍。"中国的道路是有问题的。"日方转了话题，答非所问。中方立即反驳："诸位已去过现场，这种说法是缺乏事实根据的。""当然，我们对贵国实际情况考虑不够……""不，在设计时就应该考虑到中国的实际情况，因为这批车是专门为中国生产的。"中方步步紧逼，日方步步为营，谈判气氛渐趋紧张。中日双方在谈判开始不久，就在如何认定货车质量问题上陷入僵局。日方坚持说中方有意夸大货车的质量问题："货车质量的问题不至于到如此严重的程度吧？这对我们公司来说，是从未发生过的，也是不可理解的。"此时，中方觉得该是举证的时候，于是将有关材料向对方展示说："这里有商检、公证机关的公证结论，还有商检拍摄的录像。如果……""不！不！对商检公证机关的结论，我们是相信的，我们是说贵国是否能够做出适当让步。否则，我们无法向公司交待。"日方在中方所提质量问题攻势下，及时调整了谈判方案，采用以柔克刚的手法，向对方踢皮球，但不管怎么说，日方在质量问题上设下的防线已被攻克了。这就为中方进一步提出索赔价格要求打开了缺口。随后，在 FP－148 货车损坏归属问题上取得了一致的意见。日方一位部长不得不承认，这属于设计和制作上的质量问题。初战告捷，但是我方代表意识到更艰巨的较量还在后头。索赔金额的谈判才是根本性的。

随即，双方谈判的问题升级到索赔的具体金额上——报价，还价，提价，压价，比价，一场毅力和技巧较量的谈判竞争展开了。中方主谈代表擅长经济管理和统计，精通测算。他翻阅了许多国内外的有关资料，甚至在技术业务谈判中，他也不凭大概和想当然，认为只有事实和科学的数据才能服人。此刻，在他的纸笺上，在大大小小的索赔项目旁，写满了密密麻麻的阿拉伯数字。这就是技术业务谈判，不能凭大概，只能依靠科学准确的计算。根据多年的经验，他不紧不慢地提出："贵公司对每辆车支付加工费是多少？这项总额又是多少？""每辆车 10 万日元，计 5.84 亿日元。"日方接着反问道："贵国报价是多少？"中方立即回答："每辆 16 万日元，此项共计 9.5 亿日元。"精明强干的日方主谈人淡然一笑，与其副手耳语了一阵，问："贵国报价的依据是什么？"中方主谈人将车辆损坏后各部件需如何修理、加固、花费多少工时等逐一报价。"我们提出的这笔加工费并不高。"接着中方代表又用了欲擒故纵的一招："如果贵公司感到不合算，派员维修也可以。但这样一来，贵公司的耗费恐怕是这个数的好几倍。"这一招很奏效，顿时把对方将住了。日方被中方如此精确的计算所折服，自知理亏，转而以恳切的态度征询："贵国能否再压低一点。"此刻，中方意识到，就具体数目的实质性讨价还价开始了。中方答道："为了表示我们的诚意，可以考虑贵方的要求，那么，贵公司每辆出价多少呢？""12 万日元。"日方回答。"13.4 万日元怎么样？"中方问。"可以接受"。日方深知，中方在这一问题上已做出了让步。于是双方很快就此项索赔达成了协议。日方在此项目费用上共支付 7.76 亿日元。

然而，中日双方争论索赔的最大数额的项目却不在此，而在于高达几十亿日元的间接经济损失赔偿金。在这一巨大数目的索赔谈判中，日方率先发言。他们也采用了逐项报价的做法，报完一项就停一下，看看中方代表的反应，但他们的口气却好似报出的每一个数据都是不容打折扣的。最后，日方统计可以给中方支付赔偿金 30 亿日元。中方对日方的报价一直沉默不语，用心揣摩日方所报数据中的漏洞，把所有的"大概""大约""预计"等含糊不清的字眼都挑了出来，有力地抵制了对方所采用的浑水摸鱼的谈判手段。

在此之前，中方谈判班子昼夜奋战，在谈判桌上，我方报完每个项目的金额后，讲明这个数字测算的依据，在那些有理有据的数字上，打的都是惊叹号。最后我方提出间接经济损失费 70 亿日元！

日方代表听了这个数字后，惊得目瞪口呆，半天说不出话来，连连说："差额太大，差额太大！"于是，进行无休止的报价、压价。"贵国提的索赔额过高，若不降低，我们会被解雇的……"日方代表哀求着。老谋深算的日方主谈人使用了哀兵制胜的谈判策略。

"贵公司生产如此低劣的产品，给我国造成多么大的经济损失啊！"中方主谈接过日方的话头，顺水推舟地使用了欲擒故纵的一招："我们不愿为难诸位代表，如果你们做不了主，请贵方决策人来与我们谈判。"双方各不相让，只好暂时休会。这种拉锯式的讨价还价，对双方来说是一种毅力和耐心的较量。因为谈判桌上，率先让步的一方就可能被动。随后，日方代表急用电话与日本 S 公司的决策人密谈了数小时。接着谈判重新开始了，此轮谈判一接火就进入了高潮，双方舌战了几个回合，又沉默下来。此时，中方意识到，己方毕竟是实际经济损失的承受者，如果谈判破裂，就会使己方获得的谈判成果付诸东流；而要诉诸法律，麻烦就更大。为了使谈判已获得的成果得到巩固，并争取有新的突破，适当的让步是打开成功大门的钥匙。中方主谈人与助手们交换了一下眼色，率先打破沉默说："如果贵公司真有诚意的话，彼此均可适当让步。"中方主谈为了防止由于己方率先让步所带来的不利局面，建议双方采用"计分法"，即双方等量让步。"我公司愿意付 40 亿日元。"日方退了一步，并声称："这是最高突破数了。""我们希望贵公司最低限度必须支付 60 亿日元。"中方坚持说。

这样一来，中日双方各自从己方的立场上退让了。双方比分相等。谈判又出现了转机。双方界守点之间仍有 20 亿日元的逆差(但一个界守点对双方来说，都是虚设的。更准确地说，这不过是双方的一道最后的争取线。该如何解决这"百米赛路"最后冲刺阶段的难题呢？双方的谈判专家都是精明的，谁也不愿看到一个前功尽弃的局面)。几经周折，双方共同接受了由双方最后报价金额相加除以 2，即 50 亿日元的最终谈判方案。

除此之外，日方愿意承担下列三项责任：

(1) 确认出售给中国的全部 FP－148 型货车为不合格品，同意全部退货，更换新车；

(2) 新车必须重新设计试验，精工细作，并制作优良，并请中方专家检查验收；

(3) 在新车未到之前，对旧车进行应急加固后继续使用，日方提供加固件和加固工具等。

一场罕见的特大索赔案终于公正地交涉成功了！

问题：

(1) 结合案例内容，中日双方在谈判中使用的策略。

(2) 此案例中，谈判双方是如何打破僵局的？

附录A 商务谈判能力测试

本测试一共10题，记录下你的答案，最后计算总分。

1. 你认为商务谈判（　　）

(a) 是一种意志的较量，谈判双方一定有输有赢。

(b) 是一种立场的坚持，谁坚持到底，谁就获利多。

(c) 是一种妥协的过程，双方各让一步一定会海阔天空。

(d) 是双方的关系重于利益，只要双方关系友好必然带来理想的谈判结果。

(e) 是双方妥协和利益得到实现的过程，以客观标准达成协议可得到双赢结果。

2. 在签订合同前，谈判代表认为合作条件很苛刻，按此条件自己无权做主，还要通过上司批准。此时你应该（　　）

(a) 责怪对方谈判代表没有权做主就应该早声明，以致浪费这么多时间。

(b) 询问对方上司批准合同的可能性，在最后决策者拍板前要留有让步余地。

(c) 提出要见决策者，重新安排谈判。

(d) 与对方谈判代表先签订合作意向书，取得初步的谈判成果。

(e) 进一步给出让步凤达到对方谈判代表有权做主的条件。

3. 为得到更多的让步，或是为了掌握更多的信息，对方提出一些假设性的需求或问题，目的在于摸清底牌。此时你应该（　　）

(a) 按照对方假设性的需求和问题诚实回答。

(b) 对于各种假设性的需求和问题不予理会。

(c) 指出对方的需求和问题不真实。

(d) 了解对方的真实需求和问题，有针对性地给予同样假设性答复。

(e) 窥视对方真正的需求和兴趣，不要给予清晰的答案，并可将计就计促成交易。

4. 谈判对方提出几家竞争对手的情况向你施压，说你的价格太高，要求你给出更多的让步，你应该（　　）

(a) 更多地了解竞争状况，坚持原有的合作条件，不要轻易让步。

(b) 强调自己的价格是最合理的。

(c) 为了争取合作，以对方提出竞争对手最优惠的价格条件成交。

(d) 询问对方：既然竞争对手的价格如此优惠，你为什么不与他们合作？

(e) 提出竞争事实，说明对方提出的竞争对手情况不真实。

5. 当对方提出如果这次谈判你能给予优惠条件，保证下次给你更大的生意时，你应该（　　）

(a) 按对方的合作要求给予适当的优惠条件。

(b) 为了双方的长期合作，得到不严更大的生意，按照对方要求的优惠条件成交。

(c) 了解买主的人格，不要以“未来的承诺”来牺牲“现在的利益”，可以其人之道还治其人之身。

(d) 要求对方将下次生意的具体情况进行说明，以确定是否给予对方优惠条件。

(e) 坚持原有的合作条件，对对方所提出的下次合作不予理会。

6. 谈判对方有诚意购买你整体方案的产品(服务),但苦于财力不足,不能完整成交。此时你应该(　　)

(a) 要对方购买部分产品(服务),成交多少算多少。

(b) 指出如果不能购买整体方案,就以后再谈。

(c) 要求对方借钱购买整体方案。

(d) 如果有可能,可协助对方贷款或改变整体方案,改变方案时要注意相应条件的调整。

(e) 先把整体方案的产品(服务)卖给对方,对方有多少钱先给多少钱,所欠之钱以后再说。

7. 对方在达成协议前,将许多附加条件依次提出,要求得到你更大的让步,此时你应该(　　)

(a) 强调你已经做出的让步,强调"双赢",尽快促成交易。

(b) 对对方提出的附加条件不予考虑,坚持原有的合作条件。

(c) 针锋相对,对对方提出的附加条件提出相应的附加条件。

(d) 不与这种"得寸进尺"的谈判对手合作。

(e) 运用推销证明的方法,将已有的合作伙伴情况介绍给对方。

8. 在谈判过程中,对方总是改变自己的方案、观点、条件,使谈判无休无止地拖下去。你应该(　　)

(a) 以其人之道,还治其人之身,用同样的方法与对方周旋。

(b) 设法弄清楚对方的期限要求,提出己方的最后期限。

(c) 节省自己的时间和精力,不与这种对象合作。

(d) 采用休会策略,等对方真正有需求时再和对方谈判。

(e) 采用"价格陷阱"策略,说明如果现在不成交,以后将会。

9. 在谈判中双方因某一个问题陷入僵局,此时你应该(　　)

(a) 跳出僵局,用让步的方法满足对方的条件。

(b) 放弃立场,强调双方的共同利益。

(c) 坚持立场,要想获得更多的利益就得坚持原有谈判条件不变。

(d) 采用先休会的方法,会后转换思考角度,并提出多种选择以消除僵局。

(e) 采用先更换谈判人员的方法,重新开始谈判。

10. 除非你满足对方的条件,否则对方将转向其他的合作伙伴,并与你断绝一切生意往来,此时你应该(　　)

(a) 从立场中脱离出来,强调共同的利益,要求平等机会,不要被威胁吓倒而做出不情愿的让步。

(b) 以牙还牙,不合作拉倒,去寻找新的合作伙伴。

(c) 给出代选择的多种方案以达到合作的目的。

(d) 摆事实,讲道理,同时也给出合作的目的。

(e) 通过有影响力的第三者进行调停,赢得合理的条件。

【评分标准】

1. (a)2　　(b)3　　(c)7　　(d)6　　(e)10

2.(a)2	(b)10	(c)7	(d)6	(e)5
3.(a)4	(b)3	(c)6	(d)7	(e)10
4.(a)10	(b)6	(c)5	(d)2	(e)8
5.(a)4	(b)2	(c)10	(d)6	(e)5
6.(a)6	(b)2	(c)6	(d)10	(e)3
7.(a)10	(b)4	(c)8	(d)2	(e)7
8.(a)4	(b)10	(c)3	(d)6	(e)7
9.(a)4	(b)6	(c)2	(d)10	(e)7
10.(a)10	(b)2	(c)6	(d)6	(e)7

[95分以上]　谈判专家

[90～95分]　谈判高手

[80～90分]　有一定的谈判能力

[70～80分]　具有一定的潜质

[70分以下]　谈判能力不合格，需要继续努力

附录B　谈判风格测试

准备一副扑克牌，完成以下测试。

1．你让秘书晚上加班两个小时完成工作，可她说她晚上有事。

黑桃：这是她自己的问题，她自己想办法解决。你是她的上司，她没有权力讨价还价。

红桃：那就算了，你自己加班把工作做完，反正你算明白了，谁都是不能指望的。

方片：你询问她有什么要紧事，她说她的孩子独自在家，于是你建议说你愿意给她介绍一个临时保姆，费用由你来出。

梅花：你退了一步，让她加班一个小时，而不是两个。

2．你在和上司谈判加薪问题。

方片：你先陈述自己的业绩，然后把自己真实期望的薪水数目说出来。

黑桃：你强硬地说出一个数目，如果他不答应你就准备辞职。

梅花：你提出一个很高的数目，然后准备被他砍下一半——那才是你真实期望的数字。

红桃：你等他说出数目，因为你实在不愿张口。

3．多年来你一直在男友的父母家度过除夕夜。

红桃：你觉得很委屈，可有什么办法？生活的习俗就是如此。

梅花：好吧，但大年初二或初三他一定要陪你回你的父母家。

方片：你利用春节假期安排了一次国外旅行，这样一来，他就无法要求你回他父母家过除夕了。

黑桃：你整个除夕晚上都闷闷不乐。

4．你10岁的侄子总让你给他买这买那，这次他想要个小摩托车。

梅花：你说你最多给他买辆儿童自行车。

黑桃：你断然拒绝，没什么可商量的。

红桃：你让步了，这样他就不会再缠着你了。

方片：好吧，但他应该先去学驾驶。

5．你的丈夫（或妻子）拒绝和你分担刷碗的家务。

方片：你耐心地解释说你希望他分担一些家务。

梅花：如果他一周能刷一次碗，你就很满意了。

红桃：他不愿意就算了，还是由你自己来刷。

黑桃：你不能容忍一个不做家务的男人（女人）要不他答应，要不就走人。

6．你在餐厅用餐，邻座的客人在吸烟，烟都飘到了你这边。

黑桃：你大声提出抗议："现在的人怎么都这么不自觉！"

方片：你微笑着对他解释说烟味呛到你了。

梅花：你请求侍者给你换张桌子。

红桃：你默默忍受着。可一晚上都不开心。

7．凌晨三点，你的邻居家里还在开派对。

红桃：你用棉球把耳朵塞住。

黑桃:你打电话给110报警。

方片:你马上去他家敲门,说你需要睡眠。

梅花:你也去加入他们的派对。

8. 和丈夫(或妻子)从电影院走出来,他想吃泰餐,而你想吃日本菜。

梅花:今晚吃日本菜,下次吃泰餐。

黑桃:就吃日本菜,否则就各自回家!

红桃:好吧,那就吃泰餐吧,如果他真的这么想吃。

方片:既然你们都想去异国情调的餐厅那不如去吃印度餐。

9. 你约一个朋友一起看电影,电影已经开始了,她还没有到。

梅花:你自己进去看。

黑桃:你把她的票卖掉了,这能给她一个教训。

方片:你不停给她的手机打电话询问她到哪里了。

红桃:你一直等着她。

10. 你的同事在会议上吸烟。

红桃:你什么也没说,因为担心他会记恨你。

黑桃:你对他说他至少应该学会尊重别人。

梅花:你对他说应该尽量少吸一些烟,这对他的健康有好处。

方片:你建议休息一会,让想吸烟的人吸一支。

11. 你新买的洗衣机坏了……

梅花:你气愤地打电话给厂家,要求退货或折扣。

红桃:你自责是不是自己没有按照程序操作。

方片:你给"消费者协会"写信,状告厂家。

黑桃:你去售后服务部大吵大闹。

【测试结论】

方片最多:你是具有合作态度的谈判者,你认为在所有的人际关系中,冲突是不可避免的。你知道如何控制自己的情绪,面对对方的提议表示尊重,尽量避免争吵、个人攻击和威胁。你的倾听和善解人意是实现你自己目的的最有力手段。

你的目的:找到乐观的、让大家都满意的解决方案。

结果:你能找到最佳途径,既解决了问题,又多交了一个朋友。

梅花最多:你是一个妥协派的谈判者。你认为只要事情能够得到解决,双方都应该做出让步,就像在市场上讨价还价的时候,只能谋取一个中间数值。根据谈判对方的性格特点,你轮番使用胡萝卜和大棒。有的时候强硬,有的时候和解。

你的目的:在双方利益的中间找到一个妥协点。有时更靠近你,有时更靠近他。

结果:这个方法可以帮助你解决一个问题,但无法从根本上解决。其结果很可能是你和对方都不满意,你们都没有达到自己的目的,只是找到了一个可怜的解决办法而已。

黑桃最多:你是个控制型谈判者。你喜欢飞舞的盘子和摔得啪啪响的门,或者说,你喜欢赢!对你来说,一切谈判都是力量的较量,只有坚持到底才能获胜。你一定要求对方让步,拒绝听新的建议,为了维护自己的利益,你可以用牙咬,用指甲抓,不惜使用威胁和暴力。

你的目的：在力量的较量中取胜。

结果：当然，有的时候会赢，可更多的时候，你的态度会使你的谈判者更加抵制，并在未来长时间里与你对抗。

红桃最多：你是个顺从型的谈判者。你实在太好说话了，在所有的谈判中你都会让步，因为你害怕冲突，愿意让对方满意，维持你们的关系。为此你不惜牺牲自己的利益，忽视自己的意愿，在心中默默咀嚼失望和苦涩。

你的目的：不要让对方发怒，只要满足了他的条件，你就能获得安宁。

结果：不仅你自己感到郁闷，对方也会进一步提出条件，而不是像你设想的那样感激你的善良。

附录C　沟通能力测试

回答下列问题，测评你的沟通能力。选择与你的经历最相近的答案，请尽量如实作答。如果你的回答是“从不”选1，“总是”选4，依此类推。把得分加起来，参考“分析”，评定你的沟通技巧。根据自己的回答找出你在哪些方面仍然需要改进。

选项：1 从不　　2 有时　　3 经常　　4 总是

1. 我适时地把适当的信息传递给合适的人。　1　2　3　4
2. 在决定该如何沟通前，我认真思考信息内容。　1　2　3　4
3. 我表现出自信，讲话是信心十足。　1　2　3　4
4. 我希望对方就我的沟通提供反馈。　1　2　3　4
5. 我注意聆听并在回答前检查我的理解是否正确。　1　2　3　4
6. 评价他人时，我努力排除各种个人成见。　1　2　3　4
7. 会见他人时，我态度积极、礼貌周到。　1　2　3　4
8. 我及时向他人提供他们需要与像要的信息。　1　2　3　4
9. 我利用单独会见检查员工的表现并辅导他们。　1　2　3　4
10. 我通过提问了解他人的想法以及他们的工作进展。　1　2　3　4
11. 我分发书面指示以提供关于某一任务的所有相关信息。　1　2　3　4
12. 我运用专业的电话技巧改进沟通。　1　2　3　4
13. 我通过所有可以利用的电子媒介进行沟通。　1　2　3　4
14. 我把写文章的规则应用到外部与内部沟通中去。　1　2　3　4
15. 会见、调查或作会议记录时，我使用有效的记录方法。　1　2　3　4
16. 写重要信件或文件时，在定稿前，我常征求可信赖的批评者的意见。　1　2　3　4
17. 我运用快速阅读技巧来提高工作效率。　1　2　3　4
18. 做演讲前，我认真准备并多次试讲，演讲取得了成功。　1　2　3　4
19. 进行内部培训时我发挥着明显的积极作用。　1　2　3　4
20. 我安排的大型会议已达到了专业水平。　1　2　3　4
21. 我用软性和硬性推销技巧说服他人接受我的观点。　1　2　3　4
22. 谈判前我已经对问题进行了深入研究，并熟知对方的需要。　1　2　3　4
23. 我写的报告结构合理，内容准确、简明、清晰。　1　2　3　4
24. 提出提议前我往往进行彻底的调查。　1　2　3　4
25. 我努力了解有关听众对组织的看法。　1　2　3　4
26. 我认真选择技巧娴熟的顾问来帮助我解决公关问题。　1　2　3　4
27. 我与记者及其他媒体工作人员进行有益的接触。　1　2　3　4
28. 我确保由合格的专业人员来完成设计之类的专门工作。　1　2　3　4
29. 我交给广告代理商的书面指示是以明确的商业目标为基础的。　1　2　3　4
30. 我把定期与员工沟通看作重要工作。　1　2　3　4
31. 我积极接收并回应来自于员工和他人的反馈。　1　2　3　4

32. 我确定了沟通目标，并且不允许任何行为阻碍这一目标的实现。 1 2 3 4

分析：现在你已经做完自我测评题目，请把各题得分加起来，然后通过阅读相应评语，检查你的表现。无论你在沟通方面已经取得了多么大的成功，一定要记住：永远有改进的余地。检查一下你在哪一方面做得最差，找到实用的建议和提示以改进沟通技巧。

32～64：你不能有效地沟通，要倾听反馈，努力从失败中吸取教训。

65～95：你在沟通方面表现一般，要针对弱点，努力提高。

96～128：你能极好地沟通，但要记住：沟通多多益善。

参考文献

[1] 张国良. 商务谈判与沟通[M]. 北京:机械工业出版社,2015.
[2] 曲扬. 国际商务谈判[M]. 北京:化学工业出版社,2011.
[3] 王宝山,张国良. 商务谈判[M]. 武汉:武汉理工大学出版社,2007.
[4] 李爽,于湛波. 商务谈判[M]. 北京:清华大学出版社,2011.
[5] 潘肖珏,谢承志. 商务谈判与沟通技巧[M]. 2 版. 上海:复旦大学出版社,2010.
[6] 方其. 商务谈判理论、技巧、案例[M]. 3 版. 北京:中国人民大学出版社,2011.
[7] 孙绍年. 商务谈判理论与实务[M]. 北京:清华大学出版社、北京交通大学出版社,2007.
[8] 陈媛媛. 商务谈判[M]. 北京:航空工业出版社,2012.
[9] 王少军. 商务谈判[M]. 北京:北京大学出版社,2009.
[10] 龚荒. 商务谈判与推销技巧[M]. 北京:清华大学出版社,2005.
[11] 林逸仙. 商务谈判[M]. 上海:上海财经大学出版社,2004.
[12] 吕晨钟. 学谈判必读的 95 个中外案例[M]. 北京:北京工业大学出版社,2005.
[13] 罗杰·道森. 优势谈判:一位王牌谈判大师的制胜秘诀[M]. 深圳:海天出版社,2012.
[14] 冯华亚. 商务谈判[M]. 北京:清华大学出版社,2006.
[15] 英格丽·张. 你的形象价格百万[M]. 北京:中国青年出版社,2005.
[16] 徐宪光. 商务沟通[M]. 北京:外语教学与研究出版社,2005.
[17] 孙健敏. 谈判技能[M]. 北京:企业管理出版社,2004.
[18] 杨晶. 现代商务谈判[M]. 北京:中国人民大学出版社,2009.
[19] 张煜. 商务谈判[M]. 成都:四川大学出版社,2005.
[20] 方琪. 商务谈判——理论·技巧·案例[M]. 北京:中国人民大学出版社,2004.
[21] 殷庆林. 商务沟通[M]. 大连:东北财经大学出版社,2009.
[22] 陈福明. 商务谈判[M]. 北京:北京大学出版社,2006.
[23] 丁建中. 商务谈判[M]. 北京:中国人民大学出版社,2007.
[24] 石永恒. 商务谈判实务与案例[M]. 北京:机械工业出版社,2008.
[25] 刘向丽. 国际商务谈判[M]. 北京:机械工业出版社,2005.
[26] 周忠兴. 商务谈判原理与技巧[M]. 南京:东南大学出版社,2003.
[27] 王海云. 商务谈判[M]. 北京:北京航空航天大学出版社,2003.
[28] 贾书章. 现代商务谈判理论与实务[M]. 武汉:武汉理工大学出版社,2007.
[29] 刘园,尹庆双. 国际商务谈判[M]. 北京:中国人民大学出版社,2011.
[30] 张白章. 商务谈判[M]. 杭州:浙江大学出版社,2004.